関係論的アプローチによる体育学習の再検討

岡野　昇 著

風 間 書 房

目　次

第1章　問題設定の意義

1.1　本研究の動機

公的基準として定められる「学習指導要領」において，小学校6年間，中学校3年間，高等学校3年間の12年間にわたって，必修として位置づけられている教科は，唯一，「体育（体育・保健体育科）」だけである．国民の大部分が12年間にわたって，「体育」を学び続けていることになる．ところが，こうした「体育」に向けて，新聞の投書やエッセイ，雑誌などの記事で，たびたび存在意義を問う声[1)]があがっている．こうした声は，いわば「制度の枠組み」として君臨し続ける「体育」に向けて，必修教科として学ぶ意味や価値を見出せないでいるものと受け止めることができる．また，学年が進むにつれて体育の授業に積極的になれない子どもが増加するという調査報告[2)]もある．これらのことから，「体育」は「学び手」にとって，必ずしも肯定的に受け止められているとは言い難い．

青木（2000, pp. 84-85）はこうした問題に対症療法的な方法論によって解決を迫るのではなく，私たち人間が拠り所としている思考の枠組み（パラダイム）に着目しながら体育授業の「問題」を取り上げ，その根源的なレベルにおける転換を提唱している．それは，近代社会を支配していた物心二元論や機械論的自然観に基づく思想からくる「二項対立図式による体育授業」からの脱却を図り，現代社会が求める〈知の形＝世界観＝人間の意識から出発する現象学的な視点や関係論的な思考のコト的世界観〉をベースとする「関係論による体育学習」の構築を試みようとするものである．

このように近代社会への反省を踏まえつつ，脱・近代社会構築に向けて，関係論的な視点からアプローチを試みようとする知見として，中村の「臨床の知」や作田の「生成の世界」などがある．中村（1992）は科学に代表される〈近代の知〉によって，〈生命現象〉そのものと，対象との〈関係の相互性〉（あるいは相手との交流）を見失ったとし，これからの人間存在のために，個々の場所や時間のなかで，対象の多義性を十分考慮に入れながら，それとの交流のなかで事象をとらえる方法として〈臨床の知〉を提出している．また，作田（1993）は，〈独立我〉が〈社会我〉と協働して近代の文明を築き上げた（主知主義・合理主義の支配した近代社会における説明原理＝定着の世界＝制度が人間を作る）が，その文明の１つの産物として権威主義的な破壊性がもたらされたとしている．そして，〈独立我〉が〈超個体我〉と協働する方向（「生きていること」を分割せず全体としてとらえる説明原理＝生成の世界＝人間が制度を作る）に近代が超えられる可能性を見るとしている．

ところで，青木（2000, pp. 85-87）が説明する二項対立図式による体育授業の特徴とそれに対応する授業研究のモデルとはどのようなものであろうか．またそうした授業には，どのような問題（性）が横たわっているかを概観してみたい．まず，授業は「主体としての学習者である子ども」と「正しさを内在する客体としての運動」の二項に分けられ，「運動（客体）」を「子ども（主体）」の認識対象物と位置づけ，それを獲得していくという特徴をもつ．そのため，実際の授業では，既に正しいと公認されている事柄（技術・ルール・マナー）を子どもが獲得する，できるようになるといった側面が強調される．そうなると，授業研究の対応モデルとして，「独立変数（教師の力量，指導技術，教材プログラム，生徒の学力と能力，授業の形態）」と「従属変数（教育結果としての学力・態度（技能の向上やルール・マナーの遵守など），カリキュラムの開発）」の因果関係による数量的分析を通して，授業と学習の過程を統制する原理が抽出される「過程－産出モデル（process-product model）」（佐藤，1996a, pp. 49-50）が位置づくことになる．つまり，二項対立図式による体育授業とは，理念・理想的な状態（姿）を措定し，ついで諸制度や人々の営みをそれへの貢献に対応させて考えるという構造機能主義的な意味を基盤にしているといえ，〈臨床の知〉の対極に位置する〈近代の知〉や，〈生成の世界〉の対極にある〈定着の世界〉と一致する．体育授業において，勝利に意味を求めたり，記録の向上に意味を求めることへの偏重は，運動の機能的特性（運動の楽しさ）の実体化を招くという問題へ，さらには生涯スポーツ理念や「生きる力」を先取りされた目標（像）として設定し，そこから子どもに接近していく規範的な立場は，子どもの行動の大部分を制度的に拘束していく問題へとつながっていくことになる．結果として，運動における〈真・善・美〉は既に決められているため，〈ほんとう（真）〉・〈よいこと（善）〉・〈美しいこと（美）〉と意識する主観を相互に交流させて，その妥当性を生成していく努力の意味が見出せなくなり，学習のリアリティを喪失させていくことになる．これが子どものシニシズムやニヒリズムへの傾斜現象へとつながっていくことになる．また，「過程―産出モデル」は，生産性と効率性を追求する産業社会と行動主義の伝統を基盤としているため，過程そのものをブラックボックス化し，授業が「目標・達成・評価」（佐藤，1996a, pp. 49-50）のサイクルで展開されることになり，運動に共感する（浸る，溶け込む）間のない取り組みから，燃え尽き現象となって現れることになる．これが，ガンバリズムからの逃避である．

こうした子どもの行動や先述した「体育」に向けられた存在意義を問う声は，いずれも子どもの「問題行動」や「問題発言」というより，構造機能主義的で規範的なパラダイムに支配された「子どもの悲鳴」と見ることができないだろうか．なぜならば，子どもたちばかりでなく私たち教師にとっても，いつも何かに追われ，親や世間からの要求や期待に振り回され，進むべき方向を見失いそうになる現実に思いあたる節があるからである．「こういう時代だからこそ，現場の教師たち，あるいは『教職』に自分をかけようとしている若い人たちが，『教育』の原点に立ち返って，まさに『教育実践の場』である『授業』をしっかりみつめ，そこから，着実に『改革』していくという方向と道筋をしっかり見極めて」（佐伯，2003）いくことを大切にしたいのである．もはや，こうした「個人レベルでの意味の喪失や価値の揺らぎが社会的な広がりをもって大規模に起こっているにもかかわらず，そのことを不問に付し，活動の意味や価値を自明のもの・所与のものとみなして，諸活動・諸現象の因果関係や規則性を考察してきた規範的パラダイムの認識枠組みそのもの」（藤田，1995，pp.108-109）を問わないわけにはいかないだろう．求められるは，「『今は意味を持たないが将来役立つように詰め込む』学習から，『今の生にとって意味が生まれそれがもとになって連続する』学習へ組み替える」（青木，1994，p.3）ことであろう．また，「子どもの学ぶべき内容が既に運動に在り，それを身につけるという学習観（実体論的学習観）を超えて」（青木，1994，p.2），自己（学習者）と他者（人・モノ・自然など）との「かかわり合い」によって「運動の世界」を生成していくことを重視するという，「関係性こそが学ぶことの内容であるという立場（関係論的学習観）から学習を問題にする」（青木，1994，p.2）ことであると考える．

そのためには，「単に個別的な経験や活動の意味が状況や文脈によって変わるということではなくて，個々の行為者が具体的な活動場面で行っている意味の交換や確定の作業が，社会的に成立している意味体系・価値体系や権力関係とどのように交差し，どのように歪められているかという問題」（藤田，1995，p.109）を範囲としている解釈的パラダイムに立脚する必要がある．そして，そのような授業の中で生起する個別具体的な経験や出来事の意味の解明を目指すためにも，「生きていること」を分割せず，対象との〈関係の相互性〉を重視する臨床的で意味生成的なアプローチが必要であり，同時に体育においても，こうした関係論的視点を根源とする学習研究が必要になってくると考えるのである．

1.2 「関係論的アプローチ」の定義

本節では，本論文題目に掲げる「関係論的アプローチ」について，哲学，社会学，教育学の立場から概観した後，本論文における「関係論的アプローチ」の定義を行う．

広辞苑によれば，「関係」とは次のように記載されている．

①あるものが他のものと何らかのかかわりを持つこと．その間柄．二つ以上の思考の対象をなにか統一的な観点（例えば類似・矛盾・共存など）からとらえることができる場合に，それらの対象はその点で関係があるといわれる．②人間社会における，特殊なかかわりあい．㋑男女間の情交．㋺血縁や組織における結びつきの間柄．つて．ゆかり．てづる．㋩ある物事に携わっていること．㋥(接尾後的に）その方面（の仕事)．（新村，1983）

また，「関係」について，哲学の立場からは次のように説明されている．

一般には二つ以上の対象（個体）の間に成立する結びつきや関わりのあり方を指す．したがって，通常は対象（個体）が一次的存在であるのに対し，関係は二次的存在と見なされる．また関係の実在性をめぐっては実念論と唯名論の立場が対立してきた．しかし，現代哲学においては，関係項（対象）に対する関係の一次性を主張する〈関係主義〉の立場も有力となっている．（野家，1998，p. 277）

「関係主義」については，次のように説明されている．

西洋哲学の伝統的存在観においては，独立自存する〈実体〉がまずあり，次いで実体どうしの間に〈関係〉が二次的に成立すると考えられてきた．それに対して，関係こそが第一次的な存在であり，実体は〈関係の結節〉にすぎないとする立場が〈関係主義〉である．（野家，1998，p. 278）

「自然」「人間」「社会」それぞれの階層性の地平の〈関係のアンサンブル〉としてとらえようとする方法論的視座．狭義では，現代社会科学を支える一つの方法論的視点を意味するが，広義では，現代文明とそのなかでの自然，人間，社会

> の連関を，〈関係〉をキーワードとして，全体的に把握しようとする現代思想の一つの潮流をさす．直接的には，1960年代以降，それまでのアメリカにおけるプラグマティズム，フランスにおける実存主義，ドイツにおける生の哲学とそれらによって支えられていた方法論的〈個人〉主義の社会科学の視座に対する批判としてあらわれてきた．しかし，より基底的には，それは自然，人間，社会の全体的な連関のとらえ方についての一つのパラダイム・チェンジにほかならない．（田中，1989）

以上のように，現代哲学においては，対象（個体）が一次的存在であったり，独立自存する〈実体〉が一次的に存在するという見方に立つのではなく，関係は第一次的な存在であり，関係項（対象）に対する関係の一次性を主張する〈関係主義〉の立場が台頭してきているといえる．また，〈関係主義〉は現代社会科学を支える１つの方法論的視点にとどまらず，自然，人間，社会の全体的な連関をとらえるパラダイムとして位置づいているといえる．

次に，この「関係」を社会学的にとらえようとすると，個人主義的アプローチと関係論的アプローチ（木部，2008）の２つの立場が存在するといえる．また，Granovetter（1985）は，「人間の行為は社会関係に『埋め込まれた』（embedded）ものとして理解されており，したがって個々の行為者を原子化された行為単位とする見方や，構造的決定論の見方は退けられる」とし，Emirbayer（1997）は，「社会現象を自立的で自動的な実体（個人，集団，構造，システム）によって構成されているとみる見解を峻拒する点にある」と述べている．

つまり，社会は「諸個人から構成する」という立場と「諸個人が互いにとりもつ諸関係，諸連関の総体を表わす」という立場があり，人間の行為は「個々の行為者を原子化された行為単位とする見方や，構造的決定論の見方」という立場と「人間の行為は社会関係に『埋め込まれた』（embedded）ものとして理解される」という立場がある．また，社会現象は「自立的で自動的な実体（個人，集団，構造，システム）によって構成される」という立場と「諸個人や諸集団のあいだで展開される社会関係（相互主体的な取引，きずな，紐帯）」という立場である．いずれも前者は個人主義的アプローチを特質とし，後者は関係論的アプローチを特質とするものである．

最後に，「関係」を教育学的な立場からとらえると，アメリカを中心として一般的に議論されている構成主義の考え方につながる．

佐藤（1996b, pp. 154-155）は，「授業改革の課題は多岐に及んでいるが，共通の課題として幅広い関心を集めているのが，学びの改革である」とし，「学習者を知識や技能の受容者としてではなく，『意味』と『関わり』を構成する活動的な主体として積極的に位置づけており，学びの活動を他者と協同で遂行する社会的過程における実践」（佐伯，1995）として認識していると述べている．そして，こうした学びの改革を「アメリカを中心に約20年間にわたって展開されてきた構成主義（constructivism, constructionism）の学びの理論と社会的構成主義（social constructivism, social constructionism）の学びの理論に焦点化」しながら，わが国における今後の授業改革への示唆を提示している．

構成主義の学びとは，次の通りである．

> 所定の知識や技能の習得ではなく，学習者がモノや人を媒介とする活動を通して意味と関係を構成する学びを意味している．構成主義の立場によれば学習者の対象となる世界は所与として意味を担っているのではなく，学習者が言語で名づけ意味づけて初めて意味を構成するものと見なされる．構成主義の立場では，知識の意味は教科書の中に存在するのではなく，学習者の道具的思考や他者とのコミュニケーションを通して構成されるものなのである．（Philips, 1995；Prawat, 1993）

Phillipsによれば，「構成主義の二つの柱は，心理学的構成主義と社会的構成主義である」（Phillips, 2000）と２つに大別している．また，關（2005）

は構成主義の考え方を「ピアジェ（Jean Piage, 1896–1980）に代表される認知的構成主義（Cognitive constructivism）の立場とヴィゴツキー（Lev Vygotsky, 1896–1934）に代表される社会的構成主義（Social constructivism）の立場に分けられる」（闞, 2005）としている．このことは，学習者が「意味」と「関わり」を構成する活動的な主体者として積極的に位置づけられている点では2つの立場は同じ認識論を共有しているといえるが，「知識は多数の心の弁証法的相互作用を通して作り上げられるものであり，ひとりの心の中だけでそれはできない」（Goodman, 1986）という観点に立てば，その立場が個人的なレベルの問題として解釈されるか，社会的なレベルの問題として解釈されるかで異なってくるといえる．

そして，佐藤（1996b, pp. 157–164）は，構成主義の学習論について，「第一は，心理学的な構成主義の系譜であり，第二は，人工知能をモデルとする認知心理学的な構成主義の系譜であり，第三は，文化・歴史心理学の構成主義の系譜であり，第四は，文化人類学的な構成主義の系譜である」と4つの系譜を提示している．

第1の心理学的な構成主義の系譜は，ピアジェの発達理論，数学教育を構成主義の学習論で推進するグレーサーフェルドによるもので，第2の認知心理学的な構成主義の系譜は，チョムスキーの生成文法，ミラーのサイバネティックス理論，ニューウェルとサイモンの人工知能理論によるものである．そして，第3の文化・歴史心理学の構成主義の系譜は，「道具的思考」と「反省的思考」による「問題解決」を追求したデューイや，「発達の最近接領域」の概念を提出して学びの心理過程の社会的構成を示したヴィコツキーによるもので，第4の文化人類学的な構成主義の系譜は，マイケル・コールらの文化的実践としての学び，ブラウンらの「状況的認知」，レイヴとウェンガーの「正統的周辺参加」によるものである．

中村（2007）はこうした構成主義における学びの理論をふまえながら，意味構成については心理学的構成主義の立場から「個人的，主観的に構成される」とし，社会的構成主義の立場から「社会的に間主観的に構成される」と区分している．また，自己と他者については心理学的構成主義の立場から「原則的に，自己と他者を区別しない．個人的な主体は他者を本質的に自分のようにみなし，他者の考えを自己の考えと並行して構成する」とし，社会的構成主義の立場から「自己と他者の関係は，絶えず構成され，再構成される」と整理している．

このように，「関係」を教育学的な立場からとらえ，それを構成主義的な考え方に結びつけてみたところ，1つは個人主義的アプローチ，認知的・心理学的構成主義に基づくものと，もう1つは関係論的アプローチ，社会的構成主義に基づくものに大別されるといえる．

表 1-1　実体主義と関係主義

		実体主義／実体論的な認識様式		関係主義／関係論的な認識様式	
対象と関係	野家（1998）	対象（個体）が一次的存在 独立自存する〈実体〉が一次的存在		関係が第一次的な存在 関係項（対象）に対する関係の一次性 実体は〈関係の結節〉	
行為	Granovetter (1985)	個々の行為者を原子化された行為単位とする見方や，構造的決定論の見方		人間の行為は社会関係に「埋め込まれた」(embedded) ものとして理解	
社会現象	Emirbayer (1997)	自立的で自動的な実体（個人，集団，構造，システム）によって構成		諸個人や諸集団のあいだで展開される社会関係（相互主体的な取引，きずな，紐帯）	
構成主義の区分	Phillips (2000)	心理学的構成主義 (Psychological constructivism)		社会的構成主義 (Social constructivism)	
	K･J･Gargen (2005)	認知的構成主義 (Cognitive constructivism)		社会的構成主義 (Social constructivism)	
構成主義の系譜	佐藤（1996b）	心理学的	認知心理学的	文化・歴史心理学	文化人類学的
構成主義の主な研究者	佐藤（1996b）	ピアジェ グレーサーフェルド	チョムスキー ミラー ニューウェル サイモン	デューイ ヴィコツキー	マイケル・コールら ブラウンら レイヴとウェンガー
意味構成	中村（2007）	個人的，主観的に構成される		社会的に間主観的に構成される	
自己と他者	中村（2007）	原則的に，自己と他者を区別しない．個人的な主体は，他者を本質的に自分のようにみなし，他者の考えを自己の考えと並行して構成する		自己と他者の関係は，絶えず構成され，再構成される	

以上のことから，本論文では「関係」概念の認識の仕方として，第一次的にモノ（客観）が既に在り，それらが二次的に関係しあって世界が構成されると考えるのではなく，世界は一次的に主観の関係の中からつくりだされた共同主観的（間主観的）に構成されるととらえる関係論的な認識様式を用いる．また，「関係」の対概念の認識の仕方として，精神と身体，主観と客観，主体と客体のように両者を二項対立図式にとらえ，後者を認識対象物として位置づけ，物象化・自存化してとらえる認識を実体論的な認識様式として用いることと定義する（表1-1参照）．そして，本論文における「関係論的アプローチ」とは，「関係主義／関係論的な認識様式」に立脚しながら体育学習に接近する方法と定義する．

1.3　問題の所在

1.3.1　公立小学校における校内研修主題の変遷

最近の小学校教育現場では，「学び合い」や「伝え合う」といった相互交流を重視した「関係」をキーワードとする校内研修が多くなってきている．これは，平成17年度から新たに開始された「伝え合う力を養う調査研究事業（文部科学省）」[3] や経済協力機構（OECD）の学習到達度調査（PISA）によって示された「世界一」の教育水準を達成したフィンランドの授業と学びの様式[4]における影響によるものと考えられる．しかしながら，こうした教育行政や教育事情の動向にのりながら，安易に校内研修主題のキーワードを変更し，授業方法の改善のみを目指す校内研修では，実質的な授業改革には結びつかないであろう．

本山（1999）は，市川（1995）や丸野（1998），佐伯（1998）の研究を踏まえながら，「『学習』をどうとらえるのか，という問題については，３つの立場から研究が進められてきた」（本山，1999，p. 101）と述べ，次のように整理している．

一つには，行動主義の学習論で，刺激と反応の連合が条件によって強くなることを学習とみなす．人間の行動を刺激との因果関係で説明する．二つには，認知主義の学習論で，個体による知識獲得を学習とする．頭の中にある表象とその操作を情報処理モデルとして説明する．三つには，状況的学習論で，他者や人工物といった社会的文化的状況と結びついて引き起こされており，ことばや記号は有効に利用される文脈をはなれて活用されない．（本山，1999，p. 101）

つまり，「関係」をキーワードとする学習論は，「行動主義や認知主義に基づく操作的な学習観から，状況的学習論のように子どもの社会的環境との関わりをみていく臨床的な学習観への移行」（本山，1999，p. 101）の現れと読み解くことが求められるであろう．

一方の発達観について，松田・島崎（1997）は，ピアジェ（Jean Piaget）やワロン（Henri Wallon）の所論や浜田（1993）の見解に依拠しながら，次のように整理している．

ピアジェ－ワロンによって交された議論が，「子どもの存在を個的，実体的なものとして見るか，社会的，関係的なものとして見るか」，「発達を能力（認識）の問題と捉えるのか，生活（意味）の問題と捉えるのか」という2軸をめぐって，両者の発達観の相違を浮き彫りにした点である．このことからすると，両者の発達観は次のように図示することができる（図1-1）．ここで「個－能力」から発達を捉えるピアジェの立場を「個体定着指向的発達観」と呼ぶとすると，「関係性－生活」から発達を捉えるワロンの立場を「意味生成指向的発達観」と呼ぶことができよう．（松田・島崎，1997，p. 30）

すなわち，発達観においても「関係」のキーワードが意味するところは，個の重視とともに能力あるいは認識の重視に特徴づけられる「個体定着指向的発達観」から，関係性の重視とともに生活あるいは意味の重視に特徴づけられる「生活（意味）生成指向的発達観」への転換と解釈されることが求められよう．

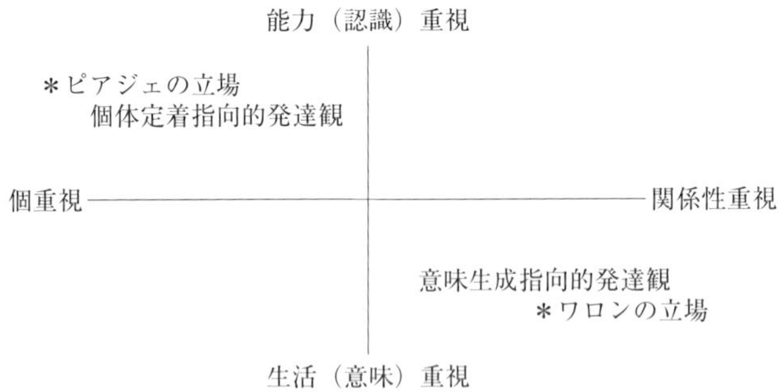

図 1-1　発達観の構造（松田・島崎，1997，p. 30）

そこで本節では，公立小学校における校内研修主題を取り上げ，その使用キーワードから学習論と発達観を読み取り，その変遷を明らかにすることで，現在の学校教育現場に「関係」をキーワードとする校内研修の取り組みに対する問題を浮き彫りにすることを目的とする．

方法は，平成13年度から平成20年度までの四日市市立小学校における校内研修主題を対象に調査を行う．対象校は，平成13年度から平成15年度までは全39校，平成16年度以降は全40校とする．校内研修主題は，『四日市市学校教育白書（四日市市教育委員会，2002～2009）』に掲載されているものから収集する．

また，分類は次の通り行うものとする．

第１に，校内研修主題に使用されているキーワードは，学習論の観点から次のように分類を行う．まず，「身につける」，「定着」などのキーワードは，「行動主義的な因果論に立ち，教授―学習過程は教師による統制のもとで進む」（本山，1999，p. 102）言葉として連想されるため「行動主義」と位置づける．次に，「自ら」，「主体的に」，「意欲的に」の３つのキーワードは，子どもを課題解決のための学習者として位置づけ，学習者と学習課題との対話的プロセスにおいて，知識を獲得していく学習を連想させる言葉であることから，「認知主義」と位置づける．さらに，「学び合う」，「伝え合う」などのキーワードは,「個体間に共通の道筋をたどることを前提に行動や認知を操作し変容させた結果ではなく」(本山, 1999, p. 102),「学習者が他者とのかかわりのある多様な活動を通して, 意味を構成していく社会的行為である」(広石, 2005) と見立てていく学習を連想させる言葉であることから「状況主義」と位置づける.

第2に, 校内研修主題のキーワードに着目し, 発達観の観点から次のように分類を行う. まず,「子どもの育成」,「子どもを育てる」などのキーワードは,「非社会的存在としての子どもの社会化」(松田・島崎, 1997, p. 29) を連想させる言葉であることから,「個体定着指向」と位置づける. 次に,「授業の創造」,「授業づくり」などのキーワードは,「社会的存在としての子どもの個性化」(松田・島崎, 1997, p. 29) を連想させる言葉であることから,「意味生成指向」と位置づける.

1.3.2　公立小学校における校内研修主題使用キーワードと学習論

校内研修主題に使用されているキーワードについて, 学習論の観点から分類を行った結果は次の通りである.

行動主義を背景とするキーワードを整理したものが表 1-2 である.「身に付(つ)け」が最も多くのべ43件であり, ついで,「定着」がのべ 9 件,「育成・育てる」がのべ 5 件である. 認知主義を背景とするキーワードを整理したものが表 1-3 である.「自ら」が最も多くのべ64件であり, ついで,「主体的に」がのべ36件,「意欲的に」がのべ17件である. 状況主義を背景とするキーワードを整理したものが表 1-4 である.「高め合(あ)う」が最も多くのべ42件であり, ついで「学び合(あ)う」がのべ41件であり,「伝え合(あ)う・伝え合い」がのべ16件である.

表 1-5 と図 1-2 は, 学習論の変遷を整理したものである. 平成13年度から平成16年度までは, 認知主義が最も多く, 約 4 割の学校で占められている. ついで, 状況主義, 行動主義の順である. その順位は, 平成17年度を境に,

表 1-2　行動主義を背景とするキーワード

	H13	H14	H15	H16	H17	H18	H19	H20	計
確かな学力を身につけ		2	1	2	4	5	5	5	24
国際感覚を身に付（つ）けた	1	1	1	1	1	1	1	1	8
確かな力を身につけ			1	1	1	1	1		5
確かな言葉の（力の）基礎を身に付（つ）け				1	1	1			3
学び方を身に付け		1							1
伝える力を身につけ					1				1
人権尊重の精神を身につけ	1								1
学力の定着			1	1	1	1	1	1	6
基礎・基本の定着				1	1	1			3
基礎・基本の確かな育成		1	1	1					3
確かな学力の育成								1	1
確かな学力を育てる	1								1
確かな学力をもった			1	1	1				3
計	3	5	6	9	11	10	8	8	60

（実数はのべ数）

表 1-3　認知主義を背景とするキーワード

	H13	H14	H15	H16	H17	H18	H19	H20	計
自ら（学び，進んで，考え，課題を）	14	11	11	8	6	5	5	4	64
主体的に（学ぶ，活動し，取り組む，学び合って）	6	7	5	5	4	3	3	3	36
意欲的に（取り組む）	1	1	3	3	3	3	2	1	17
計	21	19	19	16	13	11	10	8	117

（実数はのべ数）

表 1-4　状況主義を背景とするキーワード

	H13	H14	H15	H16	H17	H18	H19	H20	計
高め合（あ）う	4	4	3	6	7	6	6	6	42
学び合（あ）う	4	6	3	3	4	5	6	10	41
伝え合（あ）う・伝え合い			1	1	3	4	5	2	16
認め合（あ）う・認め合い	2	3	1	1	2	2	1	1	13
関（かか）わり合う			2	2	1	2	2		9
コミュニケーション					1	3	3	2	9
支え合い		1	1	2	1	1			6
尊重しあう		1	1	1	1	1			5
つながり合う							1	1	2
話し合い							1	1	2
協力し合う				1	1				2
ひびき合う								1	1
聴き合い								1	1
考え合う								1	1
計	10	15	12	17	21	24	25	26	150

（実数はのべ数）

表 1-5　学習論の変遷

	H13	H14	H15	H16	H17	H18	H19	H20	計
行動主義	3 (3)	5 (5)	6 (6)	9 (9)	11 (11)	10 (10)	8 (8)	8 (8)	60 (60)
認知主義	17 (21)	17 (19)	16 (19)	14 (16)	12 (13)	10 (11)	9 (10)	8 (8)	95 (117)
状況主義	8 (10)	11 (15)	9 (12)	13 (17)	15 (21)	18 (24)	21 (25)	22 (26)	117 (149)

（実数は学校数，（　）内数はのべ数）

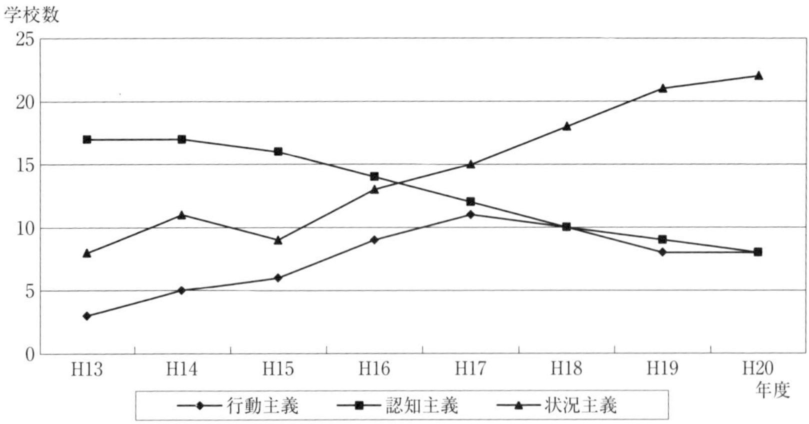

図 1-2　学習論の変遷

状況主義，認知主義，行動主義の順に変化している．特に平成19年度からは，約半数の学校が状況主義で占められている．

1.3.3　公立小学校における校内研修主題使用キーワードと発達観

校内研修主題のキーワードに着目し，発達観の観点から分類を行った結果は次の通りである．

個体定着指向を背景とするキーワードを整理したものが表 1-6 である．「子ども（子）の育成・児童の育成・子どもたちの育成」が最も多くのべ110件であり，ついで，「子ども（子）を育てる」がのべ63件，「子（子ども）・子をめざして・子どもの姿を求めて」がのべ51件である．意味生成指向を背景とするキーワードを整理したものが表 1-7 である．「授業の創造」が最も多くのべ25件であり，ついで，「授業（をめざして）」がのべ11件，「授業づくり（をめざして）」がのべ 5 件である．

表 1-8 と図 1-3 は，発達観の変遷を整理したものである．平成16年度を境に個体定着指向がやや減少傾向に転じつつあり，意味生成指向がやや上昇し

表 1-6　個体定着指向を背景とするキーワード

	H13	H14	H15	H16	H17	H18	H19	H20	計
子ども（子）の育成・児童の育成・子どもたちの育成	10	12	13	14	14	15	16	16	110
子ども（子）を育てる	11	11	12	9	7	5	4	4	63
子（子ども）・子をめざして・子どもの姿を求めて	8	8	5	6	7	6	5	6	51
力を育てる・力を高めよう			1	1	1	2	3	1	9
身につけさせる・定着を目指して				2	2	2			6
定着を図る学習指導			1	1	1	1	1	1	6
基礎・基本の確かな育成		1	1	1					3
からだ育て			1	1					2
計	29	32	34	35	32	31	29	28	250

（実数はのべ数）

表 1-7　意味生成指向を背景とするキーワード

	H13	H14	H15	H16	H17	H18	H19	H20	計
授業の創造	4	4	2	2	3	3	4	3	25
授業をめざして	1	1	1	1	1	2	2	2	11
授業づくり（をめざして）	1						1	3	5
授業100%					1	1	1	1	4
学びの追究					1	1	1	1	4
学習の創造	2	1	1						4
道徳教育				1	1	1			3
集団の育成				1	1	1			3
つながる心・つながる仲間							1	1	2
人とともに育つ	1	1							2
学習								1	1
活動	1								1
学校づくり							1		1
学ぼう・見つけよう・つたえよう			1						1
計	10	7	5	5	8	9	11	12	67

（実数はのべ数）

表 1-8　発達観の変遷

	H13	H14	H15	H16	H17	H18	H19	H20	計
個体定着指向	29 (29)	32 (32)	34 (34)	35 (35)	32 (32)	31 (31)	29 (29)	28 (28)	250 (250)
意味生成指向	10 (10)	7 (7)	5 (5)	5 (5)	8 (8)	9 (9)	11 (11)	12 (12)	67 (67)

（実数は学校数，（　）内数はのべ数）

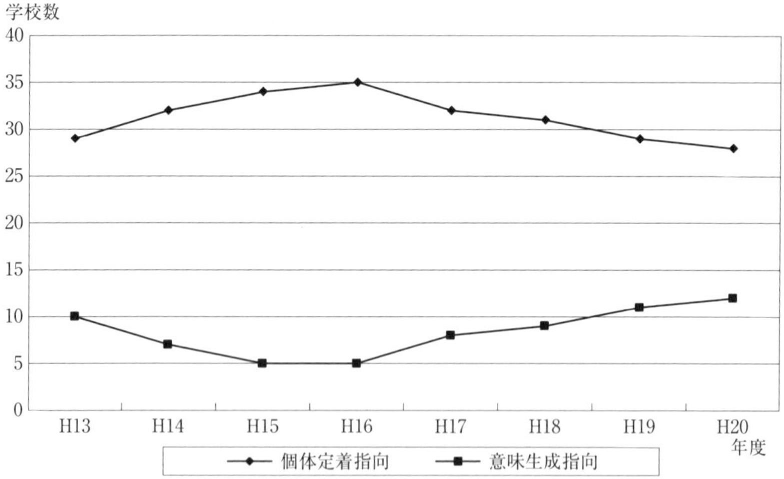

図 1-3　発達観の変遷

つつあるものの，いずれの年度も個体定着指向が意味生成指向を大きく上回っている．個体定着指向は約 4 分の 3 の学校によって，意味生成指向は約 4 分の 1 の学校によって占められている．

1.3.4　問題の所在―学習論と発達観のねじれ

本節では，公立小学校における校内研修主題を取り上げ，その使用キーワードから学習論と発達観を読み取り，その変遷を明らかにすることで，現在の学校教育現場に「かかわり」をキーワードとする校内研修の取り組みに対する問題を浮き彫りにすることを目的としてきた．

平成13年度から平成20年度までの四日市市立小学校における校内研修主題を対象に調査した結果，平成13年度から平成16年度までは，「自ら，主体的に，意欲的に」をキーワードとする認知主義が最も多く，約４割の学校で占められていたが，平成17年度を境に，「学び合う，伝え合う」などをキーワードとする状況主義，「自ら，主体的に，意欲的に」などをキーワードとする認知主義，「身につける，定着」などをキーワードとする行動主義の順に変化し，特に平成19年度からは，約半数の学校が状況主義で占められていることが明らかになった．また，平成16年度を境に「子どもの育成，子どもを育てる」などのキーワードによる個体定着指向がやや減少傾向に転じつつあり，「授業の創造，授業づくり」などのキーワードによる意味生成指向がやや上昇しつつあるものの，いずれの年度も個体定着指向が意味生成指向を大きく上回っており，個体定着指向は約４分の３の学校によって，意味生成指向は約４分の１の学校によって占められていることが明らかになった．

以上のことから，平成17年度頃から状況主義の学習論が台頭してきているが，意味生成指向の発達観が伸び悩みを見せていることが，調査結果より明らかになった．このことは，同じ関係論的視点に立つ状況主義の学習論と意味生成指向の発達観の歩調があっていないことを意味し，現状は関係論的視点に立つ学習論と実体論的視点に立つ発達観がねじれ現象の中にあるものと見ることができよう．

このような現状は，例えば「一人一人を大切にする教育」と「一人一人が大切にされる教育」とは，根源的にパラダイムが異なるため，それを融合することは認識論的には問題となるという見方と同じである．「一人一人を大切にする教育」は文字通り，「一人一人を大切にする」という個を重視する発達観（個体定着指向）であり，「一人一人を」という個を対象にし，個を変えることを前提とした教育が展開される学習論（行動主義・認知主義）にパラダイム（ここでは，実体論的パラダイムと呼ぶことにする）があるといえよう．

また,「一人一人が大切にされる教育」とは,「一人一人が大切にされる」という関係（学級，授業など）を重視する発達観（意味生成指向）であり,「一人一人が大切にされる」という関係を対象にし，その関係を変えることによって個の変容を促そうとする教育が展開される学習論（状況主義）にパラダイム（ここでは，関係論的パラダイムと呼ぶことにする）があると解釈されよう．さらには，教師が一人の子どもにかかわる場合も，実体論的パラダイムに立てば，その子ども自身を変えようとするかかわり方となり，関係論的パラダイムに立てば，その子どもを取り巻く関係を変えるかかわり方になるであろう．

また,「問題」のとらえ方も同様である．実体論的パラダイムに立てば,「問題」は解決されるべき対象となり,「問題」のない学校や学級,「問題」のない子どもが，よい学校・よい学級・よい子どもということになろう．しかし，関係論的パラダイムに立てば,「問題」は共有されるべき事態となり,「問題」と向き合い，語り合い，合意形成していくことのできる学校や学級，子どもどうしの関係が，よい学校・よい学級・よい子ども関係ということになろう．前者に立って考えると「問題」は，トラブルであり，失敗であり,「厄介なもの」として位置づくが，後者に立てば「問題」は，たちまち「成長を促す出来事」に見えてくる．なぜなら，１つ１つの理を紐解いてくれ，その意味を浮き上がらせてくれ，人間の成長を促してくれるからである．しかしながら,「トラブルや失敗の尊重」は容易ではない．行動に移すとなると膨大なエネルギーと時間が求められるからである．

ここで，今の学校がどのようにこれらのことに対応しているかに言及したいわけではなく，パラダイムが異なるだけで，授業づくりや学級づくりや子どもへのかかわり方，あるいは,「問題」の解釈などが全く異なってくることを強調したいのである．つまりは，例えば「学び合う子どもの育成」という表記は認識論的に誤りであり，正しくは「学び合う関係（授業・学級）づくり」と表記されなければならないだろう．よって，近年の公立小学校における校内研修主題から読み取ることができる学習論（状況主義）と発達観（個体定着指向）のねじれはパラダイムのねじれであり，結局のところ現在の学校教育現場において「学習者を『意味』と『関わり』を構成する活動的な主体者として積極的に位置づけており，学びの活動を他者と協同で遂行する社会的過程における実践として認識」（佐伯，1995）する社会的構成主義（social constructivism）の学びの理論による授業の改革が展開されていないことを物語っている．

以上のことから，冒頭の体育にまつわる「子どもの悲鳴」とも見ることができる子どもの「問題行動」や「問題発言」について，私たちが拠り所としている思考の枠組み（パラダイム）レベルから脱構築しようとしている知見や理論が示され，学校教育現場においても「関係」を視点とする授業への指向性が出現し始めているものの，認識論的に学習論と発達観のねじれ現象の中にあり，実質的な授業の転換までには至っていないという問題が明らかとなった．

こうした問題状況に対し，関係主義による性急な「理論の実践化」は，対症療法的な方法論によって解決に迫る風潮を生み出し，硬直的なカリキュラム編成や画一的な学習過程，形式的な学習指導などにつながりかねない．また，関係主義による性急な「実践における理論化」は，理論構築のための実践研究の風潮を生み出し，実践の中で生起する個別具体的な経験や出来事の意味の解釈を見落したり，軽視することなどにつながりかねない．したがって本論文は，「理論の実践化」と「実践における理論化」を二項対立的にとらえるのではなく，両者を行き来する実践的な研究と研究的な実践の両方のアプローチを併用しながら，関係論的アプローチによる体育学習の再検討に取り組むことを課題としたい．

注

1）例えば，「体育が苦手な悩み分かって」（鈴木，1996）では，「苦しみに満ちた体育をする理由，だれが答えてくれるのですか？　体育教師はうまい人ばかりほめないで，熱血せず，体育が苦手な人の気持ちを考えてください!!」と，自らの体験を通して，体育の存在意義を問うている．また，「体育授業のこと」（さくら，1987）では，「一体，あんなにも私に恥をかかせた体育の授業は人間形成において学校教育の中でとり入れなければならないほどの重要な役割をどのへんに秘めているのであろうか．ギモンである」と，体育が学校教育の教科として位置づいている根拠について問うている．さらに，「体育がこわい」（朝日新聞 WEEKLY AERA, 2001）では，20～30歳の学校体育を終えた11人の事例（体育にまつわる苦い経験）が中心に編集されている．

2）例えば，教科等の好き嫌い（ベネッセコーポレーション，2005）によれば，体育・保健体育が「とても好き」と「まあ好き」の合計が小学４年生では84.8％であるが，中学３年生では57.5％に減少している．また，「小・中学生・高校生の体育の授業に対する思い」（三重県実行委員会，2003）の「他の教科に比べて体育の授業は好き」と回答する割合が，小学１年生では約90％であるが，中学３年生では約60％に減少している．

3）「学校教育の様々な機会を通じて，お互いの考えや気持ちを伝え合う力を高め，生活上における問題を言葉で解決する力を育てるとともに，児童生徒が相互理解や望ましい人間関係づくりを進めるためのカリキュラム等の在り方について，計画的，総合的に高めていく調査研究を実施」（文部科学省，2005）する事業である．

4）　佐藤は，フィンランドの教育の優秀性の１つに，授業と学びの様式をあげ，次のように述べている．「フィンランドはもともと一斉授業の伝統的様式が強い国であった．しかし，PISA 調査の結果は，プロジェクト型のカリキュラム単元と協同学習の学びの様式を採用している学校おいて成績が優秀であることを明らかにした．その結果を受けて，プロジェクト型学習と協同学習への改革がどの学校でも進行している」（佐藤，2007，pp. 66-67）．

引用・参考文献

青木　眞（1994）（新しい時代に向けて）体育カリキュラムと単元の構成を考える．全国体育学習研究協議会第19回合同合宿研究会資料．

青木　眞（2000）体育授業の構造〔その近代と現代〕（三重学校体育研究会講演資料 1999.12.25）．三重学校体育研究会　研究紀要：83-87.

朝日新聞 WEEKLY AERA（2001）体育がこわい．朝日新聞 WEEKLY AERA 2001．3.5．朝日新聞社編：東京，pp. 83-85.

ベネッセコーポレーション（2005）教科等の好き嫌い（「とても好き」「まあ好き」の合計）．平成16・17年度文部科学省委嘱調査報告書　義務教育に関する意識調査報告書.

Emirbayer, M. (1997) "Manifesto for a Relational Sociology." *American Journal of Sociology*, 103(2): 281-317.

藤田英典（1995）学習の文化的・社会的文脈．佐伯　胖ほか編　学びへの誘い．東京大学出版会：東京.

Goodman, N. (1986) Mathematics as objective science. In T. Tyomczko (Ed.) New directions in the philosophy of mathematics. Boston: Birkhauser.

Granovetter, M. (1985) "Economic Action and Social Structure." *American Journal of Sociology*, 91(3): 481-510.

浜田寿美男（1993）発達心理学再考のための序説．ミネルヴァ書房：京都.

広石英記（2005）ワークショップの学び論－社会構成主義からみた参加型学習の持つ意義－．教育方法学研究，31：1-11.

市川伸一（1995）現代心理学入門　学習と教育の心理学．岩波書店：東京.

木部尚志（2008）平等主義的正義への関係論的アプローチ－〈運の平等主義〉の批判的考察を手がかりに－．思想，8（1012）：61-80.

K・J・ガーゲン：永田素彦・深尾　誠訳（2005）社会構成主義の理論と実践－関係性が現実をつくる．ナカニシヤ出版：京都.

丸野俊一（1998）心理学の過去，現在，未来．丸野俊一編　シリーズ心理学の中の論争［1］　認知心理学における論争．ナカニシヤ出版：京都，pp. 1-29.

松田恵示・島崎　仁（1997）児童の発達観と小学校低学年体育科カリキュラムのあり方に関する基礎的研究－現行「基本の運動・ゲーム」の２領域制から「運動遊び」の１領域制の論拠－．体育科教育学研究，14(1)：25-36.

三重県実行委員会（2003）小・中学生・高校生の体育の授業に対する思い．平成15年度全国学校体育研究協議会・第42回全国学校体育研究会三重大会研究紀要：29-44.

文部科学省（2005）《参考資料》伝え合う力を養う調査研究（新規）．平成17年度予算（案）主要事項.

本山方子（1999）社会的環境との相互作用による「学習」の生成－総合学習における子どもの参加過程の解釈的分析－．カリキュラム研究，8：101-116.

中村恵子（2007）構成主義における学びの理論―心理学的構成主義と社会的構成主義を比較して―．新潟青陵大学紀要，7：167-176.

中村雄二郎（1992）臨床の知とは何か．岩波新書：東京.

野家啓一（1998）関係，関係主義．廣松　渉ほか編　岩波哲学・思想事典．岩波書店：東京.

Philips, D.C.（1995）The Good, the Bad, and the Ugly: The Many Faces of Constructivism. *Educational Researcher*, 24(7): 5-12.

Phillips, D.C.（2000）An Opinionated Account of the Constructivism Landscape, in D.C. Phillips（ed.）: 2000, Constructivism in Education, Opinions and Second Opinions on Controversial Issues, The National Society for The Study of Education, Chapter I, pp. 6-7.

Prawat, R.（1993）The Value of Ideas: Problems Versus Possibilities in Learning. *Educational Researcher*, 22(6): 5-16.

佐伯　胖（1995）「学ぶ」ということの意味．岩波書店：東京.

佐伯　胖（1998）学びの転換 教育改革の原点．佐伯　胖ほか編　岩波講座現代の教育３授業と学習の転換．岩波書店：東京，pp. 3-24.

佐伯　胖（2003）「学び」を問いつづけて．小学館：東京，p. 390.

さくらももこ（1987）体育授業のこと．さくらももこ編　ちびまる子ちゃん１．集英社：東京，p. 47.

作田啓一（1993）生成の社会学をめざして．有斐閣：東京.

佐藤　学（1996a）教育方法学．岩波書店：東京.

佐藤　学（1996b）現代学習論批判―構成主義とその後．堀尾輝久ほか編〈講座学校　第５巻〉学校の学び・人間の学び．柏書房：東京.

佐藤　学（2007）教育の優秀性―わたしの見聞に基づいて―．オッリペッカ・ヘイノネン＋佐藤　学編　NHK 未来への提言オッリペッカ・ヘイノネン「学力世界一」がもたらすもの．日本放送出版協会：東京，pp. 66-69.

關　浩和（2005）構成主義的学習論を視点とした社会科授業構成とモデル授業開発．兵庫教育大学大学院連合学校教育学研究科博士論文.

新村　出編（1983）関係．広辞苑　第三版．岩波書店：東京，p. 532.

鈴木ふみこ（1996）〈声〉体育が苦手な悩み分かって　札幌市高校生16歳．朝日新聞朝刊（1996.6.7）.

田中義久（1989）関係主義．木田　元ほか編　コンサイス20世紀思想事典．三省堂：東京，p. 222.

四日市市教育委員会（2002-2009）四日市市学校教育白書.

第2章　先行研究の検討と本研究の目的

2.1　学校教育における関係論的アプローチによる研究動向

2.1.1　校内研究主題の変遷

近年，学校教育現場では，「かかわり（関わり），かかわり合い（関わり合い），伝え合い，学び合い，コミュニケーション」など，相互作用を重視した「関係」を鍵概念（間主観主義・相互主体論）とする実践研究が展開されるようになってきている．例えば，前章で取り上げた三重県四日市市の小学校校内研修主題に示されるキーワード使用率に注目してみると，「自ら，主体的に，意欲的に」という主観主義に立つキーワードを使用する学校が，2003年度（平成15年度）に39校中16校（41%）であったものが2008年度（平成20年度）には40校中８校（20%）に減少しているのに対し，「学び合う，伝え合う，高め合う」など，間主観主義に立つキーワードを使用する学校が，2003年度（平成15年度）に39校中９校（23%）であったものが2008年度（平成20年度）では40校中22校（55%）へと増加している（岡野，2009）．これは，2005年度（平成17年度）から新たに開始された「伝え合う力を養う調査研究事業」（文部科学省）や経済開発協力機構（OECD）の学習到達度調査（PISA）による影響もあると考えられるが，背景には学習論の転換を視野に入れた動きがあると見ることができよう．つまり，この動向は「行動主義や認知主義に基づく操作的な学習観から，状況的学習論のように子どもの社会的環境との関わりをみていく臨床的な学習観への移行」（本山，1999）の現れであり，「学習とは，所与の知識の個人的獲得ではなく，学習者が他者とかかわりのある活動を通して，意味を構成していく社会的行為である」（広石，2005）とする，社会的構成主義的な学習論の現れと見立てることができる．

2.1.2　文化・歴史学派（ヴィゴツキー学派）の研究概観

社会的構成主義とは，1920年代半ばから30年代半ばにかけてソビエトで活躍した心理学者ヴィゴツキー（L.S. Vygotsky）とその共同研究者であったルリア（A.R. Luria）やレオンチェフ（A.N. Leontiev）らによって展開された「文化・歴史学派（ヴィゴツキー学派）」を系譜にもつものである．彼らは，「人間の精神発達を文化や歴史との不可分な関係のなかで生じる現象としてとらえる基本的な理論的枠組み（文化・歴史理論）を提唱し，その後の諸研究に極めて大きな影響を与え続けている」（高木，2010，p. 403）．

ヴィゴツキーは，「記号の使用によって意図的な操作が可能になった心理過程（たとえばメモを使用することで必要なときに情報を検索できるようになった記憶など）を指す」（高木，2010，p. 405），歴史的発達の所産としての「高次精神機能」について，次のように定式化している．

> あらゆる高次の精神機能は子どもの発達において二回あらわれます．最初は集団的活動・社会的活動として，すなわち，精神間機能として，二回目は個人的活動として，子どもの思考内部の方法として，精神内機能としてあらわれます．（ヴィゴツキー：土井・神谷訳，2003）

柴田（2011）は，人間に特有な高次の精神活動は，最初ほかの人々との協同作業のなかで外的な「精神間（interpsychical）機能」として現れ，それがやがて個々人の「精神内（intrapsychical）機能」，つまり論理的思考や道徳的判断，意志などの様式へ転化していくと説明する．また，その具体例として子どものことばの発達をあげ，はじめはまわりの人々とのあいだのコミュニケーションの手段としての話しことばが，六，七歳ごろに〈内言〉に転化するようになって，ことばは子ども自身の思考の基本的方法となり，子どもの内部的精神機能になると述べている（柴田，2011，p. 31）．ことばは，何よりも，社会的交流の手段であり，発話理解の手段であり，いわばコミュニケーション機能と思考の機能を兼任している（ヴィゴツキー：柴田訳，2001，p. 21）といえる．

ヴィゴツキーの特に有名な理論として，「発達の最近接領域（zone of proximal development）」があげられる．これは，「子どもが単独で（精神内カテゴリーとして）達成できる課題によって示される現時点での発達水準と，子どもが大人と共同することで（精神間カテゴリーとして）達成できる課題によって示される発達水準の差を指す」（高木，2010，p. 412）ものであり，子どもの精神発達と教授―学習との関係を次のように述べている．

> 教授はそれが発達の前を進むときにのみよい教授である．そのとき教授は，成熟の段階にあったり，発達の最近接領域にある一連の機能をよび起こし，活動させる．ここに，発達における教授の主要な役割がある．動物の調教と子どもの教授ともこれによって区別される．（ヴィゴツキー：柴田訳，2001，p. 304）

これは子どもの思考の特質に合わせる教育への批判を意味し，「明日の水準」に目を向けるならば，「思考の特質に合う」かどうかではなく，子ども自身が独力ではできないことに目を向け，できることからできないことへの移行を考慮した（柴田，2011，pp. 28-29）ものであり，子どもの精神発達をつねに文化的・社会的環境と教育との深いかかわりのなかでとらえようとしていたものであることがわかる．

このヴィゴツキーの言語的記号を媒介とする文化や歴史との不可分な関係の中での子どもの精神発達観と，その精神発達を考慮した教授―学習学習観は，さらに拡張されることになる．

1980年代に始まる文化・歴史理論再評価の運動の中で研究的にも実際的にも主導的な研究者といわれるコール（M. Cole）は，言語的記号によって子どもの発達が媒介されるとしたヴィゴツキーの媒介概念を，「人工物（artifact)」という概念を導入することによって，物質的なものを含む人間がつくりだしたもの全般に拡張した．また，ワーチ（J.V. Wertsch）は，ヴィゴツキーの記号の概念を拡張し，言語的記号のもつ多様性を社会的文脈の中で考慮することによって，教室での教師と生徒の相互作用という社会的環境を重視した．彼のアプローチは，「社会－文化的アプローチ（sociocultural approach)」と呼ばれる．さらに，ロゴフ（B. Rogoff）は，この社会環境の重要性に着目し，文化的，歴史的に構造化された日常生活の中で他者や環境との多様な相互作用を通して子どもが発達していくと考え，「導かれた参加（guided participation)」という概念を提唱した．これはヴィゴツキーの提唱したところの，「文化的発達の一般的発生的法則」及び「最近接発達領域」の拡張としてとらえることができる．その後，この「導かれた参加」の概念は，文化人類学の学習研究におけるレイヴ（J. Lave）とウェンガー（E. Wenger）の正統的周辺参加（Legitimate Peripheral Participation：LPP）（レイヴ・ウェンガー：佐伯訳，1993）とリンクしながら展開されるものであった．

他方，レオンチェフは，ヴィゴツキーが言語的記号による精神発達を重視したのに対し，人々によって共同的に展開される諸活動が精神発達を媒介するとした．つまり諸活動は，歴史的・文化的に組織された共同的なシステムに組み込まれた行為であると考え，「活動理論」という心理学理論を提唱した．そして，この「活動理論」を活動システムそのものに拡張したのがエンゲストローム（Y. Engeström）である．彼は，学習や発達が，個人による知識や技能の獲得ではなく，活動システムのメンバーが共同的に自分たちの活動システムが抱える矛盾を発見し，その構造を分析し，それに基づいて活動システムを変革して行く一連の過程であると考えた．

ヴィゴツキーの提唱した，人間の精神発達を文化や歴史との不可分な関係の中で生じる現象としてとらえるとする基本的な理論的枠組みは「文化・歴史学派（ヴィコツキー学派)」と呼ばれ，関係と状況の中での「学び」を明確にしてきたものといえる（高木，2010).

2.1.3　日本における学び論の展開

概観してきた文化・歴史学派（ヴィゴツキー学派）の考え方は，日本の学校教育現場においても影響を及ぼし，1990年代に佐伯胖や佐藤学らが「学び論」を提唱した．佐伯（1995）は，学び（学習）を個人の頭の中での知識獲得過程と見るのではなく，文化的実践への関わりと見ることであるととらえ，その関わり方は，学習者の「その人らしさ」による共同体への参入であり，それ自体が協同的活動であることを意味する「参加」と見ることを提唱している．また，佐藤（1995）は，「学び」の活動を「意味と人の関係の編み直し」と定式化し，対象との対話，自己との対話，他者（社会）との対話の３つの対話的実践としてとらえている．そして，「学び」とは他者の文化の「なぞり」を基礎として混沌とした世界と自己の輪郭を「かたどり」，その「なぞり」と「かたどり」の運動を拡大し発展させることによって，文化的共同体へ参加していくことだと述べている．

こうした教育実践を教師中心から学習者中心にシフトさせ，個人の認知的事象から協同の文化的実践にシフトさせようとする学びの共同体論（田中，2009）は，現在，国内外において爆発的に普及している．佐藤（2012）によれば，「学びの共同体の学校は，子どもたちが学び育ち合う学校であり，教師たちも教育の専門家として学び育ち合う学校であり，さらに保護者や市民も学校の改革に協力し参加して学び育ち合う学校である」というヴィジョンによって，学校の公共的使命である「一人残らず子どもの学ぶ権利を実現し，その学びの質を高めること」と「民主主義の社会を準備すること」を実現しようとするものであると主張する．そして，学びの共同体の学校改革を，公共性の哲学（public philosophy）と，民主主義の哲学（democracy philosophy）と，卓越性の哲学（excellence philosophy）の３つによって基礎づけ，教室における協同的学び（collaborative learning），職員室における教師の学びの共同体（professional learning community）と同僚性の構築（collegiality），保護者や市民が改革に参加する学習参加の３つの活動システムによって，改革を「運動」ではなく「ネットワーク」として展開する挑戦が試みられている．

2.2　体育学習における関係論的アプローチによる研究動向

2.2.1　ボールゲーム（球技）の学習における構成主義

国際的な体育学習における構成主義的な学習は，主としてボールゲーム（球技）の学習を対象として展開されてきている．鈴木（2009）は，1980年代に英国ラフバラ大学のバンガーとソープが提唱した戦術アプローチによるゲームの指導論（TGfU モデル：Teaching Games for Understanding）（Bunker, D. and Thorpe, R., 1982）は個々の球技種目の技能習得を重視する考え方と，ゲームの楽しさを重視する考え方の二項対立図式を乗り越えるための起爆剤として注目されることとなり，このアイディアはその後，米国のグリフィンら（Griffin, L., Mitchell, S., and Oslin, J. L., 1997）によって理論的・実践的な精緻化が進められたと述べている．また，岡出・吉永（2009）は，ゲーム理解のための指導法（Teaching Games for Understanding）（Almond, 1983; Bunker, D. and Thorpe, R., 1982; Spackman, 1983），戦術アプローチ（Tactical Approach）（Griffin et al., 1997; Mitchell et al., 2003），ゲームセンス（Games Sense）（Launder, 2001）と呼ばれる一連の提案は構築主義の学習論を基盤としていると言われ，その特徴が，①生徒がゲームに対して示す関心やそこで得る興奮を重視する，②知識の獲得がよりよいプレイを生み出すとの立場を取る，③生徒は理解した内容やパフォーマンスを転移させることが可能であるとの立場に立つという３点から指摘されている（Metzler, 2000），と紹介している．

こうした戦術アプローチの考え方（グリフィンら：高橋・岡出訳，1999）は，高橋・岡出によって日本に紹介され，学習指導要領にも影響を与えている．1998年（平成10年）の改訂では，小学校第３・４学年のゲーム領域の内容が従前の球技種目名から「型」名へと変更され，2008年（平成20年）の改訂では，小学校から高等学校（高等学校は2009年・平成21年改訂）まで「型」名による表記（ゴール型，ネット型，ベースボール型の３類型）で統一されることとなった．

Turner & Martinek（1999）は，小学生６～７年生を対象に，ホッケーの授業実践研究を行い，この TGfU の効果を検証している．しかしながら，スキルテストや知識テストにおいて，従来の指導法との明確な違いは明らかになっていない．

松田（2009c）は，「テクニック（動作の技術）」を教えるだけではゲームに繋がらないという問題に対し「戦術的な内容を教えることを優先すること」で解決できるという“TGFU Approach”のアイデアを評価しつつも，子どもの基本的なスポーツへの価値観や身体観，あるいは運動に参加するための自己認識などを変化させることには成功していないという側面もあることを指摘している．そして，「運動の楽しさ」と「技能」を分離させずに内容化している現行の学習指導要領を引き合いに出しながら，「特性（運動の楽しさ）」と「戦術的な内容」を分離させずに学習内容として構成するための「局面学習」（松田，2009a；松田，2009b）という考え方を提案している．これはつまり，戦術学習が，明確にされた戦術的内容を獲得することができるとする行動主義的パラダイムに立つものであり，文化として蓄積された運動の特性や魅力に応じた技能を学ぶ環境が準備されていないという指摘として受け止めることができよう．

2.2.2　体育における学習論の転回

さて，体育学習において，学習者と学習内容と教師の３つの要素をどのような関係で位置づけるのかによって，授業は変わってくるとし，宇土（1983）は，その構造を次の２つに分けて説明している．

図 2-1 の A は，からだの教育としての授業の考え方であり，発達刺激材と

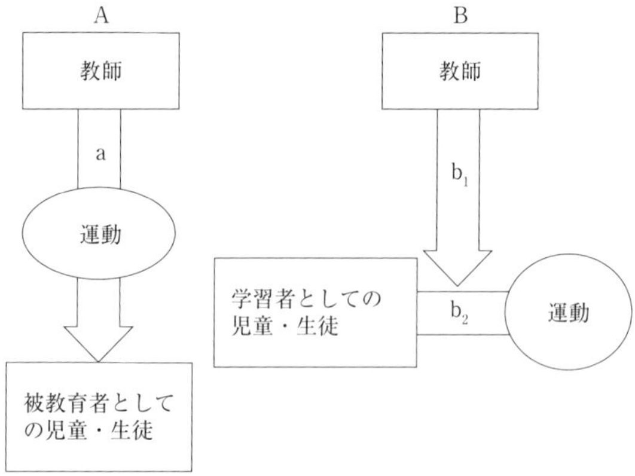

図 2-1　三つの構成要素とその相互関係（宇土，1983）

しての運動を通して，被教育者としての児童・生徒の発達を図るように，教師の活動が中心の位置を占める授業である．一方，図 2-1 の B は，学習を指導する授業の考え方であり，児童・生徒を「学習者」とし，学習者と運動を横の関係で結んで「学習活動（b2）」をあらわし，教師は学習を指導（b1）するという関係になっている授業である．

このように戦後の体育の考え方は，児童・生徒の立場からは「動かされる体育」から「自ら学ぶ体育」へ，教師の立場からは「教授・伝達」から「学習指導」へと，授業の基本的な三つの構成要素のあり方を変え（高島，1992），前者は発達と刺激の結びつきの強化を問題にしているため行動主義を背景とする「刺激論（トレーニング）」の立場にあり，後者は学習すべき内容があってそれを身につけるために行う活動を指すことから認知主義を背景とする「内容論（ラーニング）」の立場にあることがわかる．

ところが，どちらの体育学習も，「主体としての学習者である子ども」と「正しさを内在する客体としての運動」の二項に分けられ，「運動（客体）」を「子ども（主体）」に注入するか，認識対象物ととらえ獲得に向かわせるかという違いはあれ，二項対立図式として位置づいている．そのため，実際の授業では，「運動（客体）」の側に価値をおくと，既に正しいと公認されている事柄（技術・ルール・戦術など）をどれだけ獲得したか，どこまで到達したかという結果主義の学習が展開されることになる．また，「子ども（主体）」の側に価値をおくと，どのように子ども（学習者）の意欲を喚起するかということが問題にされることになる．こうした極端な授業の「出口（量）」と「入口（意欲）」を問題にすることは，授業をブラックボックス化し，授業のプロセスを軽視することにつながるため，体育学習から「質」と「意味」を奪うことにつながり，体育を学ぶ意味や目的を見えにくくするという問題点を孕んでいるといえよう．

こうした問題点を射程に入れた新しい学習論が，1980年頃から起こり始めてきたことは前節で概観してきた通りであるが，加えて認知科学の分野で起こった認知革命の影響によるところが大きい．1980年代になり，ロボット研究領域で「ロボットは（コンピュータは）実験室で完璧に動いたとしても，日常世界の中で同様に動くとは限らない」というマッカーシら（1990）の主張（「フレーム問題 frame problem」）が大きな話題となり，「状況」のなかで学ぶことを重視する認知科学では必然的に，人間が「身体」を持つこと，そして「学びの共同体」を重視することになる（渡部，2010）．この発見は，そのまま人間の教育や「学び」にもあてはまり（渡部，1998），日本の学校教育現場では，佐伯胖や佐藤学らの「学び論」として広がりをみせている既に見てきた通りである．

これと同じ動きは，1990年頃から，教科体育においても，子ども（学習者）の相互作用を中心とした実践研究が現れ始めた．しかし，その中には，仲間とのかかわりを問題にした「仲間づくりや人間関係づくりの体育授業」，あるいは課題達成に向けて仲間を手段的にかかわらせる「教え・助け合いの体育授業」も見受けられ，佐藤の「対話的実践としての学び」とは似て非なるものもあった．事実，佐藤（2007）は，この15年の間に，「創意・工夫」と「話し合い」へと体育の授業が傾斜してきたのは，おおもとをただせば，体育の目的や価値が見えにくくなっているからだと主張している．

一方，こうした「対話的実践としての学び」の視点から，体育学習を探究する研究も展開されている．青木眞の「関係論」，松田恵示の「かかわり論」，細江文利の「関わり合い学習」があげられる．三者は，民間教育研究団体である全国体育学習研究会における「楽しい体育」論者であり，1990年代前半から「楽しい体育」の脱構築を試みている識者でもある．「楽しい体育」は1980年代頃，学習論とその構成方法に対する社会科学的な立場から，杉本・田口（1984）や多々納（1990）らによって，ラディカルな認識論的問題が提起された．三者の研究は，その問題提起を射程に入れながら展開され，子ども（学習者）の意味生成に着目しながら，運動の機能的特性による意味の統制を問題にし，運動の成り立ちや学習内容を関係論的な視点からとらえようとする（鈴木・永島，2007）ところに特徴が見られる．すなわち，それは認識論的に関係論的視点から体育学習を脱構築する立場に立脚するものであり，本研究の立場と一致するものである．

本節では，以上のような立場から三者の論を取り上げながら概観することで，関係論的アプローチによる体育学習の研究動向をつかみ，本論文の研究課題を提出することが目的である．

2.2.3　青木眞の「関係論」

青木眞は，1992年から1995年までの４年間，全体研の研究委員長の要職に就いている．当時，全体研は「楽しい体育」の脱構築を試みており，研究委員長であった青木は，「『子どもの意味生成に着目した問題提起をし，機能的特性による意味の統制を問題』にし，また『運動の成り立ちや学習内容を関係論的にとらえる立場を提起し，実体論的な取り上げ方の閉塞性を問題』にしている」（鈴木・永島，2007，p. 236）．この４年間で練り上げられた考えは，その後の講演レジュメや講演記録などの資料として残っており，次に掲げるものがある．

・青木　眞（1995）転換期にある新しい体育の豊かな深まりを求めて．佐賀大会実行委員会編　第40回全国体育研究協議会佐賀大会つみかさね：9-15.
・青木　眞（1996a）〔実行委員会〕研究紀要のベース．東京大会実行委員会編　第41回全国体育研究協議会東京大会つみかさね：8-10.
・青木　眞（1996b）体育に対する基本的な考え方．東京大会実行委員会編　第41回全国体育研究協議会東京大会研究紀要：3-22.
・青木　眞（1997）「めあて学習」再考の視点．体育科教育，45(4)：23-26.
・青木　眞（1998）新しい体育学習の豊かさを求めて（第24回石川県小学校体育研究大会講演記録1997.12.25）．金沢市小学校体育研究会編　第25回石川県小学校体育研究会紀要：47-64.
・青木　眞（2000）体育授業の構造〔その近代と現代〕（三重学校体育研究会講演資料　1999.12.25），三重学校体育研究会編　研究紀要，1：83-87.
・青木　眞（2005）体育における学びとそのパラダイム（第６回学びの会講演記録　2004.12.11），山本俊彦・岡野　昇編　体育の学びを育む．伊藤印刷：三重，pp.1-11.
・青木　眞（2007）体育授業研究の現在と未来（第16回学びの会講演記録2006.12.23），山本俊彦・岡野　昇編　関係論的アプローチによる新しい体育授業 Vol.2.伊藤印刷：三重，pp.32-45.

ここでは，こうした資料に基づきながら青木の「関係論」について概観してみたい．

青木（1995, 1996a, 1996b, 2000, 2005）は，体育授業の問題の最も根底には，体育授業（子どもとスポーツの関係，その関係に関与する教師）の存在論と認識論の問題があると主張する．結論からいえば，体育授業の存在論レベルにおいては「定着の世界」から「生成の世界」へ，認識論レベルにおいては「実体論」から「関係論」への転換を求めている．

まず，体育授業の存在論の問題について概観していくこととする．体育授業の存在論とは，運動はどのような意味として在るか（生成されるか）という問題の取り上げ方で，作田（1993）の考えを援用しながら，「定着の世界」から「生成の世界」への転換を求めている．定着の世界とは，主知主義・合理主義の支配した近代社会における説明原理で，人間の行為を「有用規準（目的合理的行為）」と「原則規準（価値合理的行為）」に焦点化して意味づけるものである．このように自己中心的な関心・欲求に対応し，今の自己を超越し上昇しようとすることから「超越志向による意味」と位置づけている．また，生成の世界とは，生きていることを分割せず全体としてとらえる現代において台頭した説明原理で，人間の行為を「共感規準（感情的行為）」からも意味づけようとするものである．このような対象中心的な関心・欲求に対応し，他者やものとの境界をはずし共に在ることを感じようとすることから「共感志向による意味」と位置づけている．つまり，青木が主張する存在論レベルにおける「定着の世界」から「生成の世界」への転換は，スポーツにおける学習の豊かさを学習の量や結果ではなく，学習プロセスにおける意味（主観）の質にあると解き，特に圧倒的に「超越志向による意味」の学習が多かったこれまでの体育を反省し，「共感志向による意味」も身体で味わう学習を大切にしなければならないことを強調しているといえる．

続いて，体育授業の認識論の問題である．体育授業の認識論の問題とは，運動の成り立ちをどのように理解するか（認識するか）という問題の取り上げ方で，「実体論（実体主義・実体論的思考）」から「関係論（関係主義・関係論的思考）」への転換を求めている．「実体論」とは，スポーツがそれ自身第一次的に存在すると規定し，その存在との関係が第二次的に成立して世界が構成される，というとらえ方である．そして，主体と客体の二項に分け，客体に価値があるとする立場で，子どもの学ぶべき内容は客体にある，と述べている．他方の「関係論」は，スポーツ存在の第一次的な規定を関係に求める立場で，スポーツは自存的にあるのではなく関係によって成り立っている，というとらえ方である．そして，主体と客体の関係の中に価値の可能性がひらかれるとする立場で，子どもの学んでいる内容は関係の中にある，と述べている．これらのことはつまるところ，スポーツの人間的価値とその学習を考える場合，スポーツを技術・ルール・マナーなどが既に実体としてあるかのようにとらえ，それを獲得していく（身につけていく）学習が当たり前のように思われているが，実は技術やルール，マナーなどは自己・他者・モノとのかかわりによって生起するもので，スポーツはこうした１つの世界として存立しているため，学習の定義も「関係論」の視点から再定義していく必要性を提起しているといえる．

以上のことから，近代の体育授業の構造は，存在論レベルにおいては「定着の世界」，認識論レベルにおいては「実体論」の立場にあったと概括し，それを背景とする授業を青木は「二項対立図式による体育授業」と呼んでいる．

次に，青木（2000，2005，2007）が説明する「二項対立図式による体育授業」の特徴とそれに対応する授業研究のモデルとはどのようなものか，またそうした授業には，どのような問題が横たわっているのか概観してみたい．

まず，授業は「主体としての学習者である子ども」と「正しさを内在する客体としての運動」の二項に分けられ，「運動（客体）」を「子ども（主体）」の認識対象物と位置づけ，それを獲得していくという特徴をもつ．そのため，実際の授業では，既に正しいと公認されている事柄（技術・ルール・マナー）を子どもが獲得する，できるようになるといった側面が強調される．そうなると，授業研究の対応モデルとして，「独立変数（教師の力量，指導技術，教材プログラム，生徒の学力と能力，授業の形態）」と「従属変数（教育結果としての学力・態度（技能の向上やルール・マナーの遵守など），カリキュラムの開発）」の因果関係による数量的分析を通して，授業と学習の過程を統制する原理が抽出される「過程―産出モデル（process-product model）」（佐藤，1996，pp. 49-50）が位置づくことになる．つまり，「二項対立図式による体育授業」とは，理念・理想的な状態（姿）を措定し，ついで諸制度や人々の営みをそれへの貢献に対応させて考えるという構造機能主義的な意味を基盤にしているといえる．

この「二項対立図式による体育授業」の問題を超えるために，青木

(2007) は「関係論による体育授業」の構築を現代の体育授業に求めている．その構造は，存在論レベルにおいては「生成の世界」，認識論レベルにおいては「関係論」に基づくものである．この「関係論による体育授業」の創造のために，青木は２つの視点から方向性を示唆している．１つ目は学校カリキュラムのレベルから，２つ目は単元のレベルからである．

１つ目の学校カリキュラムのレベルにおいて，運動のとらえ方については，自己・他者・モノのかかわりによって成り立っているばかりでなく，文化・政治・社会の諸問題がクラスの中に凝縮したミクロコスモス（世界）として存立しているとする．そのため，前者では，関係を紡ぐ開かれた身体が基体となり，身体の在り様に徐々に目覚めていくことが大切になると述べている．後者では，脱価値的にプレイする身体が基体となり，運動で遊ぶのではなく，運動を遊びにすることが大切になると述べている．また，運動の取り上げ方については，ミクロコスモス（世界）の基調が，「共感」か「超越（挑戦）」のどちらかであるが，これからは「共感」が基調となるような取り上げ方も必要であると述べている．この点で，小学校低・中学年の運動はその契機をもちやすいが，高学年さらには中学校でも取り上げる必要があると述べている．

２つ目の単元レベルにおいて，内容構成については，機能的特性と共感的特性の双方の特性の視点から特性をとらえ，子どもの状況に合った特性で構成していくことが当面の課題であると述べている．また，展開構成については，学習のねらいは到達点を現すものではなく，経験を方向づけるテーマ型のねらいとして設定し，学習過程は柔らかな枠づけで方向づけることを提示している．さらには，教師のかかわりとして，活動の観察（子どもに立ち上がっている意味を解釈する．どのような関係でその意味が立ち上がっているのかを省察する），観察の活用（楽しさや心地よさの中味を開示したり確かめたりして覚醒化を図る），言語の転換（ガンバリズムのイデオロギーを背景とする言語をプレーの時空間に相応しい言語に変える）の３点を提示している．

以上，概観してきたように，青木は，体育に寄せられる今日的な問題に対し，対症療法的な方法論によって解決に迫るのではなく，私たち人間が拠り所としている思考の枠組み（パラダイム）に着目しながら体育授業の問題を取り上げ，その根源的なレベルにおける転換を提唱しているといえる．それは，体育授業の構造転換にあり，存在論レベルにおける「定着の世界」から「生成の世界」へ，認識論レベルにおける「実体論」から「関係論」への転換であり，関係論的視点から学習を編み直す営みとして「関係論による体育授業」を提起していると概括することができるであろう．

2.2.4　松田恵示の「かかわり論」

松田恵示も青木と同様に，1992年から1995年までの4年間，全体研の研究委員を務め，その後も研究委員会において，「かかわり論」の理論的牽引者として，現在に至るまで「楽しい体育」の脱構築を試みている．その取り組みの中で，2000（平成12）年の第45回函館・渡島大会や2003（平成15）年の第48回千葉大会において，運動の特性論とかかわり論との関係をテーマにすえて授業実践を提案するに至っている（鈴木・永島，2007，p. 238）．

こうした経緯の中で，松田は学術雑誌を中心に「かかわり論」の論文発表を展開している．主なものを次に掲げる．

- 松田恵示（1998）関わり合いを生み出す授業・低学年―マット遊び―．こどもと体育，104：13-15.
- 松田恵示（1999）なぜ，子どもにやさしい教材を開発する必要があるのか．学校体育，52(9)：7-9.
- 新体研・松田恵示（1999）「自己・他者・モノ」の観点から試みた「楽しい体育」の再創造．学校体育，52(10)：50-57.
- 松田恵示（2000）移行期における体育授業の進め方（3）「基本の運動」「ゲーム」．体育科教育，48(3)：31-33.
- 松田恵示（2001a）「かかわり」を大切にした新しい体育授業．松田恵示・山本俊彦編　かかわりを大切にした小学校体育の365日．教育出版：東京，pp. 2-15.

・松田恵示（2003）教材作り，場作りを工夫しよう．体育科教育，51(2)：28-31.
・松田恵示（2004）「行う」楽しさを例に―こんな授業づくりがスポーツ好きの子どもを育てる―．体育科教育，52(11)：30-33.
・松田恵示（2005）子どもを夢中にさせるカリキュラムをデザインする．体育科教育，53(3)：26-29.

ここでは，松田の「かかわり論」について一定のまとまりをもって整理されている『かかわりを大切にした小学校体育の365日』を主たる文献としながら，「かかわり論」の背景となる考え方を明らかにしてみたい．

松田は，「かかわり論」の最大のポイントを「体育の内容である運動を，『体の動き』や『技能』としてのみとらえるのではなく，『１つの固有なおもしろい世界』としてとらえ直すことである」（松田，2001a, p.4）とし，例として次のように説明する．

> 階段を昇ったり，布団をあげたりするのも，やはり運動である．このとき，私たちは楽しかったり，おもしろいのだろうか．それは普通，とりたてて楽しかったり，おもしろいというものではないはずだ．ところが，階段昇りを友達と競争してみたり，布団をあげるのを夫婦で競争してみたりするとどうだろう．これは１つの遊びに変わるし，「楽しい」とか「おもしろい」運動になる．
>
> つまり，こういうことだ．体を動かす，ということ自体は，いわば無色透明な人間の行動である．言いかえると，単なる物理的な「運動」にしか過ぎないわけである．ところが，そこに他者とある取り決めをかわす（ルールを創る）ことで「かかわり」が生まれ，さらには「階段」とか「布団」というモノが日常生活とは違った意味を持つ（遊び道具になる）ことでやはり「かかわり」が生まれ，単なる「運動」が遊びの性格を持ったおもしろい運動に創られていくわけである．それは，単なる「体の動き」を超えた，他者とモノと自分とのかかわりの中にある時間や空間の全体のようなものだ．だとすればそれは，「体の動き」というよりも「１つの固有なおもしろい世界」なのだ，といったほうがなお正確であろう．「運動を楽しむ」といったときの運動とは，このように単なる「体の動き」をさすわけではなく，「１つの固有なおもしろい世界」の全体をすでにさしているわけである．（松田，2001a，p.4）

このように,「従来の運動のとらえ方は, 図2-2のようにそれを『体の動き』と見なしているから,『私』や『他者』や『モノ』とは独立して存在している」(松田, 2001a, p.5) と述べ, 図2-3のように体育の内容である運動のとらえ方を「自己／他者／モノ」,「ホリスティックなかかわりの中にある『1つの固有なおもしろい世界』としてとらえる」(松田, 2001a, p.5) ことを強調している. 以上のように,「自己／他者／モノ」が「かかわり」あって,「固有の意味・価値としてプレイの文脈を構成する場, つまり単なる運動

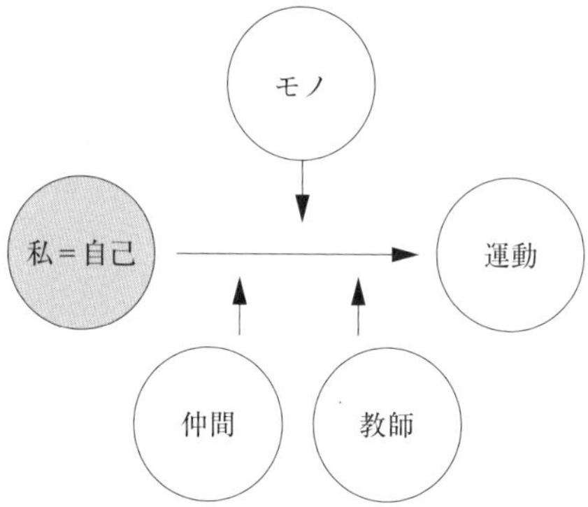

図2-2　従来の運動のとらえ方（松田, 2001a, p.5）

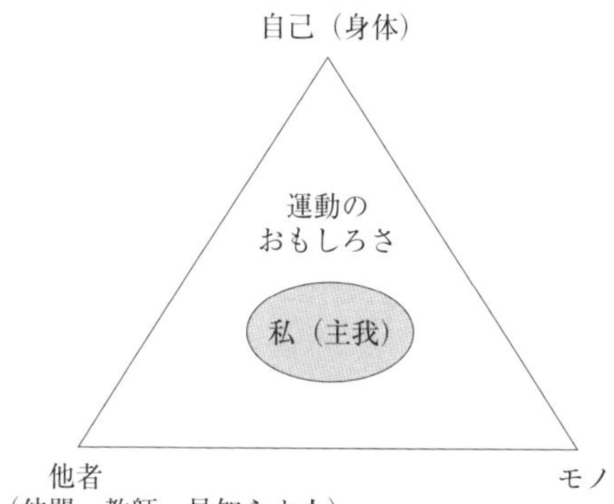

図2-3「世界」としての運動のとらえ方（松田, 2001a, p.5）

(客観的な動き，主観的な心理）を超えた『運動の世界』（間主観的意味世界）ということが，学習内容として捉えられるべき…(中略)…中身であって，この『運動の世界』が工夫され，大きくなっていくことが体育学習のねらいである」（松田，1999）と主張する．また，「体育の学習とは，つまりこのような運動という『1つの固有なおもしろい世界』をこそ学ぶことなのだ」（松田，2001a，p. 5）と述べている．この考えの背景には，「『概念の獲得』『認識の形成』『技能の獲得』といった，日常内容の定着という点に重きを置く教科群に対して，体育は運動という非日常的ないわば『楽しみごと』としての文化内容を扱い，いわば文化内容の生成という点に重きを置く」（松田，2001a，p. 10）という松田の「かかわり論」が深くプレイに立脚していることがうかがえる．ただし，ここでのプレイのとらえ方は，慎重に解釈を行うことが求められるであろう．

なぜならば，この点については，松田も「遊びとは原的に，自律的で主体的な個人の活動であるというよりは，むしろ人間が個であることを超えた，共生的である特殊な存在状況のこと」（松田，2001b）と言及しているからである．これは，運動の機能的特性を中核とする「楽しい体育」論が，竹之下(1980）の欲求論を基盤としながら運動分類が進められたことを鑑みれば，「楽しい体育」の脱構築の視点を提示していると見ることができよう．松田の言及は，1つには遊びの問い方について，「人はなぜ遊ぶのか」という原因・目的因探しから「遊びとは何か」という存在論的な問い方へと転換している点，2つには遊びの構造把握の仕方として，「主体の能動的活動」としてのとらえ方から「存在様態・状況」としてのとらえ方へと転換していると読み取ることができるからである．

1つ目は，「機能的特性論を中核にする授業づくりの中に現れるとされた『楽しさ』の実体化」（鈴木・永島，2007，p. 236）問題を突破する視点として，2つ目は，「あてどない往還運動，同調運動としての遊び」（西村，1989）が，学校体育の中では意志を伴う遊びに過集中してしまい，遊動を奪われたという問題を突破する視点として解釈される．

以上のように，松田が提唱する「かかわり論」とは，プレイの本来あるべき姿を基盤としながら体育の学習内容である運動をとらえ，体育授業を構想していくことの重要性を示唆しているといえる．

2.2.5　細江文利の「関わり合い学習」

細江文利は，「ポスト竹之下時代」（1979年～1991年）の全体研において，1986年～1987年までの２年間にわたって研究委員長として「楽しい体育」の具体化に尽力している．こうした経歴をもつ細江も，「他者や運動との『関わり合い』の中で課題解決型の学習が促進するように配慮し，運動の機能的特性をゆったり追求するゆとりのある授業を展開することを目指すことになろう」（細江，1996）と述べ，青木や松田と同様に，「楽しい体育」の脱構築を試みていることがうかがえる．

こうした細江の試みは，「関わり合い学習」というかたちで学術論文や学術雑誌に発表され，主なものとして次に掲げるものがある．

- 藤谷かおる・細江文利（1996）教科体育における競争と共生の止揚の試み―組織論に着目して―．体育・スポーツ経営学研究，12(1)：1-10.
- 細江文利（1996）「めあて学習」の目指すもの―全人教育としての「めあて学習」―．体育科教育，44(7)：14-17.
- 細江文利（1997）めあて学習の教育原理．体育科教育，45(4)：18-22.
- 細江文利・藤谷かおる（1998）ネットワーク論導入による「関わり合い」重視の学習観における学習プロセスの検討．体育・スポーツ経営学研究，14(1)：1-14.
- 細江文利（1999）子どもの心を開くこれからの体育授業．大修館書店：東京.
- 細江文利（2006）「ワークショップ型」の導入で見えてきた「かかわり」を視点とした授業．こどもと体育，136：10-11.
- 細江文利（2008）新時代の「授業モデル」を探る．体育科教育，56(2)：10-13.

細江の「関わり合い学習」は，主として体育学習の背景にある学習観に着目しながら展開されている．細江は，ミラー（1994）の見解を援用し教育における学習観の動向に関する研究を進めている松田・島崎（1997）の考えを参考にしながら，伝統的な学習観（Transmission：伝達），子どもと課題との取っ組み合いを大切にする学習観（Transaction：交流）を超え，「関わり合い」重視の学習と呼ばれる学習観（Transformation：変化・変容）を切り口にしながら，「楽しい体育」の脱構築を図ろうとしている．

図2-4の伝統的な学習観（Transmission：伝達）については，次のように整理している．

> 「学習者が一定の価値や技能や知識を受け取る一方的な流れが支配的」である．ここでの子どもと運動との関係は，実体化された運動種目の技術やルールが子どもに移し与えられるという関わりで捉えられ，教師は，教授・指導として関わる関係で捉えられる．また，グループは協力的で民主的な人間関係を形成するための機能として外在化される．（細江・藤谷，1998，p. 3）

図2-5の子どもと課題との取っ組み合いを大切にする学習観（Transaction：交流）は，次のように整理している．

> 「個々の人は，理性的合理的で，知的に問題を解決しうる存在」と見なされ，教育は「学習者と学習課題との間の対話的な相互プロセス」への働きかけとして捉えられる．したがって，「課題解決（学習）のプロセスを導く」ことに焦点が当てられ，ここでの子どもと運動との関係は，運動の特性の明確な運動種目を手がかりに，そこから自己決定される課題を主体的に解決していくプロセスでの子どもと運動との関わりとして捉えられる．教師との関係は，指導・示唆という関わりになる．グループとの関係は，…(中略)…「運動それ自体」を学ぶことに主軸をおきながら，運動の特性のなかにグループを内在化させ，グループ（グループは固定していることに意味がある）の力によって課題解決を図る関わりとして捉えられる．（細江・藤谷，1998，pp. 3-4）

そして，図2-6が「関わり合い」重視の学習と呼ばれる学習観（Transformation：変化・変容）であり，次のように説明している．

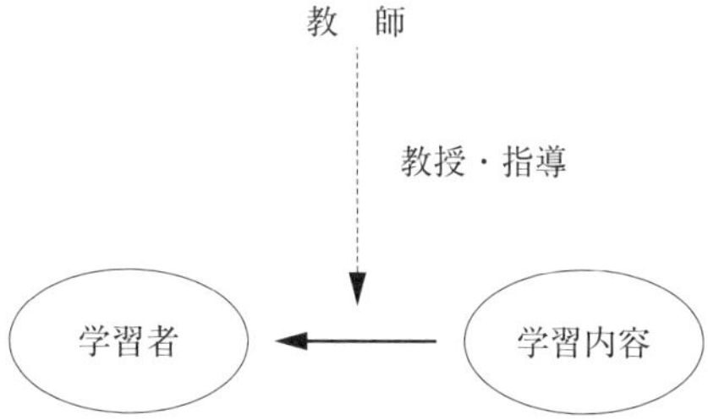

図 2-4　トランスミッション（細江・藤谷, 1998, p. 3）

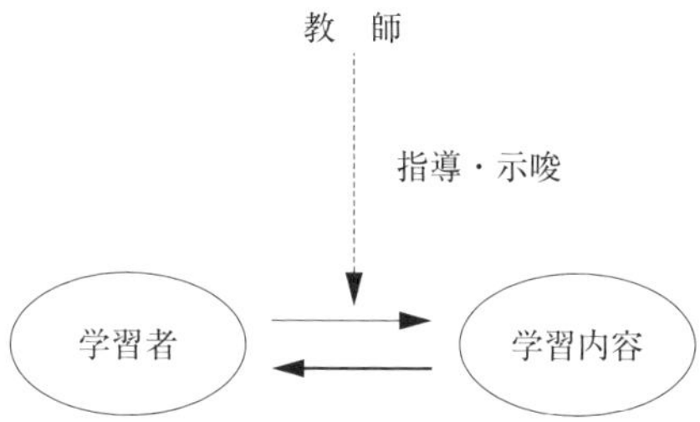

図 2-5　トランスアクション（細江・藤谷, 1998, p. 3）

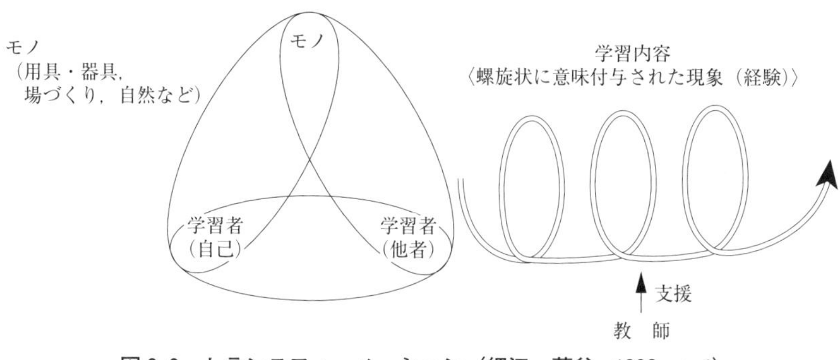

図 2-6　トランスフォーメーション（細江・藤谷, 1998, p. 4）

「学習者はたんに知的な側面だけでなく，美的，道徳的，身体的，そして精神的な側面をも含んだ全体として」理解される．…(中略)…つまり，モノ（用具・器具・場づくり・自然など）と私とあなたとの関わりのなかではじめて意味付与され，運動は関わりの中で意味付与された現象として捉えられる．このとき，学習とは「自己」が関わりの中で「新たな自己」に変わり，すると，全体の姿も変わるように，全ての要素が重なり合って螺旋状に意味付与されていくプロセス自体の「経験」を言う．また，教師の関わりは，こうした変化のプロセス全体に対する「支援」としての働きかけとなる．そして，グループも…(中略)…モノ・自己・他者との関わりのなかで，意味を共有した存在として成り立ち，その成り立ちは，ある要素が関わりのなかで新たな要素に変わるとグループの姿さえも変容するというように，流動的でオープンエンディッドな関係で捉えられる．（細江・藤谷，1998，p. 4）

以上の通り，細江の「関わり合い学習」は，「学習」概念の問い直しに迫るものであり，Transaction（交流）の学習観で運用された「楽しい体育」を，Transformation（変化・変容）における「『自己』と『他者』の関わりに分析の切り口を求め，『楽しい体育』の目標・内容を，『自己』と『他者』との重なりの変化から生み出されるものとして捉え，…(中略)…『楽しい体育』における運動の特性や運動種目は，学習プロセスの螺旋状の道程の中に結果として意味付与されていく」（細江・藤谷，1998，p. 5）ことに求めているものといえよう．

したがって，細江の「関わり合い学習」を理解する際には，「関わり合い」という言葉からくる，馴染みやすさや受けいれられやすさから，誤認することのないように留意しなければならないだろう．

事実，教科体育においても，高橋・岡沢ら（1994）や高橋・長谷川ら（1994），高橋（1995）は「よい授業の条件を見い出すために，他者との関わり合い（相互作用）の視点を用いて分析している」が，「基本的に学習者が一定の価値や技能を受け取る Transmission の学習観を重視し，そうした学習内容を効率よく学習させるための手段として，自己と他者との関わりを問題にしている」（細江・藤谷，1998，p.5）ため，「関わり合い学習」とは全くの別物と見る必要がある．

以上のように，細江が提唱する「関わり合い学習」とは，背景にある学習観をTransmission（伝達），Transaction（交流）からTransformation（変化・変容）へと転換することで，「学習」概念をこれまで個人の内的プロセスとしてとらえ，所与の知識や技能の個人的獲得と定義してきたものを他者やモノとのかかわりのある活動を通して意味を生成していく社会的行為と再定義しながら，体育授業を構想していくことの重要性を示唆しているといえる．

2.3　本研究の目的

1990年代に始まった関係論的アプローチによる体育学習の研究は，理論的・認識論的パラダイムにおける転換を目指すものであり，これまでの体育学習と比較すると表2-1のように整理することができる．

存在論（運動はどのような意味として在るか）では「定着の世界（超越志向による意味）」から「生成の世界（共感志向による意味）」へ，認識論（運動の成り

表2-1　これまでの体育学習と関係論的アプローチによる体育学習

	これまでの体育学習	関係論的アプローチによる体育学習
存在論	定着の世界 （超越志向による意味）	生成の世界 （共感志向による意味）
認識論	実体論／実体主義 （客観的な動き，主観的な心理）	関係論／関係主義 （運動の世界，間主観的意味世界）
プレイ （遊び）	人はなぜ遊ぶのか （原因・目的因探し） 主体の能動的活動として	遊びとは何か （存在論的問い） 存在様態・状況として
学習	Transmission：伝達 Transaction：交流 所与の知識や技能の個人的獲得	Transformation：変化・変容 他者やモノとのかかわりのある活動を 通して意味を生成していく社会的行為

立ちをどのように理解するか)」では「実体論／実体主義（客観的な動き，主観的な心理)」から「関係論／関係主義（運動の世界，間主観的意味世界)」への転換が図られていた．また，プレイ（遊び）（遊びの問い方，遊びの構造把握の仕方）では「人はなぜ遊ぶのか（原因・目的因探し)，主体の能動的活動として」から「遊びとは何か（存在論的問い)，存在様態・状況として」へ，学習（学習とは）では「Transmission：伝達，Transaction：交流，所与の知識や技能の個人的獲得」から「Transformation：変化・変容，他者やモノとのかかわりのある活動を通して意味を生成していく社会的行為」への転換が行われていることが明らかにされた．

しかしながら，こうした理論的・認識論的パラダイムの転換を射程に入れた関係論的アプローチによる体育学習の先行研究は，具体的な単元レベルの解明にまでは至っていないことから，当面の研究課題として単元構成の問題があげられる．すなわち，本研究の目的は，関係論的アプローチによる体育学習の単元構成にかかわる，次の５つの研究課題を提出する．

第１の研究課題は，関係論的視点から体育学習を再検討する立場から，「学習者（子ども）の意味志向」に着目した「学習内容」の解明を行うことである．これは第３章に相当する．

第２の研究課題は，関係論的視点から体育学習を再検討する立場から，学びとプレイ（遊び）の意味世界の再解釈を行うことである．これは第４章に相当する．

第３の研究課題は，関係論的視点から，「意味世界の再構成としての学習」という体育学習を理解する際の単元構成試案を提出することである．これは第５章に相当する．

第４の研究課題は，関係論的視点から，「意味世界の再構成としての学習」という体育学習を理解する際の単元構成原理を提出することである．これは第６章に相当する．

第５の研究課題は，「体育における対話的学び」のデザインと実践にかかわり，「体育における対話的学び」のデザインの手順を提示することと学びのプロセスを解明することである．これは第7章に相当する．

2.4　本研究の方法と論文構成

研究課題1（第3章）では，小学校の教育実践と体育授業実践を通して，これまでの学校研究に見られた「学習方法・指導（いかに）」中心の研究アプローチを脱し，「学習内容（何を）」からの実践的アプローチを導入することで，関係論的な体育学習における「学習内容」の概念について明らかにするため，「学習者（子ども）の意味志向」に着目し，「学習者（子ども）による意味規準」から「学習内容」を導き出す．

研究課題2（第4章）では，大学教育実践（小学校専門体育）を通して，第1に，関係論的な体育学習の中核として位置づく，「自己（学習者）」と「他者（人・モノ・自然など）」の関係性，すなわち「かかわり合っている」状態の解明のために，「かかわり合い」の成り立ちに着目しながら，「かかわり合い」の全体性について明らかにする．第2に，「かかわり合い」の成り立ちから導き出された視点の有効性について検証する．第3に，「かかわり合い」の全体性に基づきながら，関係論的な体育学習における学びとプレイ（遊び）の意味世界の解明を行う．

研究課題3（第5章）では，小学校体育科授業実践（マット遊び）を通して，関係論的な体育学習の単元構成にかかわり，関係論的視点から，「意味世界の再構成としての学習」という体育学習を理解する際の新しい視点の提示を行う．

研究課題4（第6章）では，小学校体育科授業実践（跳び箱運動）を通して，第1に，現在の体育学習の考え方の根底にある運動の機能的特性に基づく体育学習の単元構成と関係論的な体育授業の単元構成の考え方を整理することで，関係論的な体育学習の単元構成の手順について提出する．第2に，第1

で導き出した手順に基づきながら体育学習を構想し実践することによって，「学習過程の構成原理としての円環モデル」という考え方の検証を行う．第3に，関係論的な体育学習の構築に向けた単元の構成原理について提出する．

研究課題5（第7章）では，学び論者の佐藤学が提示する「対話的学びの三位一体論」に基づきながら，「体育における対話的学び」の3つの次元について解明し，それを踏まえた学びのデザインの手順について提出する．また，2本の小学校体育授業実践（小型ハードル走，短距離走・リレー）を通して，「協同的学び（collaborative learning）における発達過程」と「真正な学び（authentic learning）におけるわざの形成過程」について明らかにする．

また，本研究の論文構成と各研究課題の位置づけは，表2-2の通りである．第1章の「問題設定の意義」と第2章の「先行研究の検討と本研究の目的」が序論に相当し，第3章から7章までは本論に相当する．本論は5つの研究課題から構成され，第3章は，「学習者の意味志向」に着目した「学習内容」

表2-2　論文構成

	章	研究課題	目的	調査・実践対象
序論	第1章	調査研究	学習論と発達観のとらえ方	四日市市内全小学校（40校）
	第2章	先行研究	研究動向の把握	「楽しい体育」論者（3名）
本論	第3章	研究課題1	意味志向と学習内容の解明	小学校教科学習・特別活動全学年 小学校体育科4学年「水泳」「器械運動」
	第4章	研究課題2	意味世界の再解釈	大学専門科目「小学校専門体育」
	第5章	研究課題3	単元構成試案	小学校体育科2学年「マット遊び」
	第6章	研究課題4	単元構成原理	小学校体育科6学年「跳び箱運動」
	第7章	研究課題5	授業デザインの手順	小学校体育科3学年「小型ハードル走」 小学校体育科6学年「短距離走・リレー」
結論	第8章		まとめと今後の課題	

（研究課題１），第４章は，体育学習における学びとプレイ（遊び）の意味世界（研究課題２），第５章は，関係論的な体育学習の単元構成試案（研究課題３），第６章は，関係論的な体育学習の単元構成原理（研究課題４），第７章は，「体育における対話的学び」のデザインと実践（研究課題５）である．本論として位置づく５つの研究課題は，それぞれ理論的検討と実践的検討から構成されている．そして，第８章は「本研究のまとめと今後の課題」であり，結論として位置づいている．

引用・参考文献

Almond, L. (1983) Games Making. *Bulletin of Physical Education*, 19(1)：32-35.

青木　眞（1995）転換期にある新しい体育の豊かな深まりを求めて．佐賀大会実行委員会編　第40回全国体育研究協議会佐賀大会つみかさね：9-15.

青木　眞（1996a）〔実行委員会〕研究紀要のベース．東京大会実行委員会編　第41回全国体育研究協議会東京大会つみかさね：8-10.

青木　眞（1996b）体育に対する基本的な考え方．東京大会実行委員会編　第41回全国体育研究協議会東京大会研究紀要：3-22.

青木　眞（1997）「めあて学習」再考の視点．体育科教育，45(4)：23-26.

青木　眞（1998）新しい体育学習の豊かさを求めて（第24回石川県小学校体育研究大会講演記録1997.12.25）．金沢市小学校体育研究会編　第25回石川県小学校体育研究会紀要：47-64.

青木　眞（2000）体育授業の構造〔その近代と現代〕（三重学校体育研究会講演資料1999.12.25），三重学校体育研究会編　研究紀要，1：83-87.

青木　眞（2005）体育における学びとそのパラダイム（第６回学びの会講演記録2004.12.11），山本俊彦・岡野　昇編　体育の学びを育む．伊藤印刷：三重，pp. 1-11.

青木　眞（2007）体育授業研究の現在と未来（第16回学びの会講演記録　2006.12.23），山本俊彦・岡野　昇編　関係論的アプローチによる新しい体育授業 Vol. 2. 伊藤印刷：三重，pp. 32-45.

Bunker, D. and Thorpe, R. (1982) A Model for the Teaching of Games in Secondary Schools. *Bulletin of Physical Education*, 18(1)：5-8.

藤谷かおる・細江文利（1996）教科体育における競争と共生の止揚の試み－組織論に着目して－．体育・スポーツ経営学研究，12(1)：1-10.

Griffin, L., Mitchell, S., and Oslin, J.L. (1997) *Teaching Sport Concept and Skills.* Human Kinetics: Champaign.

グリフィン・ミッチェル・オスリン：高橋健夫・岡出美則監訳（1999）ボール運動の指導プログラム－楽しい戦術学習の進め方．大修館書店：東京.

広石英記（2005）ワークショップの学び論－社会構成主義からみた参加型学習の持つ意義－．教育方法学研究，31：1-11.

細江文利（1996）「めあて学習」の目指すもの－全人教育としての「めあて学習」－．体育科教育，44(7)：14-17.

細江文利（1997）めあて学習の教育原理．体育科教育，45(4)：18-22.

細江文利・藤谷かおる（1998）ネットワーク論導入による「関わり合い」重視の学習観における学習プロセスの検討．体育・スポーツ経営学研究，14(1)：1-14.

細江文利（1999）子どもの心を開くこれからの体育授業．大修館書店：東京.

細江文利（2006）「ワークショップ型」の導入で見えてきた「かかわり」を視点とした授業．こどもと体育，136：10-11.

細江文利（2008）新時代の「授業モデル」を探る．体育科教育，56(2)：10-13.

Launder, A.G. (2001) *Play Practice.* Human Kinetics: Champaign.

レイヴ・ウェンガー：佐伯　胖訳（1993）状況に埋め込まれた学習－正統的周辺参加－．産業図書：東京.

マッカーシー・ヘイズ・松原　仁（1990）人工知能になぜ哲学が必要か－フレーム問題の発端と展開．哲学書房：神奈川.

松田恵示・島崎　仁（1997）児童の発達観と小学校低学年体育科カリキュラムのあり方に関する基礎的研究－現行「基本の運動・ゲーム」の２領域から「運動遊び」の１領域制への根拠－．体育科教育学研究，14(1)：25-36.

松田恵示（1998）関わり合いを生み出す授業・低学年－マット遊び－．こどもと体育，104：13-15.

松田恵示（1999）なぜ，子どもにやさしい教材を開発する必要があるのか．学校体育，52(9)：7-9.

松田恵示（2000）移行期における体育授業の進め方（3）「基本の運動」「ゲーム」．体育科教育，48(3)：31-33.

松田恵示（2001a）「かかわり」を大切にした新しい体育授業．松田恵示・山本俊彦編かかわりを大切にした小学校体育の365日．教育出版：東京.

松田恵示（2001b）体育内容論―なぜ学校体育から遊びが去っていったか―．杉本厚夫編　体育教育を学ぶ人のために．世界思想社：京都，p. 199.

松田恵示（2003）教材作り，場作りを工夫しよう．体育科教育，51(2)：28-31.

松田恵示（2004）「行う」楽しさを例に―こんな授業づくりがスポーツ好きの子どもを育てる―．体育科教育，52(11)：30-33.

松田恵示（2005）子どもを夢中にさせるカリキュラムをデザインする．体育科教育，53(3)：26-29.

松田恵示（2009a）「戦術学習」から「局面学習」へ―新しいボール運動系の学習指導の考え方―．体育科教育，57(4)：20-24.

松田恵示（2009b）「局面学習」論から見た「ドリル・タスクゲーム」論の問題点．体育科教育，57(8)：68-71.

松田恵示（2009c）『「もっと楽しいボール運動」の授業の実現に向けて』に応えて．体育科教育，57(11)：47-49.

Metzler, M.W. (2000) *Instructional Models for Physical Education*. Allyn and Bacon：Boston.

ミラー：吉田敦彦ほか訳（1994）ホリスティック教育―いのちのつながりを求めて―．春秋社：東京．

Mitchell, S., Oslin, J.L. and Griffin, L. (2003) *Sport Foundations for Elementary Physical Education*. Human Kinetics: Champaign.

本山方子（1999）社会的環境との相互作用による「学習」の生成―総合学習における子どもの参加過程の解釈的分析―．カリキュラム研究，8：101-116.

西村清和（1989）遊びの現象学．勁草書房：東京，p. 31.

岡出美則・吉永武史（2009）企画の趣旨と前大会での論議．体育科教育学研究，25(1)：41-45.

岡野　昇（2009）公立小学校における校内研修主題の変遷．三重大学教育学部附属教育実践総合センター紀要，29：69-74.

佐伯　胖（1995）文化的実践への参加としての学習．佐伯　胖ほか編　学びへの誘い．東京大学出版会：東京，pp. 1-48.

作田啓一（1993）生成の社会学をめざして．有斐閣：東京．

佐藤　学（1995）学びの対話的実践へ．佐伯　胖ほか編　学びへの誘い．東京大学出版会：東京，pp. 49-91.

佐藤　学（1996）教育方法学．岩波書店：東京．

佐藤　学（2007）体育における技能の学び，体育科教育，55(2)：9.

佐藤　学（2012）学校を改革する―学びの共同体の構想と実践．岩波ブックレット．岩波書店：東京．

柴田義松（2011）ヴィゴツキー入門．子どもの未来社：東京．

新体研・松田恵示（1999）「自己・他者・モノ」の観点から試みた「楽しい体育」の再創造．学校体育，52(10)：50-57.

Spackman, L. (ed.) (1983) *Teaching Games for Understanding.* The College of St.Paul and St.Mary. Cheltenham.

杉本厚夫・田口節芳（1984）「楽しい体育」論再考．近畿大学工学部紀要（人文・社会科学篇)：61-82.

鈴木秀人・永島惇正（2007）「正しい豊かな体育学習」から「楽しい体育」への道のり．全国体育学習研究会編 「楽しい体育」の豊かな可能性を拓く―授業実践への手引き―．全国体育学習研究会会長　佐伯年詩雄．

鈴木　理（2009）球技のカリキュラムの国際的な動向は？．体育科教育，57(4)：42-43.

高木光太郎（2010）文化・歴史学派（ヴィゴツキー学派）の理論とその展開．佐伯胖監修　渡部信一編 「学び」の認知科学事典．大修館書店：東京，pp. 403-422.

高橋健夫・長谷川悦示・刈谷三郎（1994）体育授業の「形成的評価法」作成の試み―子どもの授業評価の構造に着目して―．体育学研究，39：29-37.

高橋健夫・岡沢祥訓・中井隆司・芳本　真（1994）体育授業における教師行動に関する研究―教師行動の構造と児童の授業評価との関係―．体育学研究，36：193-208.

高橋健夫（1995）よい体育授業の条件―授業の「勢い」と「雰囲気」を中心に―．体育科教育，43(2)：10-13.

高島　稔（1992）体育授業の構成要素．宇土正彦ほか編著　体育科教育法講義．大修館書店：東京，pp. 10-17.

竹之下休蔵（1980）体育における「楽しさ」の考え方と学習指導のすすめ方．学校体育，33(15)：10-17.

田中智志（2009）学ぶと教える―何のために行うのか．田中智志・今井康雄編　キーワード　現代の教育学．東京大学出版会：東京，pp. 141-151.

多々納秀雄（1990）所謂「楽しい体育」論の批判的検討．健康科学，12：74-86.

Turner, A.P. and Martinek, T.J. (1999) An investigation into teaching games for understanding: effects on skill, knowledge and game play. *Reseearch Quarterly for Exercise and Sport,* 70：286-296.

宇土正彦（1983）体育科教育法入門．大修館書店：東京，pp. 6-8.
ヴィゴツキー：土井捷三・神谷栄司訳（2003）「発達の最近接領域」の理論―教授・学習過程における子どもの発達．三学出版：滋賀，pp. 21-22.
ヴィゴツキー：柴田義松訳（2001）新訳版・思考と言語．新読書社：東京．
渡部信一（1998）鉄腕アトムと晋平君―ロボット研究の進化と自閉症児の発達．ミネルヴァ書房：京都．
渡部信一（2010）高度情報化時代における「教育」再考―認知科学における「学び」論からのアプローチ―．教育学研究，77(4)：14-25.

第3章 「学習者の意味志向」に着目した「学習内容」（研究課題1）

3.1 はじめに

本章では，関係論的な体育学習の「学習内容」のあり方をめぐって，筆者が平成8年度から平成10年度までの3年間にわたり勤務していた石川県金沢市立不動寺小学校（平成9・10年度金沢市特色ある学校づくり推進校；袋井真之校長）の校内研修（研究主題：共汗，共歓，そして共感！―共感志向による意味を大切にした学習内容の工夫―）における実践的理論の形成過程と授業実践例について取り上げる．なお，議論は実践者としての模索の中で生まれたものであるため，本章においては口語体の文章表記を用いるものとする．

学校教育が転換期にあるといわれている今，その基本的な課題は，生涯学習時代をひらくために意味のある学校として生まれ変わることといえよう．この方向は，近年の教育改革の動きに顕著に現れているが，実際の学校は「学校知」と「日常知」の乖離が進み，子どもたちから，今，確かに生きているという実感を奪い，学校病理ともいえる現象（いじめ・不登校問題・学級崩壊など）を多発させる場所となってしまっている．こうした問題の片鱗は，子どもたち自身が自分とうまく向き合うことができずに発する「キレる・ムカつく」という言動に現れてきたり，他者とスムーズにかかわることができず立ち止まってしまうという現象の中に見ることができ，私たちの学校においてもあてはまる傾向がある．

そこで，子どもが求め，教師も望むような生き生きとした学校や学習の創造のために，「何を学ぶのか」という「学習内容」の問題に焦点をあて，これまでの学習観・子ども観を積極的に問い直すことにより,「学習者(子ども)の意味志向」を重視した学習のあり方を探究する実践的研究を試みることにした.

周知の通り,学校制度は近代に入ってから敷かれたものである.近代社会は,合理性や効率性を至上命題にしてきた.これによって当然,学校観,学習観,子ども観,そして教師観が形成されてきたと考えられる.したがって,私たちは様々な問題に直面しながらも,子どもが健やかに育たないのは,学校における「いかに教えるか」,「いかに学ばせるか」といった指導方法に問題があると考え,この方面の研究に全力を挙げて取り組んできた[1].しかし,先述した現在の日本の社会や学校全体が「心の問題」に直面し,脱近代化・脱工業化を図らなければならなくなってきている状況を鑑みれば,私たちもこれまでどおりの観念にいつまでもしがみついていられなくなってきた.その結果,「何を学ぶのか」,「何を学ばせるのか」という「学習内容」の問題へと目が向くようになってきた.

そこで本章では,これまでの校内研修に見られた「学習方法・指導(いかに)」中心の研究アプローチを脱し,「学習内容(何を)」からの実践的アプローチを導入することで,関係論的な体育学習の「学習内容」の概念について提出することを目的とする.

3.2 「共感志向による意味」について

3.2.1 学習者の立場からの「学習内容」

最初に私たちの間で確認されたことは,「学習内容」をとらえるとき,学習者(子ども)が学習行為において,どのような意味を感じ取っているかということであった.これは,「学習内容」は行わせるもの,と教師の立場から考えるのではなく,行う者ないし学習者である子どもにとっての意味を重視したわけである．このことを基本におき，作田（1993）の考え方を援用しながら「学習内容」の整理を試みた．作田は自我が他者や外界と出会い，関係を結ぶ様式のタイプを明らかにするため，次のような自我論を展開している．

> 人々は行為を行うときに，何をするのかという目標を選択し，なぜそれを選ぶのかという選択規準を持つ．このときの目標を「価値」，選択規準を「価値規準」あるいは「価値観」と呼ぶ．その行為は目標志向的であるから目標を位置づける文脈こそ第1次的要因であり，数多い目標の中から特定の目標が選ばれるにあたり，ある規準を設けることが必要である．（作田，1993，pp. 123-140）

また，そのタイプは，「①有用規準．〈手段としての有効性〉見地から可能な目標の中で特定のものが選ばれる．②原則規準．目標の選択は〈原則との適合性〉の見地から行われる．③共感規準．行為者が共感可能な目標の中から〈共感の容易性〉で目標が選ばれる」（作田，1993，pp. 124-127）の3つの選択規準を導き出している．さらに，これらの規準は客体（目標）への志向を表わす言葉であることから，それぞれの選択規準を「有用志向，原則志向（超越志向），共感志向（離脱志向）」（作田，1993，pp. 136-140）と名づけることができると述べている．

これら3つの志向は，学習者（子ども）が学習行為をする際に，目標（価値）を選択する関係を明らかにする手がかりになると考えた．すなわち，学習者（子ども）の学習への志向は，「有用志向，原則志向（超越志向），共感志向（離脱志向）」の3つからとらえることができるならば，「学習内容」を導き出す視点もこれらの志向による意味から整理することが可能と考えたのである．

3.2.2 学習者による意味規準

作田の理論を基盤にしながら，「学習者（子ども）が学習行為において，どのような意味を感じ取り，どのような体験を中心として，他者（人・モノ・

自然など）とどのようにかかわるか」という「学習者（子ども）による意味規準」から「学習内容」を導き出す視点の整理を次のように行った.

①「有用志向による意味」
・「自分にとって役に立ったかどうか」ということに伴う意味.
・自分のもっている知識が有用であるかどうかという「有用体験」が中心.
・他者は,「有用対象」.

②「原則志向（超越志向）による意味」
・「前の自分より上達した，向上した」ということに伴う意味.
・「今ある力」から「高まった力」へと上昇する「拡大体験」が中心.
・他者は,「挑戦対象」.

③「共感志向（離脱志向）による意味」
・「その場で他者と共感して夢中・没頭している」ときの意味.
・「自分」と「他者」の「融合体験」が中心.
・他者は,「融合対象」.

以上のように，３つの志向による意味を整理し，どの意味を「学習内容」を導き出す視点として選択するかという検討を行った.

「社会と選択規準の関係」について，作田は次のように述べている.

> 第１の〈有用規準〉に特にかかわるのは知性の機能であり，第２の〈原則規準〉に特にかかわるのは理性の機能であるから，主知主義，合理主義の支配する近代社会では，人間はこの２つの規準で選択を行うと説明するだけで十分であると考えられてきた.（作田，1993，p. 128）

これまでの学校は競争化・合理化主義を基盤とした近代社会の中にあり，そこで行われる学習も「有用・原則（超越）志向による意味」によって「学習内容」が導き出されていたと推察される.

私たちは，これからの社会における学校のあり方を模索していこうとしている立場から，作田の示唆する主知主義・合理主義の支配した近代社会における説明原理（「定着の世界」）の中にある学校を超え，「生きていること」を分割せず全体としてとらえる時代において台頭した説明原理（「生成の世界」）の中に，これからの学校を求めようとした．すなわち，学習者（子ども）の学習行為を「共感志向（離脱志向）による意味」からも積極的に意味づけることが大切であると考えた．

3.2.3 「学習内容」の解釈をめぐって

以上のような経緯から，各教科の授業研究を中心に「共感志向による意味」を重視した学習のあり方の実践をスタートした．

まず議論されたのが「学習内容」のとらえ方であった．私たちはこれまで「学習内容」を教科目標の下位概念として位置づけ，子どもの「学ぶべき内容」は，既に「教材」の中にあるものとしてとらえていた（図3-1）．つまり，「学習内容＝教材＝学ぶべきモノ」として，解釈してきたのである．したがって，教師には念入りな教材研究が求められ，いかに被教育者である子どもに伝達するかという学習指導に力が注がれてきた．

しかし，「共感志向による意味」から「学習内容」のあり方を検討してい

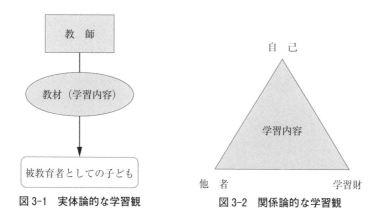

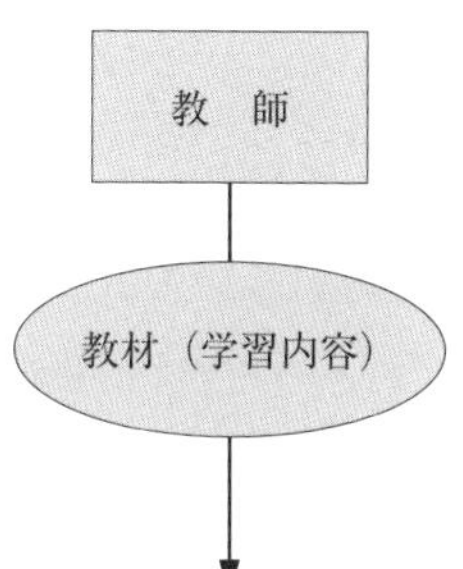

図3-1　実体論的な学習観

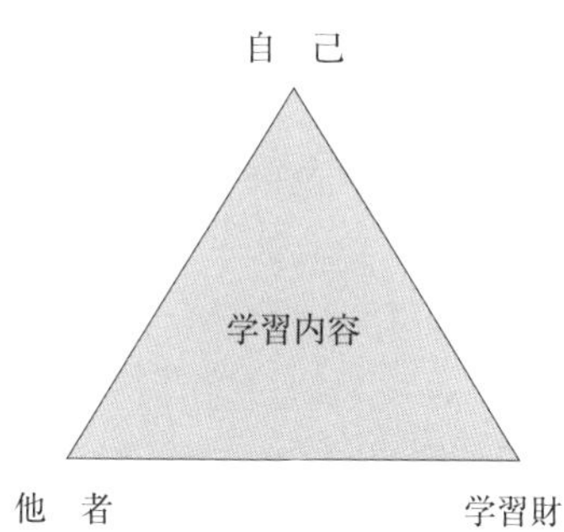

図3-2　関係論的な学習観

くと，この考え方に無理が生じてきた．学習者（自己）が学習財の中へ没入していく経験や他者と共に溶解する体験の志向性が強い共感志向では，「学習内容＝学ぶべきモノ」と実体化することが困難だからである．つまり，ここでの「学習内容」の解釈は，図3-2に示すような，自己（学習者）と学習財（モノ・コト・自然など）や他者（人）との相互性による生成過程の中にこそあり，「学習内容＝学んでいるコト」のように，きわめて関係的にとらえられることに気づいたのである．

3.2.4　学習観・子ども観の転換

「学習内容」を以上のような視点で整理したことによって，次に私たちは，これまでの教科第一主義という学習観を超える必要性に迫られた．これは，教科から導き出された「学習内容（学ぶべきモノ）」を身につけさせるという学習観を超えることを意味する．

図3-1の学習は，「学習内容＝学ぶべきモノ（例えば，知識や技術）」として実体化され，それを被教育者である子どもが，努力の結果として獲得するという側面からとらえることができる．藤田はこのような学習を「〈結果としての学習〉」（藤田，1995，pp. 100-101）と呼び，次のように述べている．

> 〈結果としての学習＝成長・発達〉を志向する活動として社会的に特別の意味を付与されている点に，その基盤がある．言い換えれば，学校での学習を中心として学習活動は社会生活への準備として特別な地位を与えられ，そして，その結果は社会的な評価体系（入学者選抜や労働市場や威信体系）のなかで絶えず評価されるという構造的枠組みのなかで学習なるものが展開している．（藤田，1995，p. 101）

このことは，「今はあまり意味を持たないが将来役立つように準備する」学習の側面を強調されると同時に，ここでの学習の意味は，目的合理的・効率的な意味に求められることになる．このような学習観を，藤田は「規範的パラダイム」（1995，p. 107）と呼び，次のように述べている．

> 規範的パラダイムは，主体と客体の分離を前提にし，人間にとって認識対象の意味は先験的に確定しているという前提に立って社会的現象〈事実〉の集合として捉え，そこに潜在する規則性を抽出し，それらの〈事実〉を生起させる原理を解明することを課題としてきた．(藤田，1995，p. 107)

すなわち，「学習内容としての知識や技術は普遍的に価値のあるものであり，したがって，その学習はすべての学習者にとって等しく意味のあるものだと前提すること」(藤田，1995，pp. 107-108) は，学習内容を実体化し，学習を実体化していることから，「実体論的な学習観」と解釈することができる．こうした所与の知識や技能の個人的獲得を学習とする考え方の中にある子どもは，将来のための準備や何が獲得されたかという結果が問われ，個人の社会化という側面が強調されることになるため，「準備者」として位置づくといえる．

一方，図3-2の学習は，「学習内容＝学んでいるコト」を自己や他者（人），自己や学習財（モノ・コト・自然など）とのかかわり経験ととらえることから，「〈過程としての学習〉」(藤田，1995，pp. 112-113) と位置づけることができる．なぜなら，「個々の学習者にとって，個々の学習内容が価値をもつかどうか，その学習がどのような意味をもつかは，自明のことでもなければ，もちろん，先験的に決まっているものでもない．それは，状況と文脈に応じて絶えず変わりうるものである」(藤田，1995，p. 108) ため，学習者（子ども）の今もっている興味やこだわり，今もっている力からスタートするという側面，つまり学習者（子ども）の今の連続（プロセス）が問題にされているからである．このような，「いま・ここ」を重視する学習の意味は「合理的関心を離れ没入する意味」が重視されているといえ，「共感志向による意味」を重視する学習は，ここに位置づくものと考えられる．

以上のような学習観を，藤田は「解釈的パラダイム」(1995，p. 109) と呼び，次のように述べている．

> 解釈的パラダイムが問題にしてきたはずのものは，単に個別的な経験や活動の意味が状況や文脈によって変わるということではなくて，個々の行為者が具体的な活動場面で行っている意味に交換や確定の作業が，社会的に成立している意味体系・価値体系や権力関係とどのように交差し，どのように歪められているかという問題である．（藤田，1995，p. 109）

このように，「学習内容」を先験的に決まっているものと実体化せず，状況と文脈に応じて常に変化していくという関係的な見方をし，他者（人）や学習財（モノ・コト・自然など）とのかかわりのある多様な活動を通して意味を構成していく社会的行為を学習とする考え方を「関係論的な学習観」ととらえることができる．そして，ここでの子どもは常に今の生にとっての意味が問題にされ，それがもとになって連続していく営みこそが学習であるという中に存在しているため，今を生きる「実践者」として位置づくといえる．

「共感志向による意味」を重視した学習を展開していくには，これまで私たちがいつの間にか，そういうものだと思い込んでいる思考の枠組みについて，一度立ち止まって整理し，それを転換してみる必要があることに気づかされた．それは「実体論的な学習観」から「関係論的な学習観」への学習観の転換であり，「準備者」から「実践者」への子ども観の転換であった．

3.2.5　3つの「きょうかん」の学び

具体的実践を重ねていくうちに，自己（学習者）―他者（人），自己（学習者）―学習財（モノ・コト・自然など）の相互性による意味生成過程が明らかにされてきた（図3-3）．

1つは「自己」が「学習財」への参加から入り，「他者」と出会い，「自己」が変容していくという〔参加としての学習〕であり，もう1つは「自己」が「他者」との関係づくりから入り，「学習財」と出会い，「自己」が変容していくという〔関係づくりとしての学習〕である．

そして，私たちはその生成過程における3つの「きょうかん」の学びの命名と３つの「きょうかん」の学びの状況とその解釈を次のように整理した．

○「共汗」の学び

共に汗を流すという意味．仲間と一緒に活動へ参加する過程において生じる失敗やトラブルの意味を認め，その解決過程を重視していこうとする．

○「共歓」の学び

共に歓ぶという意味．仲間と一緒に活動へ参加することで，新たな仲間のよさに気づいたり，学習財のおもしろさに出会うことを重視していこうとする．

○「共感」の学び

共に分かち合うという意味．「共汗一共歓」過程を通して，「前の自分から新しい自分へ」と変容した自分自身との出会いを重視していこうとする．

以上，３つの「きょうかん」過程は，「他者の生を知ることで，自分の生を知る」という「自分探し一自分育て」に他ならず，そのこと自体が「関係論的な学習観」に基づく学びとしてとらえることができる．

具体的実践については次節で取り上げるが，実践を通して明らかになったことは，〔参加としての学習〕を構成する場合，子ども自らの手によって学習財を選択することができたり，その学習財が生活に密着したものであるときに，リアリティを伴う学習が展開された．また，〔関係づくりとしての学習〕を構成する場合，一人一人が自分のよさを生かせる少人数でのコミュニ

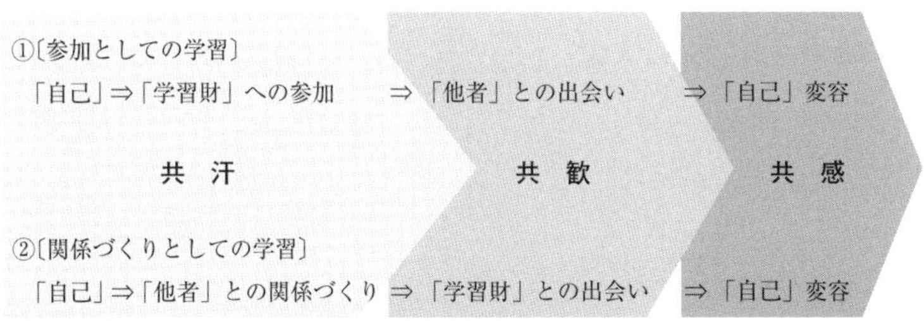

図 3-3 ３つの「きょうかん」の学び

表 3-1　1学期カリキュラム

＊(　　) 内は時数

	4月	5月	6月	7月
国語	■国語辞典の使い方(5) ■友達のよいところを見つけよう(11) 紙しばいをつくろう(9) 「ガオッー」	■イメージを広げよう(詩を読もう) 「春の歌・屋久島の杉の木(9)」 ■筆者の言いたいことは何だろう 「カブトガニを守る(5)」「キョウリュウをさぐる(11)」 ■こそあど言葉(2)	■みんなで屋久島の杉の木とものののけ姫をかこう(8) 「屋久島・ものののけ姫，ビデオ鑑賞(5)」 ■まちがいやすい漢字(2)	■本を読もう(6) 「白いぼうし」「吉四六話」他 ■一学期の漢字(7) ■個別選択学習(15) ・1学期の漢字 ・1学期の算数 ・読書
算数	■大きな数(22)	■角(14)	■わり算(28)	
社会	■地域散策(2) ■交通事故からくらしを守る(8) 「Oさん（巡査）に聞こう」 「304号線調べ」	■火事からくらしを守る(10) 「みんなの？を出し合おう」 「グループで調べよう」 「わからないところはK君のお父さんに聞こう」	■私たちのくらし～水・ごみ問題～(17) 「私たちのくらしと上水道，下水道，クリーンセンター，埋立場」 「社会見学へ行こう」 末浄水場～戸室新保埋立場～東部クリーンセンター	
理科	■不動寺の春をさがそう(12) 「散策しよう(7)」 「一人一畑をつくろう(3)」 「苗をつくろう(2)」	■物の重さくらべ(13) 「てんびんをつくろう(3)」「物の重さをはかろう(10)」 ■生き物を育てよう(12) 「メダカについて調べよう(5)」「ウサギの赤ちゃんの育て方を調べよう(3)」 「ウサギの飼い方について調べよう(4)」		■不動寺の夏をさがそう(3) 「深谷川へ行こう」
体育	■みんなで楽しいコースをつくろう(10) 「平均台を使って」 「カラーコーンとマットも使って」 「跳び箱も使って」 「長なわ，玉入れも使って」	■いいチームづくりをめざしたハンドベースボールのゲームをしよう(13) ■3年生と一緒に組み立て運動（組体操）をつくろう(7)		■みんなで楽しいコースをつくろう～プール編～(7)
学級活動	■体育館で遊ぼう ■係決め，座席決め，飼育当番決めなど	■交流活動の用意をしよう ～交流活動	■ヨーヨー，シールブックについて話し合おう ■A君の退院パーティーをひらこう ～A君の退院パーティー	■車いすを知ろう ～車いすを知る会
道徳	■友達のよさ見つけ ■なぜ学校へ行くのか ■あいさつをしよう	■安全な歩行とは ■ちがいを認めるとは（パラリンピック，星野富弘さん） ■命の大切さ（避難訓練・メダカの死・ウサギの赤ちゃんの死）	■ていねいな言葉とは ■モノ（物・者）の大切さ	■夏休みの生活 ■1学期の自分を振り返ろう

ケーションができることが大切でワークショップ方式や対話方式，家族や観客（他学年，他教師）との体験活動が有効であることが確認された．その他，教師の具体的手立てとして，一人一人の今もっている興味やこだわり，今もっている力から学習をスタートすること，子どもの思考過程をできるだけコントロールしないで，子どもなりの自由な思考を保障していくこと，ゴール（ねらい）を一律にそろえず，一人一人の子どもの心に落ちた納得や気づきが学習の中にあったかを見ていくこと，身体を通して学ぶ活動を重視していくことなどが，重要であることが見えてきた．

なお，表3は筆者のクラス（4年1組）の年間カリキュラム（図工科・音楽

表 3-2　2学期カリキュラム

＊(　　) 内は時数

	9　月	10　月	11　月	12　月
国語	■自分の思いを伝え，友達の思い方を知ろう(15) 「アナトール，工場へ行く」 ■大事なところを落とさずに(14) 「手と心で読む」 ■連合音楽会プロジェクト(19) オープニング／群読／創作詩／合唱／合奏／花火の表現	■ローマ字(4) ■宿泊体験の計画を立てよう(9)	■自分の思いを伝え，友達の思い方を知ろう(20) 「一つの花」	■漢字辞典の使い方(4) ■方言と共通語(2) ■本を読もう(4) (*英語活動(3))
学活	■学年別掃除割り	■後期係決め ■宿泊体験のめあてを決めよう ■親子学級活動〜焼き物づくり		
道徳	■進んではたらこう 「自己決定」とは ■「正体を明かさずに人を傷つける」ということ ■「物をかくす」ということ	■日記の意味〜自分を振り返る ■「いじめ」の何がいけないことなのか ■チャイム導入について ■言動には責任が伴う	■マナーとは〜自由と責任	■人権とは ■人の呼び方について ■2学期の自分を振り返ろう
社会	■河原市用水大研究(23) 金沢の用水調べ〜河原市用水スタート（取水口）を見に行こう〜調べてみたいことを出し合おう〜調べ活動／資料調べ・現地見学〜河原市用水ゴール（津幡川）を見に行こう〜分かったことをまとめよう〜ワークショップ〜「わたしたちの河原市用水大研究まとめ」作成		■わたしたちの石川県調べ(16) 石川県の市と郡〜市町村調べ／縁のあるところへ手紙を出し，パンフレットを送ってもらおう〜調べた市町村を紹介し合おう〜わたしたちの石川県はどんなところ？〜この学習で学んだこと	
理科	■夏休みの体験発表会をしよう(4) ■物のかさと温度／水のかさと温度／金属のかさと温度(12) ■不動寺の夏をさがそう(2) 川の流れのひみつ		■電気のはたらき(12) モーターカーをつくろう〜ソーラーカーをつくろう〜個別実験 ■自然体験学習(13) キゴ山散策〜天体観察〜天体クラフト〜プラネタリウム	
体育	■みんなで楽しい動きをつくろう〜プール編〜(7) ■みんなで楽しいラインサッカーのゲームをつくろう(10)	■みんなで楽しい動きをつくろう〜体育館編〜(12)	■みんなで薬師谷地区に伝わる獅子舞を踊ろう(9)	
算数	■折れ線グラフ(7) ■式と計算(13)	■四角形(18)	■およその数(9) ■小数(14) ■かわり方調べ(6)	■小数のかけ算(6) ■整理のしかた(5)

科は専科が担当）である．いずれも「共感志向による意味」を重視した学習を探究していく中で，形づくられていったものであり，4月当初の年間計画とは大きく異なってきている．

表3-1は1学期が終了した段階で，表3-2と表3-3もそれぞれの学期の終了した時点で出来上がったものである．つまり，カリキュラムは「学びの履歴（経験）」（佐藤，1995）として，そして，教師はカリキュラム・ユーザーではなく，カリキュラム・デザイナーとして位置づいている．4月の学級開きの段階で，金沢市教育委員会から提示されている「金沢市立小学校教育課程の基準」[2] というカリキュラムは存在するが，クラスの子どもたちの学びの状況に合わなくなってきた時点で，自然に編み直していくという方法は，

表 3-3　3 学期カリキュラム

＊(　　) 内は時数

	1　月	2　月	3　月
国語	■自分の思いを伝え，友達の思い方を知ろう (23) 「ごんぎつね」	■みんなで力を合わせて表現をつくろう (22) 「ごんぎつね」グループ～影絵，紙芝居，劇～ 「地底の巨人国」グループ～紙芝居，影絵，ペープサード～ 「アラジン」グループ～劇，影絵～ ■6 年生と一緒に思い出をつくろう (9) 共同制作～集合写真～6 年生と楽しい時を過ごそう	(*英語活動(3)) ■もののたとえ，いろいろな符号，漢字の広場 (1)
学活	■冬の遊びについて話し合おう	■卒業式に参加しよう～「生命のいぶき」合奏 ■不動寺っ子タイム ■馬頭琴・二胡ミニコンサート	■R 君退院パーティー & 4 年生ももう終わっちゃうよパーティー
道徳	■勉強することの意味 ■「つながる」ということの意味～エンカウンター・ゲーム ■「モノ」と「ゴミ」のちがい ■スキー遠足で学んだこと～心配りを考えよう	■日記の意味～自分を振り返る ■自分の手を汚さないこと	■コミュニケーションとは ■私がこの 1 年間で学んだこと
社会	■○○気候の工夫調べ (16) 北海道気候／日本海側気候／太平洋側気候 中央高地気候／瀬戸内海気候／南西諸島気候	■日本とまわりの国々 (6) 世界の国旗調べ／世界の島調べ／世界の気候調べ 沖ノ鳥島調べ	
理科	■もののあたたまり方を調べよう (14) 金属のあたたまり方調べ／水のあたたまり方調べ／空気のあたたまり方調べ		■水のへんしん (5) アイスキャンディー作り～水のへんしん
体育	■日替わりソフトバレーボールをしよう (12) こだわるソフトバレーボール／こだわらないソフトバレーボール	■スキーを楽しもう (7) ■みんなで楽しいシュートゲームをつくろう (7)	
算数	■小数のわり算 (9) ■面積 (12)	■分数 (15)	■直方体と立方体 (10) ■そろばん (1)

「きょうかん」の学びがもたらせてくれたものである．このことは，「学校の教師の専門性は何か」という問いをもたらすことになった．すなわち，決められたカリキュラムをそつなくこなすという専門性から，目の前にいる子ども（学習者）と共に問題を共有しながら意味のあるカリキュラムをデザインしていくという専門性に気づかされたわけである．

3.3 「共感志向による意味」を重視した授業実践例

以上のような理論形成過程を経て，私たち教師に「これからの学校や学習はどうあるべきか」ということや「子どもをどのような存在として観ていくことが大切か」といったことが形づくられていった．そして，こうした方向を読み取っていくときには，私たち教師自身の思考の枠組みを切り替えてみる必要があるのではないか，ということも明らかになってきた．つまり，これまで私たちがいつの間にか，そういうものだと思い込んでいるパラダイムについて，一度立ち止まって整理し，それを転換してみる必要性である．教科学習においては，「実体論的な学習観」から「関係論的な学習観」へ，そして，特別活動においては，「成果発表（ゴール）型」から「過程共有（ゴール・フリー）型」へである．

3.3.1 教科学習における実践例と論点

１学年の福島（1999）は，国語科の「共感の学び」として，劇場づくりを通した表現活動の学びを明らかにする．基礎的な言語の習得やその使い方を学ぶ国語科学習は，そのまま「きょうかん」の学びにつながると説明する．なぜなら，言葉は生き物であり，その言葉がどんな働きをするかは，人と人との関係性の中においてはじめて意味をもつからである．したがって，人と人との交流こそが，言葉の意味をより豊かに学び，お互いの心がたち現れてくるとし，「劇遊び（づくり）」を提唱する．この劇遊びは年間を通してカリキュラムの中に位置づけられ，多様な題材を様々な表現方法により学習が進められる．子どもたちは物語などを身体全体で感じることの楽しさを体感し，かかわり合うことが面倒でなくなり，自分や友達の多様な面を受容できるように変容してくる．このことから，福島は子ども自身が自分や他者を発見していけるような「きょうかん」の場をひらくことの必要性を説く．

２学年の桶谷（1999）は，系統性の強い算数科における「共感の学び」について果敢に挑戦する．子どもたちにとって初めて出会う「かけ算の世界」を，①友達と一緒に活動（同じ数ずつ売買するお店屋さんごっこ）することの楽しさ（友達との「きょうかん」），②活動することでかけ算の意味を体感する（かけ算との「きょうかん」）といった２つの視点から授業を組織する．「学習内容」として，友達とのかかわりがセットされていることで，わからないときは友達にたずねることができ，お客側がわからなくてもお店側が説明してくれるといったかかわりが生まれる．つまり，今の自分に足らない部分は友達から聴く，困っている友達がいたら教えてあげるといった「補い合う（分散している知をみんなで共有する）」状況がつくりだされる．この考え方は一人一人が確実に「学習内容（学ぶべきモノ）」を獲得し，個人の「○○力」を向上させていくという学習観に対し，問題提起をしている．

3 学年の岡本（1999）は，説明文「ふしぎミュージアムをつくろう」と物語文「おもしろ民話館をひらこう」の 2 つの分野の実践から，国語科の「きょうかん」の場のひらき方について，3 つの視点から明らかにする．第 1 に，「複数学習材選択制（3～4 種類）」にすることで，「読まされる学習財」から「読んでみたい学習財」へという状況がつくりだされる．実際に子どもたちは，説明文の場合は「不思議を調べたい」，民話の場合は「おもしろそう」という意識の高まりを見せている．第 2 には，「選択別グループ表現活動」である．この活動は，読み取りと表現を無理なくつなげる状況をつくりだす．第 3 は，「他者への読みの発信（ワークショップ，ポスターセッション）」である．他のグループや他学年に向けられた発信は，いうまでもなく意欲的・自主的な状況を導き出すこととなる．以上のような学習財や他者とのかかわり状況をつくり出すことが，意味ある学びを展開可能なものとしている．

4 学年の岡野（1999）は，「学校で学ぶ水泳」と「スイミングスクールで学ぶ水泳」の違いについてこだわりをもつ．仮に両者で扱う「学習内容」に違いが見られなければ，学校の教師は，「へたくそなコーチ」として位置づき，その違いを明確にこたえられなければ学校体育の存在を危うくするという．実際に，小学校低学年から高等学校に至るまでの学校体育カリキュラムは，技術の「易しいもの」から「難しいもの」へと配列されており，そのことを「できない」から「できた」という方向で評価される．これに変わる新たな子ども観を「主題単元」中心の実践を進めることで明らかにしている．それは，〈快－不快〉と〈一人でつくる－仲間とつくる〉の 2 軸の往還関係の中で，学習者が新しい運動の感じ方や自分と一緒に歩んでくれる仲間を探しながら，自分づくりをしているという見方である．なお，本実践についての詳細は，次節で取り上げる．

５学年の坂本（1999）は，「共感志向における算数科教育はどうあるべきか」というテーマを自らに課し，「ねらいにせまることを第一に考える学習」から抜け出そうとする実践を試みる．第１に，「身体活動を伴う学び」と「遊び（ゲーム形式など）を通した学び」の重要性を説く．「実践：整数の見方をひろげよう」では35人の子ども一人一人が整数の要素の１つになり，自分たちで整数の集合をつくりだしながら「整数の世界」に参加する．その結果，算数に苦手意識をもつ子でも学習に参加でき，自然な形で整数にかかわる話題や疑問が生まれ，それが数学的な見方や考え方につながっていく．思考・概念理解より，身体動作を通した実感の伴う理解の方が，後の学習を容易にする．第２に，問題解決にあたるとき，少人数グループによる対話型を提示する．この方法は，一人で問題に立ち向かう不安を解消し，それぞれの知識を共有しながら，ゆっくりと問題解決をしていくため学び合う姿が自然に生まれてくる．これは前述した「分散知」の考え方と同様である．

６学年の新保（1999）は，特に高学年で顕著に現れる「３つの壁（①男女間の壁，②女子に見られる仲良しグループどうしによる牽制の壁，③〈できる－できない〉軸（正解主義）で他者や自分を位置づける壁）」を崩す学習を試みる．「実践：聖武天皇に記者会見をしよう」では，運動場に実物大の大仏を石灰で描いたり，大仏をつくった聖武天皇に記者会見を開くことを生活班で取り組む．そのことにより，固定化された人間関係を少なくとも授業の中では流動的なものにすることができる．また，奈良の大仏を作るのに必要な木炭の代金を調べたり，「実践：明治維新のイメージを描こう」における風俗中心の新聞づくりなど，課題別グループ学習や個人学習の形態で取り組んだ結果，自分（たち）の課題については，自分（たち）が一番詳しく調べているという自信につながっていき，このことが正解主義からの脱出の第一歩となり得る．

専科の楠（1999）は，〈できる－できない〉，〈上手－下手〉といった観念が固定化してくる高学年を対象に，図画工作科におけるモノとの「きょうかん」を大切にした「学習内容」を模索する．モノとのかかわりが基盤にないと，人とも穏やかにかかわれないばかりか，自分を肯定できず，のびのびとした表現活動ができなくなる．そこで，粘土とじっくりふれ合っていけるように一人一人が「レンガの家づくり」に取り組むことからスタートする．見通しがもて，自分と粘土の世界が確保されるため，かかわりを楽しみ，没頭する姿が見られるようになるばかりか，その効果は人とのかかわりに好影響を及ぼす．大きな模造紙にテープで道をつくり，そこで出来上がった作品を並べたところから，友達を誘い合い牧場をつくったり，馬，池，小屋づくりと子どもたちの交流が始まる．「自己―モノ」とのかかわり（個人的な学び）も，このような単元展開で「モノ―自己―他者」とのかかわり（協同的学び）に広がる．個人の作品を仕上げて名前を貼って鑑賞し合うという単元構成に，一石を投じている．

3.3.2　特別活動における実践例と論点

「実践例１：共同制作―布に描こう，全員集合！」（金沢市立不動寺小学校，1999a）では，従来の「６年生を送る会」を見直し，縦割り班による共同制作（旗づくり）活動を行った．これまでの「６年生を送る会」は，６年生が主役（主体）でありながら「送られる者（客体）」になり，脇役（客体）の１～５年生までが「送る者」を演じる（主体）という主―客逆転のねじれ現象が生じていた．そこで，これまでの学校を支え，ひっぱってきてくれた６年生や他学年の仲間と１つになる楽しさを共有することを主題にして活動が行われた．活動は共同制作に始まり，作品完成後に行われる他の班の作品鑑賞，縦割り班による仲良し遊び，６年生へのプレゼント渡し，６年生への色紙書き，卒業式に作品展示と１月から３月の間を通して，継続的に展開されていく．ややもすれば，「６年生を送る会」が，各学年最後の表現活動発表の場と化したり，それへの企画運営を５年生に任せることで最上級生としての自覚を促す機会ととらえている教師サイドの発想行事からの脱皮として位置づくものといえる．

「実践例２：卒業式の主人公は子ども一子どものための，子どもによる卒業式の実現一」（金沢市立不動寺小学校，1999b）は，卒業式を単なる儀式的行事として，普段の学習から切り離されたものとするのではなく，６年間の学び，変化しあってきた子どもたちの「最後の授業」，「最後の自主的活動の場」として位置づけ，34時間の単元構成のもと取り組まれた実践である．当日の式の特徴として，対面式，５年生による司会・入退場の生演奏，６年間の思い出を作成し朗読，今の自分を一人一言で語る，子どもによる別れの言葉の作成（全学年）などがあげられる．しかし，形式の目新しさより，「卒業式は誰のために，なぜ行われるのか」という教職員による再三の話し合い活動を原点に，「なぜそういう卒業式を行うのか」という他学年や育友会，保護者への説明，子どもたちの計画・準備への参加などが，当日の式につながっていることは見逃せない．教師が敷いたレールの上を外れることなく子どもを進ませるといった儀式的行事のあり方に，問い直しを迫る実践として位置づく．

「実践例３：連合音楽会プロジェクト一夏祭りの思い出をみんなで表現しよう一」（金沢市立不動寺小学校，1999c）は，金沢市連合音楽会への参加を前提に取り組まれた実践である．これまでは，４年生以上の子どもたちが，教師によって選曲されたもの（課題曲）を合唱や合奏で表現するという形態がとられてきた．しかし，こうした連合音楽会での舞台をゴールとしてとらえ，練習に取り組ませる指導により，子どもたちから表現することの楽しさを奪ったり，させられているという意識を植えつけたり，参加をしぶる子どもを出してきたという事実は否めない．そこで，学年による枠組みを取り払い，６つの表現志向別グループ（オープニング，群読・花火の音，花火の表現，創作詩，BGM，合唱）による表現プロジェクトの取り組み，また，ゴール（課題曲）達成型を脱し，各プロジェクトの表現を全体で構成していくゴール・フリー（創作）型の活動展開を試みた．そのため，教師の位置づけ（学習指導）

も，従来のような課題曲をコーチする人としての役割を超え，各プロジェクトや全体の曲を子どもと共にデザインしていく人，活動展開や各プロジェクト内やプロジェクト間をコーディネートしていく人としての役割の重要性が浮き彫りにされた．

3.4 「共感志向による意味」を重視した体育授業実践例

本節では，前節の「共感志向による意味」を重視した授業実践例の中から，２つの体育授業実践（４学年）について取り上げ，「共感志向による意味」を重視した体育学習における子ども（学習者）にとっての意味を考察する．

3.4.1 単元の計画の構成―「みんなで楽しい動きをつくろう ～プール編～」

○子どもの準備状況

これまでに子どもたちは，４つの単元学習（表3-1：「みんなで楽しいコースをつくろう（10)」，「いいチームづくりをめざしたハンドベースボールのゲームをしよう（13)」，「３年生と一緒に組み立て運動（組体操）をつくろう（７)」，「みんなで楽しいコースをつくろう～プール編～（７)」）を経験してきている．これらの学習の基本は，次の子どもの日記からもうかがえるように，〈できる―できない〉基準や〈勝った―負けた〉基準にこだわらずに，仲間とともに学習環境をつくり，自らの発想でモノとかかわったり，仲間を意識した活動を行うことにあった．

○最初は他の人が打てないとおこってしまっていたけど，最後らへんになると少しはこらえられるようになりました．それがいい勉強になったとぼくは思います．それにうれしいです．ぼくはこのベースボールでこらえることを学びました．

○今日で組体操がおわった．また組体操をやりたい．組体操はおもしろかった．組体操は最初ドキドキした．組体操はらくそうで，むずかしかった．組体操はおもしろくって，またやりたくなった．

○４年生で入ったプールで私が一番びっくりしたのは，プールの中で準備運動（リズム運動）とかをすることです．私はそのときびっくりしました．明日もあったらいいなあと思います．私は４年生のプールが楽しくなってきました．だって，みんなで活動をすることがあるからです．

このような仲間と共につくったコースや仲間と共につくりあげる運動・ゲームの中に自分の体をあずけ，なじませていくことで運動の楽しさや仲間と共に運動することの喜びを味わっている．

しかし，自分自身の動きを広げていくことで自分自身の身体に気づいたり，仲間のつくった動きに積極的に「なってみる」という経験は行っていない．指示された動きやカードにあわせた身体づくりではなく，自らモノに働きかけることで動きをつくったり，仲間のつくった動きを試してみるといった経験は不足している．

○「学習内容」の位置づけ

そこで，本単元の「学習内容」を図3-2のように，「学んでいるコト」ととらえる．自己（学習者）がモノとかかわるコトで運動（運動への新しい感じ方）を探し，自己（学習者）が他者とかかわるコトで仲間（私と一緒に歩んでくれる人）を探す．そして，他者やモノとかかわるコトで自分を見つめ直し，自分を育てていくという「自分探し」を「学習内容」とした．

本単元において，自然として取り上げられるものは水，モノとして取り上げるものはカラーマット，ビート板である．この水とのかかわりを「水泳＝泳ぐこと，競泳」ととらえるのではなく，「水の中における身体活動（運動）」とする．本単元では，泳げない子どもも一緒に楽しめる水中運動として位置づけ，自分が水とかかわることで，どういう身体への感じ方をするのかという経験を大切に行う．この「身体への気づき」の経験が不足していては，他者との共感は難しいと考えるからである．そこで，「移動しない動き—移動する動き」，「一人での動き—仲間との動き」，「モノを使っての動き—モノを使わない動き」という観点から，自らの発想で多種多様な動きをつくっていくことで，陸上では得られない浮遊感や一体感，脱力感，快や不快などを身体経験できるようにした．

自己と他者とのかかわりにおいては，生活班（三人一組）を基本にしながら，自分の動きをつくっていく．ここでの他者とのかかわりは，「他者の身体になってみる」ことと位置づける．つまり，仲間の「動きをまねる」ことである．「なってみる」ことによる「もう１つの感じ方」を意味している．「もう１つの感じ方」が経験できれば，自分にとって他者は風景（第三者）としてではなく，意味ある他者と実感できるものと思われる．

○学習のねらいとみちすじ

本単元の学習のねらいは，「個々の子どもがそれぞれの発想により楽しい動きをつくっていくことで水とのかかわりをひらき，その経験を仲間と共有することで他者とのかかわりをひらいていく．そういう経験を重ねながら，自分自身の身体への新しい感じ方を育てていく」であり，学習のみちすじは以下の通りである．

分＼時間	1	2	3・4	5	6・7
10	三人組で，水面や水中で移動しない動きをつくろう （モノあり）	（モノなし）	三人組で，水面や水中で移動する動きをつくろう （モノあり）	（モノなし）	三人組で，水面や水中でモノなしの動きをつくろう

20			
30			三人組で，水面や水中でモノありの動きをつくろう
40			

また，１時限の学習と指導の流れは，以下の通りである．

学習活動	指導の要点
１．始業前教室にて，トイレ，更衣，準備運動を行う．	・健康状態の確認，脱衣の整頓，教師を見ながらの準備運動を行う．
２．点呼後，シャワーを浴びる． －入水－	・入水者人数，見学者人数の確認を行う． ・入水者にはシャワーを浴びさせ，プールに足だけを入水させ，身体になじませる．
３．水中でリズム運動を行う． 	・見学者には新しい動きを中心に見学させる． ・水中での浮遊感や心地よさを体感できるように，大きな動作で行うようにさせる．

4．三人組で，動きをつくる．   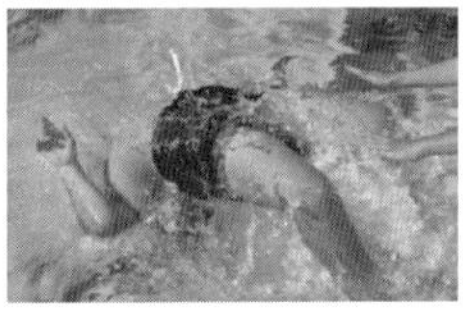	・身体やモノの使い方を工夫（体勢の変化，身体部位の変化，方向の変化など）させることで，新しい動きをつくらせる．
5．なってみようタイム 	・見学者に新しい動きを発表させ，みんなで発表された子どもの動きになってみる．なってみることで，仲間の身体の感じ方を味わったり，自分の動きづくりについて見直しをさせる．
6．リラックスタイム 	・水の中での脱力感や浮遊感を味わわせる．カラーマットやビート板の使用も認める．
—離水— 7．離水者確認後，シャワー，洗顔，着替えを行う．	・健康状態の確認を行う．

3.4.2 単元の計画の構成─「みんなで楽しい動きをつくろう ～体育館編～」

○子どもの準備状況

２学期に入り，２つの単元学習を行っている.「みんなで楽しい動きをつくろう～プール編～（7）」と「みんなで楽しいラインサッカーのゲームをつくろう（9）」である（表3-2参照）.

前項でも取り上げた「みんなで楽しい動きをつくろう～プール編～」は，いわゆる「水泳」の学習とは異なる．その１つは，「水泳＝泳ぐこと，競泳」ととらえるのではなく，「水の中での身体活動（運動）」と位置づけた点にある．もう１つは，「何メートル泳げるようになった，何級になった，クロールができるようになった」など，「何が身についたか．どこに到達したか」という「結果重視の学習ではなく」，子どもたちの「いま・ここ」に生きる「いま・ここ」を夢中になって自然や他者とかかわって楽しむ・遊ぶというコトを共有する「過程重視の学習」を展開した点にある．一人一人の子どもがカード（水泳検定表）にあわせた身体づくりをするのではなく，自らの発想で楽しい動きをつくっていくことで「水とのかかわり」をひらき，つくった動きを紹介し合いながら仲間の動きに「なってみる」ことで「他者とのかかわり」もひらいてきた．子どもたちは，そういう経験を重ねながら，自分自身への身体の感じ方を育ててきた.

○「学習内容」の位置づけ

本単元の「学習内容」も，他者やモノとかかわっている状況，すなわち「学んでいるコト」ととらえる．自己（学習者）がモノとかかわるコトで運動（運動への新しい感じ方）を探し，自己（学習者）が他者とかかわるコトで仲間（私と一緒に歩んでくれる人）を探す．そして他者やモノとかかわるコトで自分を見つめなおし，自分を育てていくという「自分探し」を「学習内容」とする.

本単元において，モノとして取り上げるものは1学期の「みんなで楽しいコースをつくろう」で使用した，マット，カラーマット，跳び箱，平均台，長縄に細長マットを新たに取り上げる．これらのモノを1学期は各種の器具を混合してコースをつくり運動する方法を取ったが，今回はそれぞれの器具別に総合的な学習環境を設定していく．1学期とはちがう自己（学習者）が器具別にモノとかかわる経験を大切にしていく．この「身体への気づき」の経験が不足していては，他者との共感は難しいと考えるからである．そして，「身体のどこを使うのか（手，足，頭，胸，腹，背など）」，「どんな体勢で動くのか（立位，倒立位，伏せて，はって，じゃがんで，仰向けで，回って，跳んでなど）」，「どのように動くのか（リズミカルに，バランスよく，素早く，力強く，やわらかく，続けて，気分よくなど）」という観点から，自らの発想で多種多様なうごきをつくっていくことで，日常生活では味わえない感覚，快・不快などを味わえるようにしたい．

自己と他者とのかかわりにおいては，生活班（三人一組）を基本にしながら，自分の動きをつくっていく．ここでの他者とのかかわりは，仲間と相談しながら学習環境を設定したり，後片づけをすることはもちろんのことではあるが，「他者の身体になってみる」ことと位置づける．つまり，仲間の「動きをまねる」ことである．「なってみる」ことによる「もう1つの感じ方」を意味している．「もう1つの感じ方」が経験できれば，自己（学習者）にとって他者は風景（第三者）としてではなく，意味ある他者として実感できると考えるからである．

○学習のねらいとみちすじ

本単元の学習のねらいは，「子ども一人一人が，それぞれの発想により楽しい動きをつくっていくことで，モノとのかかわりをひらき，その経験を仲間と共有することで他者とのかかわりもひらいていく．そういう経験を重ねながら，自分自身の身体への新しい感じ方を育てていく」であり，学習のみちすじは以下の通りである．

分＼時間	1　～　9
0 45	〈つくってみようタイム〉 自分なりの動きをつくる時間　→←　〈なってみようタイム〉 仲間と動きを共有し合う時間

また，１時限の学習と指導の流れは，以下の通りである．

学習活動	指導の要点
1．リズム運動と各種の動きを行う．	・楽しい雰囲気の中で心と体をほぐす．
2．グループごとにコースを作る．	・順序よく，素早くコースをつくらせる．
3．〈つくってみようタイム〉 コースをまわりながら，自分なりの動きをつくる． 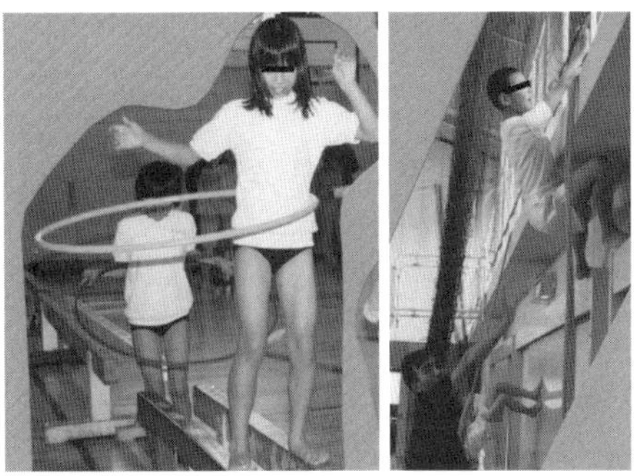	・安全なコースになっているか確認する． ・順番や約束を守り，自分なりの動きを工夫し運動しているか巡回指導する．
4．〈なってみようタイム〉 仲間の動きを見合い，自分自身も仲間の身体になってみる．	・仲間の動きを紹介し合い，他者の身体になってみることで新しい感じ方をしたり，自分自身の

	動きのつくり方を見直すことができるようにする.
5. 自由にコースをまわりながら，もう一度やってみたい動きをしたり，これまでの動きを組み合わせたり，新たに動きをつくったりする. 	・さらに動きを工夫し運動しているか，気分よく運動しているか，仲間とかかわりながら運動しているかという観点で巡回指導する.
6. 後片づけをし，整理運動を行う.	・素早く片づけさせ，心を落ち着かせる.

3.4.3　授業実践の振り返り

ここでは，第2項の「みんなで楽しい動きをつくろう～プール編～」と第3項「みんなで楽しい動きをつくろう～体育館編～」の2つの「共感志向による意味」を重視した体育学習における子ども（学習者）の単元後の感想を検討しながら，子ども（学習者）にとっての学習の意味を考察する.

○「共汗」の学びの中の子ども（学習者）―「意味ある他者」を実感―

体育の学習といえば，「水泳」や「跳び箱運動」など，一定の形態を伴った運動種目を「学習内容」として取り上げる「種目単元」が一般的である.これは，「単元＝運動種目＝学ぶべきモノ」として位置づいていることから，「実体論的な学習観」を背景に体育授業が展開されていると解釈されよう.

したがって，本実践はこうした「種目単元」を脱し，単元の主題を「みんなで楽しい動きをつくろう」と設定し，仲間と共に楽しい動きをつくっていくことを単元の中核にした「主題単元」にしたところに特徴がある.すなわち，自己（学習者）が他者（仲間）とかかわり，自己（学習者）が自然（水）やモノ（器械・器具など）とかかわることで，自分なりの意味をつくりだしていくことが，学習の主題となる．

子どもの単元後の感想文からは，主題が子どもにとって，どのような意味をもたらしていたかということが見えてくる．

Ａ：動きは一人でやってもあんまり楽しい動きはできないけど，二人や三人なら考えがたくさんあるから，色々な動きができて楽しいです．４年で入ったプールは友達や自分で考えて動きとかをつくるから楽しかったです．自分でやってみたいことを，自分で決められるからよかったです．

Ｂ：みんなのつくった動きを見て，「そうか，そんな動きもつくれるなあ」と思って，まねしてやっていて，２つを組み合わせたりして，工夫しながら楽しくやっていた．

Ｃ：最初，私はどんな動きをつくろうか，思いつかなかったりしました．思いついたとしても，同じ動きしか思いつきませんでした．でも，体育をやっているうちに，だんだんと思いつくようになりました．友達の動きを見ていると「あんな動きもあるんだな」と思いました．動きと動きを組み合わせて，新しい動きも見つけました．動きはたくさんありました．動きには楽しさがいっぱいありました．

Ｄ：１時間目のときは，ぼくはあんまり動きがなかったけど，友達のをミックスしたりしているうちに，だんだんいい動きがつくれるようになってきた．

Ｅ：「なってみようタイム」で友達の動きを聞いて，自分もなってみようのをやって，自分の動き以外もみつけました．

Ｆ：ぼくはテーマ通り「みんなで楽しい動きをつくろう」をできたと思う．一人だったら「一人でくだらん動きをつくろう」になっていたかもしれない．みんながいたから楽しく終わったんだと思った．一人でやっていたら，２，３個ぐらいしか思いつかなかったけどみんなとやったら何個でも見つかった．いろんな動きを組み合わせたりして，どんどん新しい動きをつくり出すことができた．とても楽しかった．次の新しい体育の時間も，終りに「とても楽しかった」と思える体育をしたいな．

「みんなで楽しい動きをつくる」というテーマは，Ａ・Ｃ・Ｄ児の感想に見られるように，最初は難しいことだったようである．このことは，既製品のゲームに向かっていかに得点を出すかという達成感や成就感を味わう経験はしていても，創意工夫することによって達成感や成就感を引き寄せたり，自分（たち）の楽しさをつくりだしながら遊ぶという経験が不足しているからであろう．しかし，自分一人で動きをつくることが難しいと気づくと，Ａ・Ｂ・Ｃ・Ｄ・Ｅ・Ｆ児のように，「友達の動きを見たり，聞いたり，まねしてやりながら，一緒に動きをつくった」というような感想が目立っている．こうなってくると，動きづくりにも，だんだんと興味がわき，自然やモノとのつながりもよりいっそう密になってくる．

また，一見個人的な運動に見える本実践も，他者の存在がクローズアップされている．自分の動きづくりに対して，他者の視点を取り入れながら動きを共有し，自分の動きづくりに一緒にかかわってくれる他者は，ごく自然な形で「意味ある他者」（黒羽，1999）として実感できるようになっていることがうかがえる．これらのことから，「仲間と一緒に楽しい動きをつくる」という活動へ参加する過程において生じた問題（一人ではなかなか楽しい動きができない）を共有できていたと考えられ，「共汗」の学びの中に子どもたちはあったものと思われる．

「みんなで楽しい動きをつくろう」という主題が，自己と自然・モノとの間をつなぎ，自己と他者との間をつないでいることがうかがえる．病気のため見学していたＧ児も「意味ある他者」として位置づいている．

Ｇ：ぼくは，ほとんど見学だったけど，見ていたらみんないっぱい動きをつくって，そしてぼくに「見とれや」といってくれる人もいて，（授業の）最後に感想にいうことがいっぱいできた．

○「共歓」の学びの中の子ども（学習者）―「協同的な学び合い」を実感―

Ｆ児の「みんながいたから，楽しく終ったんだと思った．とても楽しかった．次の新しい体育の時間も，終りに『とても楽しかった』と思える体育をしたいな」という感想は，仲間と一緒に活動へ参加することで，新たに仲間のよさに気づいたり，学習財のおもしろさに出会っていることから，「共歓」の学びが展開できていたと考えられる．

次の感想についても同様である．

H：みんなで楽しくやれたから楽しかったです．冷たい日もあったけど，みんなでずうっとプールに入れて，うれしかったし，楽しかったです．
I：一番楽しくて一番難しかったのは，みんなでした水中ダイビングです．みんなでするときは，息がピッタリ合わせないとだめだし，みんなでするからできたときはとってもうれしいなあと思った．それから逆立ちだっていっぱい教えてもらってできたと思った．私はみんなと一緒にできたのが楽しかった．またはやく夏になってほしいな．
J：動きや色々なことが，みんなでできたから楽しかった．

H児の「みんなで楽しくやれたから楽しかった」，I児の「みんなと一緒にできたのが楽しかった」，J児の「みんなでできたから楽しかった」という感想から，「他者を友好的な対話の相手」(佐伯，1998，p. 22) とみなそうとする「かかわり」が生成されていたことがうかがえる．「相手にも善かれと願い，己も善かれと願う中で，『他者の視点を取り入れる』」(佐伯，1998，p. 22)，「協同的な学び合い」が展開されていたと考えられる．

また，I児の感想からは，仲間と共に挑戦した運動（水中ダイビング）や個人で挑戦した運動（水中逆立ち）の過程に意味を見出していることがうかがえる．それは，どちらも単に運動ができることを楽しんでいるのではなく，仲間と共に息を合わせたり，仲間に教えてもらったりする，運動ができない過程に意味を見出し，結果として運動ができたことを楽しんでいるからである．

以上のように，一人一人が取り組んでいる動きはちがっても，その動きをつくっていくことができる（自分を探していくことができる）のは，「みんなのおかげなんだ」，「みんながいるからなんだ」という状況を，「学び合い」あるいは，「協同的な学び合い」と呼びたい．

○「共感」の学びの中の子ども（学習者）―「自分探しとしての学び」を実感―

K：今日，体育最後のプールでした．はじめはみんなで楽しいコースをつくろうでした．でも私は，ながい間かぜをひいてしまってプールに入れませんでした．でも，それだけじゃなくて，こわくて入れなかったときもありました．だから，すぐあがってしまいました．でも「みんなで楽しい動きをつくろう」はちがいました．体を自由にしてやりました．カラーマットやビート板も使ってやりました．なんかそのとき，体が自由に動いて泳げたり，もぐって下に手をついたり，色々なことをしました．私は初めてプールの楽しさを知りました．

L：最初始まったときはずかしくて，走ったり，ふつうに歩いたりしかしていなかったけど，いまではみんなで楽しくダイビングしたりとってもおもしろいです．最初，班でやっていたけど，後からいろんな人とできるから楽しくおもしろく，「こんな体育は，はじめてだ」と思うくらい楽しかったです．みんなで力をあわせて準備したり，片付けたり，それも楽しかったと思います．６つのコースがあって，最初は「全部まわらなきゃ」しか思わなかったけど，いろんな動きをつくるようになったら，「この動き，ずっとしていたいなあ」と思うくらいになりました．おもしろかったです．

M：１時間目の自分は，なんか用意するのが面倒くさくて，あんまりやりたくない気分だったのに，なんかやっているうちに，だんだん楽しくなってきて，自分の動きもできるからおもしろくなってきました．12時間もやっている間に，人の動きを発表して，その人のおもしろい動きをまねしたり，ちょっと変えてみたりして，おもしろかったです．一番楽しかったのは，マットコースで馬とびをしていったことです．またやりたいです．

N：はじめ私は，平均台コースをつくるやつになった．そして，はじめフラフープをした．まだ，はじめてのときは平均台のところでもあまりできなかった．でも，何度も何度もしているうちに，簡単にフラフープを平均台コースでできるようになった．がんばれば色々できるとわかった．自分のつくったやつとかを紙に書くやつで，フラフープのことを書いたら，「はしごコースでやってみたら」って紙に書いてあった．だからやってみようと思った．そうしたらできるようになった．やれないと思っていたのも，やってみたらできるようになった．だから何ごともやってみないとわからないと思った．「みんなで楽しい動きをつくろう～体育館編～」は，とても楽しかったです．

Ｋ児は，「プール（水）が苦手な身体」から「プール（水）の楽しさを初めて知った身体」へと変容し，Ｌ児は，「表現することがはずかしい身体」から「表現し続けたい身体」へと変容している．また，Ｍ児は，「身体を動かすことが面倒な身体」から「身体を動かすことのおもしろさを感じる身体」へと変容している．そして，Ｎ児は，「フラフープ回し平均台（はしご）渡り」が，「できない身体」から「できる身体」へと変容している．

それぞれの子どもが自分自身の身体に対し，振り返ることができている．同時にこの振り返りは，他者や自然・モノとのかかわりを通して，自分を探しながら，自分を育ててきたことについて，自分で振り返っているところに意味がある．つまり，このような新しい自分探し，新しい自分づくりは，アイデンティティの確立ともいえよう．学びが知識や技術を身につけたり，獲得されたりといった，個人の頭の中だけで行われているのではなく，他者や自然・モノとのかかわりといった協同的な営みを通して，アイデンティティの形成を行っていることがわかる．

以上，「共感志向による意味」を重視した体育学習を展開することで，学習者（子ども）が，①「意味ある他者」，②「協同的な学び合い」，③「自分探しとしての学び」を実感している姿が見られ，これら３つが学習者（子ども）の学習経験を豊かにする視点として洗い出すことができた．以上のような視点は，「カリキュラムを，教室で引き起こされている子どもの学習経験の総体」（佐藤，1996）としてとらえる立場，これまでの硬直的なカリキュラム編成，画一的な学習過程，形式的な学習指導を見直し，カリキュラム編成の手がかりにつながるものと考えられる．

3.5 まとめ

本章では，これまでの校内研修に見られた「学習方法・指導（いかに）」中心の研究アプローチを脱し，「学習内容（何を）」からの実践的アプローチを導入することで，「かかわり」を基軸とした体育授業の「学習内容」の概念について明らかにすることが目的であった．

そのため，「学習者（子ども）の意味志向」に着目し，「学習者（子ども）による意味規準」から「学習内容」を導き出すことを試み，その中でも「共感志向による意味」に光をあてることを提起してきた．その結果，「共感志向による意味」を重視した授業実践を通して，次のような学校学習における基本問題を整理することができるに至った．それは，「学習内容」を「学ぶべきモノ」から「学んでいるコト」へと転換すること，「実体論的な学習（結果としての学習）」から「関係論的な学習（過程としての学習）」へと学習観を転換すること，「目的・合理的な意味」から「合理的関心を離れ没入する意味」へと学習の意味を転換すること，「将来の準備者としての子ども」から「今を生きる実践者としての子ども」へと子ども観を転換すること，「カリキュラム・ユーザーとしての教師」から「カリキュラム・デザイナーとしての教師」へと教師観を転換することの重要性である．

このことは，現在の学校に横たわる閉塞感が方法論を中心とした校内研修のアプローチにあるわけではなく，従来の「学習内容」を問い質さないままの方法論的アプローチに問題があることを意味している．その従来の「学習内容」とは，「学ぶべきモノ」という見方であり，先験的に知識や技術などを実体化するとらえ方であった．しかしながら，各観念の問い直しに迫るまでに至った「学習内容」とは，状況と文脈に応じて常に変化していくという関係的な見方をし，他者（人）や学習財（モノ・コト・自然など）とのかかわりのある多様な活動を通して意味を構成していく社会的行為，すなわち「学んでいるコト」という見方であり，関係論的視点から体育学習を再構成する立場からの「学習内容」の位置づけは，これに相当することが明らかにされた．

注

１）石川県金沢市の小学校の「校内研修主題・副題」に示されるキーワード使用率に着目してみると，昭和45年度は「指導（法）」というキーワードを52％（60校中31校）の学校が使用している．また，昭和58年度においても29％（66校中19校）の学校が使用している．その後，平成元年度からは，「意欲・主体（的）」というキーワードの使用（元年度33％，２年度36％，３年度33％，４年度38％，８年度25％，９年度20％）に移ってきているが，その研究内容は子どもの意欲や主体を育てるための指導方法が中心である．

２）金沢市教育委員会が使用する教科用図書の選択に伴い，「金沢市立小学校教育課程の基準」（学年用および教科・領域用）を作成する．教科については，一応の基準を示し，道徳・特別活動については，実態に即した一例という立場で示してある．

引用・参考文献

藤田英典（1995）学習の文化的・社会的文脈．佐伯　胖ほか編　学びへの誘い．東京大学出版会：東京，pp. 93-142.

福島英子（1999）１年１組の実践．金沢市立不動寺小学校編　共汗，共歓，そして共感！～共感志向による意味を大切にした学習内容の工夫～．研究紀要，20：5-18.

金沢市立不動寺小学校（1999a）共同制作－布に描こう，全員集合！－．金沢市立不動寺小学校編　共汗，共歓，そして共感！～共感志向による意味を大切にした学習内容の工夫～．研究紀要，20：資料編　26-32.

金沢市立不動寺小学校（1999b）卒業式の主人公は子ども－子どものための，子どもによる卒業式の実現－．金沢市立不動寺小学校編　共汗，共歓，そして共感！～共感志向による意味を大切にした学習内容の工夫～．研究紀要，20：資料編　33-48.

金沢市立不動寺小学校（1999c）夏祭りの思い出をみんなで表現しよう－共感志向を大切にした連合音楽会への取り組み－．金沢市立不動寺小学校編　共汗，共歓，そして共感！～共感志向による意味を大切にした学習内容の工夫～．研究紀要，20：153-161.

黒羽正見（1999）教師の授業実践観に関する事例研究－公立Ｓ小学校の校内研修対象のエスノグラフィーを通して－．カリキュラム研究，8：73-86.

楠　葉子（1999）5年1組の実践．金沢市立不動寺小学校編　共汗，共歓，そして共感！～共感志向による意味を大切にした学習内容の工夫～．研究紀要，20：143-147.

岡本信子（1999）3年1組の実践．金沢市立不動寺小学校編　共汗，共歓，そして共感！～共感志向による意味を大切にした学習内容の工夫～．研究紀要，20：34-54.

岡野　昇（1999）4年1組の実践．金沢市立不動寺小学校編　共汗，共歓，そして共感！～共感志向による意味を大切にした学習内容の工夫～．研究紀要，20：55-109.

桶谷治江（1999）2年1組の実践．金沢市立不動寺小学校編　共汗，共歓，そして共感！～共感志向による意味を大切にした学習内容の工夫～．研究紀要，20：19-33.

佐伯　胖（1998）学びの転換－教育改革の原点－．佐伯　胖ほか編　授業と学習の転換．岩波書店：東京，pp. 3-24.

坂本真知子（1999）5年1組の実践．金沢市立不動寺小学校編　共汗，共歓，そして共感！～共感志向による意味を大切にした学習内容の工夫～．研究紀要，20：110-122.

作田啓一（1993）生成の社会学をめざして．有斐閣：東京．

佐藤　学（1995）学びの文化的領域．佐伯　胖ほか編　学びへの誘い．東京大学出版会：東京，pp. 143-163.

佐藤　学（1996）カリキュラムの批評－公共性の再構築へ－．世織書房：神奈川，p. 29.

新保賢了（1999）6年1組の実践．金沢市立不動寺小学校編　共汗，共歓，そして共感！～共感志向による意味を大切にした学習内容の工夫～．研究紀要，20：123-142.

第4章　体育学習における学びとプレイ（遊び）の意味世界（研究課題2）

4.1　はじめに

近年，佐伯（1995a, 1998）・藤田（1995）・佐藤（1996）らによって，学習観の転換が提唱されている．この動向は，産業主義モデルを基調とする銀行貯金型学習から脱し，成熟社会型の学習原理を構成主義的な観点から構築しようとするものである．こうした「今はあまり意味を持たないが将来役立つように準備する」という「実体論的な学習観（結果としての学習）」からの脱却は，レイヴとウェンガー（1993）の「正統的周辺参加（Legitimate Peripheral Participation：LPP）」の登場以来，先進諸国において世界的規模で展開されている．日本においても，「モノ（対象世界）との出会いと対話による〈世界づくり〉と，他者との出会いと対話による〈仲間づくり〉と，自分自身との出会いと対話による〈自分づくり〉とが三位一体となって遂行される『意味と関係の編み直し』』の永続的な過程」（佐藤，2000a）として定義される「学び」の意味を回復しようとする積極的な取り組みが，学校教育現場においても広がりをみせている[1]．

しかし，こうした「関係論的な学習観（過程としての学習）」に基づく授業づくりには，「学習内容」を先験的に決まっているモノと実体化せず，状況と文脈に応じて常に変化していくという関係的・生成的な見方が求められるため，「授業実践レベルにおいて具現化することが困難である」といったことが，実践者たちからあがっている．また，他者（人・モノなど）との「かかわり」事態（経験）に価値をおきながら授業を展開する際，どういう状態を「かかわり合っていると判断するのか」いう問題もたびたび起こる．しかしながら，こうした声は，「関係論的な学習観」に基づく授業づくりの難しさを物語っていると同時に，実践者自身も「かかわり合い」を重視した授業を認め，授業を構想するための手がかりや方策を求めているからこそ生じるものと受け止めることができる．

そこで本章では，第1に，「かかわり」事態（経験）や「かかわり合っている」状態の解明のために，「かかわり合い」の成り立ちに着目しながら，「かかわり合い」の全体性について明らかにし，「かかわり合い」の成り立ちを視点とした授業構想の具体的ポイントについて第2節で提示する．第2に，第1で提示した具体的ポイントに基づきながら授業を構想し実践することを通して，その有意味性の検討を第3節で行う．第3に，関係論的な体育学習を構想していく際の指針を得るために，「かかわり合い」の全体性における学びとプレイ（遊び）の意味世界の解明を第4節で行う．

4.2 「かかわり合い」の成り立ちを視点とした授業構想

4.2.1 「かかわり合い」の成り立ち

「かかわり　あ・う（係り合う・関り合う）」という言葉は，「互いに関係し合う．関係をもつ」（松村，1983）や「関係を持つ．特に，好ましくない事柄と関係する．かかりあう」（新村，2008）という意味があることから，自己と他者（他人や他の事柄など）との間に双方向の関係が成立している状態ととらえることができよう．その関係は，自己が「主体となって働きかけるかかわり」と，自己が「客体となって働きかけられるかかわり」の2つの「かかわり」から成り立っている．したがって，関係成立時の自己のからだは，「主体としてのからだ」と「客体としてのからだ」の両義性を持ち合わせている「関係としてのからだ」として存在していることになる．（図4-1）

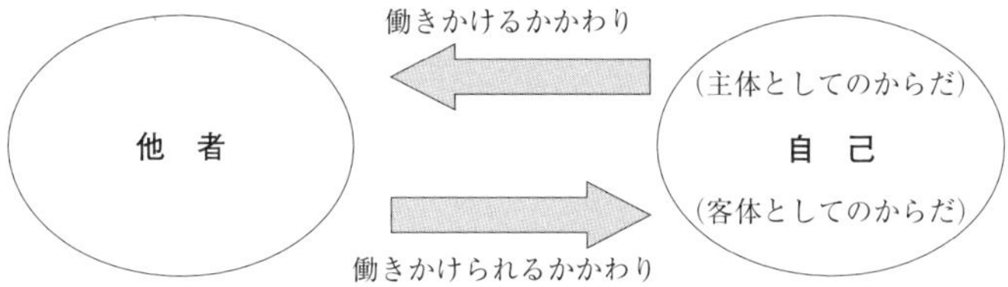

図4-1 「かかわり合い」

しかし，現在の学校教育では，こうした「関係としてのからだ」を育む授業が，実質的には行われていないという指摘がある．例えば，佐伯（佐伯，1995a）は，Gibson and Walk（1960）のアフォーダンス理論を援用しながら，「『教育』を受けることによって，ものごとを『概念』や『知識』でいったん解釈したのちに，それにもとづいて『考えた結果』に意識的に従って行為を発動しようとするような傾向を身につけてしまう」（佐伯，1995a，p. 180）としている．そのような結果，「外界に『自然に』対応するからだが失われ，ぎこちなくふるまい，また，外界そのものが『見れども見えず，聞けども聞けず』という状態におちいる」（佐伯，1995a，p. 180）ことになるのだという．つまり，外界から適切なアフォーダンスをピックアップするからだをもっているはずの人間が，現在の教育によって，「閉じられたからだ」を育ててしまっていることを指摘している．

この佐伯の論は，現在の体育を含む教育実践の多くが，「働きかけるかかわり」に傾斜しており，本来の人間に備わっている「働きかけられるかかわり」という認識があまりにも軽視され，育てきれていないことへの警鐘として受け止めることができよう．こうした指摘は，最近の教育方法学の佐藤（2000b）や，教育学・身体論の斉藤（2001）らにも見られる．

佐藤は，「日本の小学校の教室の特徴は『騒々しさ（発言の過剰）』にあり，中学校と高校の教室の特徴は『沈黙（発言の拒絶）』にある」（佐藤，2000b，pp. 29-30）とし，そのような現象の要因を「学校（学級）文化の問題でいうと，いつわりの『主体性』を追求する授業における形式主義の問題が大きいのではないだろうか」（佐藤，2000b，p. 30）と述べている．そして，「求めるべきは『よく発言する教室』なのではなく，『よく聴き合う』教室である．『よく聴き合う教室』が，発言をとおして多様な思考や感情を交流し合える教室を準備する．この関係は逆ではない」（佐藤，2000b，p. 32）と主張し，「〈受動的能動性〉としての主体性」（佐藤，2000b，pp. 35-36），すなわち「『対応』としての活動」（佐藤，2000b，pp. 37-38）の必要性を強調している．

また，斉藤は，「現代においては，求められているコミュニケーションの質は高くなってきている．一方で，かつては自然に行われていたような，他人と息や気が通じあうような対話力が落ちてきているように感じられる」（斉藤，2001，p. 138）としながら，「コミュニケーションを増幅させていくカギがレスポンス（対応・応答）である」（斉藤，2001，p. 141）という．「相手がきちんとレスポンス（対応・応答）してくれれば，コミュニケーションがしやすくなり，結果としておたがいのやりとりはうまくいきやすくなる．まったく反応をしない冷えたからだであれば，働きかけをする側も疲れてしまい，やがて両者のあいだの関係は冷えてくる」（斉藤，2001，pp. 138-139）と説明し，「レスポンスする身体」（斉藤，2001，pp. 137-202）の重要性を謳っている．こうした「受動的であることに積極的な構えを表現するための言葉」として，〈積極的受動性〉（斉藤，2000）という氏独自の造語も生み出し，その効用をカウンセリングのアクティヴ・リスニング（傾聴）に求めている．

両氏とも，現在の子どもの他者関係における問題点を論じながら，「〈受動的能動性〉としての主体性」や「『対応』としての活動」，「レスポンスする身体」や「〈積極的受動性〉」と，「受動的志向性」に対して積極的に光をあてることを主張している．このことは，先の佐伯の主張にも通じており，「働きかけるかかわり」は「働きかけられるかかわり」によって支えられているのであり，現在の学校教育において，この順序を逆転した認識が広がっていることを危惧したものと受け止めることができよう．

同様の解釈を現象学の立場から，山口は，「日本語で自発というときの

『自』は，『自分』の『自』ではなく，『自然』の『自』であり，『おのずから』，『事柄の方から』の意味」（山口，2002，p.116）であるという．つまり，「この受動的意識（ないし，志向性）といわれる『事発的』現象が，能動的意識（ないし，志向性）にたいして，前もって起こっている，先行している」（山口，2002，p.117）と説明する．

以上のことから，「かかわり合い」の成り立ちは，「働きかけられるかかわり」という「受動的志向性」によって，「働きかけるかかわり」，すなわち，「能動的志向性」がたち現れるというように考えることができ，現在の学校教育においては，積極的な「受動的志向性」に焦点をあてた授業を構想する必要があると考えられる．

4.2.2 「かかわり合い」の成り立ちの局面

次に，「かかわり合い」の成り立ちの局面について，考察していくことにする．その際，「かかわり合い」を重視した授業を構想する具体的な手がかりを得るために，2つの「かかわり」を分節的に見ていくことにする．

まず，先の「働きかけられるかかわり」によって，「働きかけるかかわり」がたち現れるという順序性にしたがえば，自己にとって「働きかけられるかかわり」とは，他者から出された働きかけの局面（〔情報〕）と，それを受けいれようとする局面（〔傾聴〕）の2つからとらえることができよう．そして，その他者からの働きかけを自己が受けいれる局面（〔受容〕）を経て，他者に対して「働きかけるかかわり」へと移行していくことになる．この自己からの「働きかけるかかわり」の局面も同様に，自己から発せられる局面（〔発動〕）と，それを他者が受けいれようとする局面（〔表現〕）の2つからとらえることができよう．すなわち，「かかわり合い」とは，このような5つの局面からとらえることができ，〔情報〕局面から〔表現〕局面への連続的な移行がそこに生じているものと考えることができる（図4-2）．

続いて，それぞれ5つの局面の特徴を自己（特に，からだ）がおかれてい

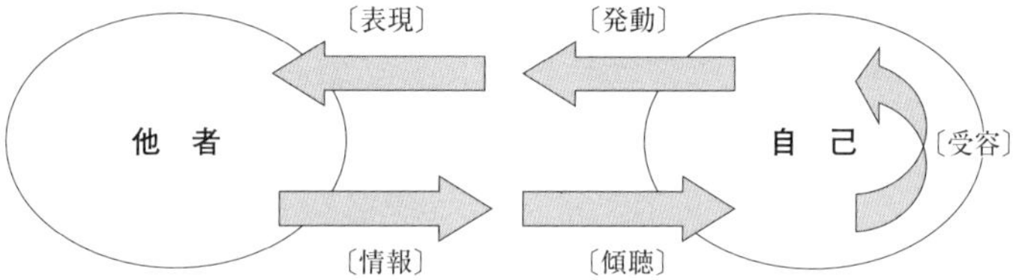

図 4-2 「かかわり合い」の成り立ち

る状況，ならびに状態から整理する．

○〔情報〕局面は，他者から自己の側に提供される価値ある知らせによって，自己を世界へいざなおうとする局面のことである．この〔情報〕とは，自己にとって，他者の語っている声，あるいは内なる声であり，言動を誘発する価値ある情報として選別されたものである．したがって，自己に作用してその状態を変化（興奮）させ，何らかの反応をひき起こそうとする「刺激」とは異なる．

○〔傾聴〕局面は，他者から提供された〔情報〕を，積極的に聴きいれようとする局面である．そのため，自己は「不必要な緊張」を解きほぐしつつ，自らのからだを他者に投げ出し，ゆだね，あずけ，まかせる，からだを開放（解放）しようとする状態を指す．

○〔受容〕局面は，自己のからだを開放（解放）した結果得られる他者からの〔情報〕を受けいれ，他者に「向かう」向かい方を，自分でじっくり探究し，味わい，試みる局面である．

○〔発動〕局面は，それまでの局面を踏まえて，たち現れる「動き出すからだ」を意味する．すなわち，からだを「動かしている」というより，からだが他者からの働きかけによって「動きだそうとする」局面としてみる．

○〔表現〕局面は，こうした一連の局面を通して，他者に対して語りかける局面である．あくまでも「話す」ではなく，「語る」局面である．「相手が聴いていようが聴くまいがそれにはおかまいなしに話す」という語源をもつ「ハナス（放す・話す）」では，自己を「表出する」だけに過ぎず，自己を「『表現』する」（吉田，1980）ことにはならない．「聞き手と一体となって不即不離の状態を維持していこうとする」（大内，2002）「語ること」によって，初めて「かかわり合い」が成り立つ．この局面は，自らが受けいれたことを，他者を意識しながら，からだが（で），語りかけていく，表現していく局面である．

以上のように５つの局面とその特徴の整理を試みたが，それは「かかわり合い」を重視した授業を構想するための，あくまでも便宜的なものにすぎず，他の可能性を排除するものではない．

4.2.3 「かかわり合い」の成り立ちの局面の相互性

ここからは，「かかわり合い」の成り立ちから導き出した各局面の相互性の問題について考えてみることにする．この問題は言い換えれば，どのように自己（学習者）は「かかわり合い」の意味世界を相対化し，揺るがしうるのかという問題でもある．この点について，社会学の江原（1985）の生きられる世界のリアリティ論は示唆に富む．

江原は，「普通，われわれが現実が確かだとか，リアリティがあると言う時，そこには二つの異なった意味がある．第一にそれは，主観と客観の分離を意味する．すなわち，現実が確かなのは，われわれが対象を冷静に観察し，主観をさしはさまずに対象を認識・計算し判断する時である．第二にそれは主体的関与を意味する．現実は，われわれがそこに関与する度合が大きいほど，リアリティのあるものとしてせまってくる」（江原，1985，p. 44）と述べ，前者の意味から，主－客分化に関する軸として世界の「分節化（分化）－混沌化（未分化）」軸を，後者の意味から，主体的関与に関する軸として「凝集化－拡散化」軸を導き出している（江原，1985，pp. 44-46）．

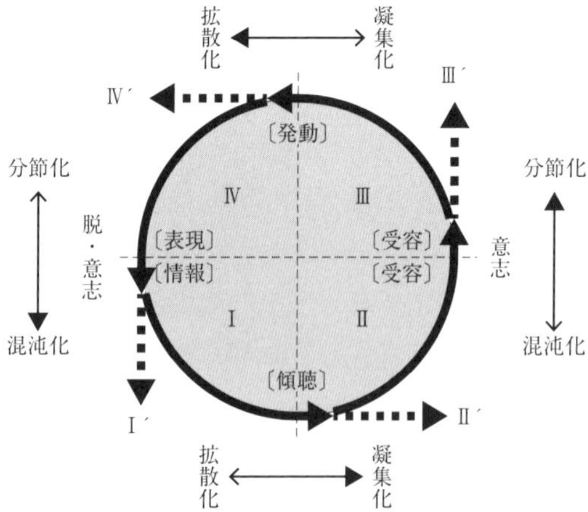

図 4-3 「かかわり合い」の全体性

この2軸に基づきながら，先の「かかわり合い」の成り立ちから導き出した各局面の相互性を示したものが，「かかわり合い」の全体性（図 4-3）である．

〔情報（表現）〜傾聴〕の世界とは主体によって意味づけられるのではなく，逆に世界そのものが自己を揺り動かす世界である．すなわち，自己が「情報（＝表現：他者に対する語りかけ）」によって，「おもしろそう」，「何かありそう」と誘発される世界として位置づき，自と他の分化はない．これを〔Ⅰの世界〕とする．

〔傾聴〜受容〕の世界は主体の欲求や欲望に基づいて世界は主観的に意味づけられ，客観的に妥当な認知か否かは問題とされない．〔Ⅰの世界〕によって誘発された自己が「浸り，味わい，没頭・没入する」世界として位置づく．これを〔Ⅱの世界〕とする．

それに比較して〔受容〜発動〕の世界は二重のリアリティの意味が伴う．そこでは〔Ⅱの世界〕で主観的に意味づけられた事柄を客観的に「試み，探究する」というように焦点づけられるからである．これを〔Ⅲの世界〕と位置づける．

〔発動～表現（＝情報：他者の語っている声)〕は主体的関与から脱し，他者に対して自己の想いを「届け，伝え，語りかけていく」世界として位置づく．これを〔Ⅳの世界〕とする．

以上のように，「かかわり合い」の成り立ちから導き出した5つの局面は，相互に連動しており，自己は「かかわり合い」における意味世界（〔Ⅰ～Ⅳの世界〕）を絶えず移行しながらリアリティを生きていると考えられる．

しかし，「かかわり合い」における意味世界は，その確かさを根本から揺るがし解体する働きもしうる．このような危機を私たちは，通常，「子どもの問題行動」と結びつけて考えようとする．だが，危機は「かかわり合い」の中で生じた「事態」であり，子ども個人の問題というより「かかわり合い」における意味の「過剰な事態」と見ることができよう．

以下では，その「過剰な事態」，すなわち，主として授業場面で遭遇する問題行動に結びつけられやすい現象や出来事について，例示的に取り上げながら読み取ることにする．

〔Ⅰの世界〕の危機の衝撃が大きい場合，それは〔情報（＝表現)〕過多が原因であるように考えられる．なぜなら，〔情報（＝表現)〕そのものが自己（学習者）を揺り動かすことでリアリティを伴う世界の中にあって，それが多すぎるということは，誘発される様相を超え，惑わされ，戸惑いまでに至ってしまうからである．総合的な学習の時間や主題探究型の授業などで，テーマを決めかねたり，何をしてよいかわからずさまよい続ける子どもたちの姿が，このことを物語っているように思われる．このようなある種の自由が反対に不自由さを招いてしまう事態を〔Ⅰ´の世界〕と呼んでおくことにする（図4-3点線接線方向〔Ⅰ´の世界〕)．

〔Ⅱの世界〕の危機は，過剰な〔傾聴〕が事態の原因であると考えられる．私たち教師は，グループ決めの際，「好きな者どうしでもよいか」という子どもの訴えに，はたと立ち止まってしまうことはないだろうか．これは「固定化された人間関係ではなく，色々な人とのかかわりを学んでほしい」という教師の願いが働くからであろう．だが，こうしたいわば「道徳主義的な願い」を超克して事態を解釈する必要があろう．すなわち，過剰なまでの「好きな者・物・コト」への固着は，それ以外の対象との断裂を生み出すばかりか，「客観性を欠いた想像的・幻想的な観念の自己増殖を生じさせてしまう」（江原，1985，p. 51）ことに他ならず，他者に対する無関心やひきこもりなどといった問題へと進んでいくように考えられるからである．このような自己が埋没していく事態を〔Ⅱ′の世界〕と位置づける（図 4-3 点線接線方向〔Ⅱ′の世界〕）．

〔Ⅲの世界〕の危機は，過剰な〔受容〕による事態と考えられる．鷲田は，学校は「伝える／応えるというひととひととの関係が，験す／当てるという（「信頼」をいったん停止した）関係にすりかえられてしまっている」（鷲田，1999，p. 267）と指摘する．生徒／教師の間に，知りたい，伝えたいという，やみがたい気持ちはなく，じぶんが知っていることを生徒に知っているかどうか問いただし（験し），験された生徒のほうは「訊かれた」ことに応えるのではなく，当たるか当たらないかという形で答えを意識する（鷲田，1999，pp. 266-267）．こうした関係は過剰なまでの外的基準（教師が設定した価値基準）への同調によって生じるように考えられる．「○○力をつける」や「目指す子ども像の設定」，「できるから楽しい」という先取りされた目標と照らし合わせて，子どもを判断したり値踏みしていく方向性は，結果として子どもの過同調を煽ることになり，〔Ⅲの世界〕から離脱させていくことになる．子どもの正解至上主義や受験制度問題などは，この文脈の中に位置づけられよう（図 4-3 点線接線方向〔Ⅲ′の世界〕）．

〔Ⅳの世界〕の危機は，過剰な〔発動〕が事態の原因であると考えられる．前述した日本の小学校の教室の特徴である「騒々しさ（発言の過剰）」，「我がまま」と「個性」の履き違えなどが，〔Ⅳの世界〕から離脱していくことにあたる（図 4-3 点線接線方向〔Ⅳ′の世界〕）．いずれも，他者を前提としない行為であるだけに，他者との交流は不可能になり，自己は疎外感を持ち，やがては孤立化していくものと考えられる．

4.2.4 「かかわり合い」の成り立ちを視点とした授業構想

「関係論的な学習観」における「関係性」や「過程」とは，「かかわり合い」の全体性でいうところの〔Ⅰ～Ⅳの世界〕のことである．すなわち，この４つの意味世界を手がかりとしながら，今，目の前にいる子どもとの関係性に着目し，授業を構想・実践し，振り返っていくことが大切になってくるものと思われる．そして特に留意したい点は，「かかわり合い」の意味世界における危機に対して，問題をひき起こしているように見える子どもへの指導に終始するのではなく，その子どもを取り巻く関係を変化させたり，つくり変えたりしてみるというスタンスに立脚することである．このことは，「関係論的な学習観」が構成主義的な学習原理をパラダイムにおいていることを考えれば明白なことであろう．

以下に，〔Ⅰ′～Ⅳ′の世界〕を射程に入れながら，「かかわり合い」の成り立ちを重視した授業構想の具体的ポイントについて提示してみたい．

○〔Ⅰの世界〕は，「おもしろそうだ」や「やってみたい」，「意味がありそうだ」など，子どもの遊び心（学び心）を擽り，学びの好奇性を誘発するような他者（モノ・人など）との関係づけが大切になってくる．また，授業の主題（テーマ・方向）を明確に位置づける必要性がある．主題の欠如は，〔情報〕に溺れ自らが歩もうとする方向がわからず，子ども共々教師自身も授業において彷徨しかねないからである．

○〔Ⅱの世界〕は，これまでの学校学習で重視されてきた「からだつかい」と正反対の身のこなしがポイントとなろう．すなわち，頑なにからだを硬直させて身構えるのではなく，からだをゆるめることである．このときの「脱」状態は無防備にからだを開放（解放）することではなく，積極的に他者との接触の中に身を放つという意味である．そして，言葉になりにくい様々な身体経験を気分によって感じること（「浸る，味わう，没入・没頭する」といった対象に溶け込む意味）を大切にしながら，子どもの言動を解釈することが求められよう．そのことが，次の局面への原動力としてつながっているからである．

○〔Ⅲの世界〕は，「動き出すからだ」が大切にされなければならない．そのためには，「できる＝おもしろい」や「できない＝つまらない」という図式を改める必要がある．例えば，逆上がりをすることがおもしろいのは，逆上がりができるからおもしろいのではなく，逆上がりができるようになることに憧れを抱いたり，逆上がりがもう少しでできそうだからおもしろみを感じるのではないだろうか．反対に，逆上がりを10回やって10回とも難なく成功すれば，その子どもは逆上がりにどれほどの魅力を感じるだろうか．つまり，逆上がりをすることがおもしろいのは，逆上がりができないことにおもしろさを感じていることになり，「できない＝おもしろい」や「できる＝つまらない」という図式が成立することになる．したがって，試みたくなるような，あるいは探究したくなるような関係づくりにこそ，教師の指導性が求められることになろう．また，生まれかけの言葉（発表・文章など）や動作（行為・技術など）を見逃さずにひろいあげ，意味を付与し，具体的な問題解決に向かわせるための指導や支援が求められよう．

○〔Ⅳの世界〕は，他者に対して自らを語りかけていく世界である．そのため，「今の自分」と「以前の自分」をつなぎ，「今の自分」が他者とつながることで「新しい自分」と出会えるような指導や支援が求められよう．具体的には，他者に対して自分のどのような想いを届けようとしているかがポイントとなってくるため，自らの言動や思考を丁寧に振り返るといった自分と対峙することが大切になってくる．また，「自分が，自分が…」といった自分を縛っている不自由さから，自らを解放することで他者に対する意識は耕されてくるものと考えられる．

4.3 「かかわり合い」の成り立ちを視点とした体育学習の試み

本節では，第2節で提示した「かかわり合い」の成り立ちを視点とした授業構想の具体的ポイントに基づきながら授業を構想・実践し，その有意味性についての検討を行う．

ここで取り上げる授業は，2002年度前期に三重大学教育学部で筆者が実践した「小学校専門体育Ⅰ（主として，基本の運動・ゲーム領域）」である．大学の授業を対象とする理由は，受講生自身が12年間の学校体育の体験者であり，受講生の体育観を知ることが，同時にわが国の体育観を知ることにつながると考えたからである．受講生は，2年生3名，3年生21名，4年生10名の計34名である．事前の調査[2)]からは，「頑張る・一生懸命・挑戦・練習」などの場面をあげる者が多いことから，受講生の体育に対する意識は第2節で取り上げた近年の子どもの状況と同様に，「働きかけるかかわり（能動的志向性）」が強い傾向が実態として見られる．

この授業は「一方的に概念や技能を伝達するのではなく，運動実践を通して自らのからだで感じる気づきを手がかりとしながら，小学校における体育学習の意味について考え，授業の考え方や内容構成の仕方を深める」ことをねらいとしている．そのため，授業毎にテーマが設定され，それを受講生と共に（受講生相互が）共有していく営みを大切にしている．具体的には，運動実践を通してからだで感じた気づきや考えたことをノート[3)]に綴り，筆者とのやりとりを行ったり，他の受講生の思い方や考え方を知るために授業通信（資料4-1・4-2・4-3・4-4参照）を発行したり，実際の授業の様子をフォトポートフォリオとしてフィードバックすることを毎回の授業で取り組んだ．

4.3.1　授業概要とテーマ構成について

本授業は，全15回の構成である．第１～10回目までは，筆者が中心となり授業を展開し，第11～14回までは，受講生のアイディアをもとにしながら，受講生による模擬授業を実施し（テーマ：子どもが夢中になる「運動の世界」づくり），第15回目はまとめである．本節では，直接つながりのある第１～10回目までの授業について取り上げる．

毎回のテーマと主な活動内容，テーマ設定の理由，そして，「かかわり合い」の成り立ちで提示した５つの局面の重点度を示したものを表4-1に授業概要として整理した．本授業構成は，一貫して受動的志向性としてのかかわりを重視している．

全体の授業構成の順序性は，「かかわり合い」の成り立ちで提示した５局面に基づき，前半部分（第１～４回目）では，集中的に受動的志向性としてのかかわり（〔情報～傾聴～受容〕），第５・６回目は，集団と集団で競い合う競争型の活動を位置づけ，後半部分（第７～９回目）では，他者に対して働きかけていくかかわり（主として，〔受容～発動～表現〕）へ焦点を移していった．ただし，第10回目では，再び，働きかけられるかかわり（〔情報～傾聴～受容〕）に焦点をあてた．これは，どの程度，受講生のからだがひらかれたものになっているかを見定めるための位置づけである（表4-1参照）．

4.3.2　主な活動内容とその意味

○「触れ合う」「力を合わせる・息を合わせる」「動かされるからだ」

写真4-1（主として，〔情報～傾聴〕に相当）の円形コミュニケーションでは，「触れ合う」ことを大切にしている．ここでは，ジャンケン列車で１つの円をつくり，手をつないだまま音楽に合わせてからだを揺すったり，前後左右に走ったりスキップをしたりする．また，隣人の肩や背中をほぐしたり，心臓の鼓動や，息づかいを聴き合う活動を行う．「頑張ることなく自然にまか

表4-1　テーマと主な内容及び局面の重点度

回	テーマと主な内容	情報	傾聴	受容	発動	表現
1	ぬく・ぬけていく （円形・ペアコミュニケーション，即興リズムダンスなど）	◎	◎	○		
2	ゆだねる・あずける・まかせる （体ほぐしの運動，即興表現など）	◎	◎	○		
3	身分け（みわけ） （リズムダンス，各種ボール遊びなど）	○	◎	◎	○	
4	働きかけられる （マット遊び／ボールや仲間と一緒に転がる，バック転など）	○	◎	◎	○	
5	再考・競争（共創） （他者と共に創りあげていくかけっこを中心とした運動遊びなど）		○	◎	○	
6	再考・ルール （ブラインド割り箸，ルールが３つだけの原始ボールゲームなど）		○	◎	○	
7	「世界」としての運動 （地蔵倒し，棒・平均台・ドラム缶・竹など使ったバランス遊びなど）		○	◎	○	
8	働きかける （各種馬跳び，ボック・ドラム缶・ボールを用いた跳び越し遊びなど）		○	○	◎	◎
9	失敗に向かう挑戦 （こうもり振りおり，一輪車，ハンドスプリング，ダブルダッチ）		○	○	◎	◎
10	怖おもしろ世界 （トランポリン，キャスター，空中ブランコ，ラートなど）	◎	◎	◎	○	

＊各局面の重点度として，◎は特に重点，○は重点と表した

せて体を動かすと…(略)…，言葉や概念としてではなく“生きている”という感じ」（資料 4-2）をつかむという「からだ感覚」を味わう活動である．

写真 4-2（主として，〔情報～傾聴〕に相当）は，背中合わせ立ちで，「力を合わせる」と「息を合わせる」の 2 つの意味を体感する活動である．この活動はお互いが頑張って立とうとしても立つことができない．背中を合わせて座ったとき，相手がどれくらいの力を自分の背中にゆだねているかを感じ取り，相手にからだをあずけながら立つことが要求される．力のゆだね具合が違ったり，力をあずけるタイミングを逸しては，「すっ」と立つことができないため，「力を合わせる」ポイントを一点に集中することが求められる．そして自然に「せえーの」というかけ声がおこる．これが「息を合わせる」という意味である．

写真 4-3（主として，〔傾聴～受容〕に相当）は，「新聞紙になる」という活動である．新聞紙を操作する役と，その新聞紙になりきる役にわかれる．後者は，客体となって新聞紙として動かされるのに身をまかせる．自分の意志で動くのではなく，「動かされるからだ」を味わう活動である．結果として，たち現れる動きは即興表現として位置づくことになる．また，起承転結を想定して 4 つのグループにわけ，即興表現をつなぎ合わせていけばそれは一回性の作品表現となり，ポップス・ロック・レゲエなどの音楽に合わせて新聞紙を操作したり，その新聞紙になりきる活動を行なえば，それはリズムダンスとなる．

写真 4-1

写真 4-2

写真 4-3

○「息を合わせることをつなぐ」「たち現れる」「静から動への一連の動き」

写真 4-4（主として，〔傾聴～受容〕に相当）の手つなぎ長縄跳びは，息を合わせることをつなぐことで，１つの運動が成り立つことに気づかせる活動である．回っている長縄に，ペアで手をつないで入ろうとすることで，互いに相手の長縄へ入ろうとするタイミングをつかまなくてはならない．また，これを連続してリズミカルに跳ぶ活動になると，前のペアとのタイミングを図らなければならない．そして，跳べたからといって安心していられず，次のペアが縄に入ってくることにも心を配る必要がでてくる．こうした，隣人や前後のペアとの息をあわせることをつないでいくことで，はじめて全体としての運動が成り立ち，跳ぶ回数が伸びていくことになる．

写真 4-5（主として，〔受容～発動〕に相当）は，回転系技群の回転軸を想定した４種類のモノ（各種ボール，チューブなど）や仲間と一緒に転がる活動である．自ら転がろうとせず，モノや仲間にからだをまかせながら自然に転がりだすことを味わう．モノや仲間との組み合わせ方を変化させていくことで，授業者が１つ１つ転がり方の指示をしなくても，マット運動でいわれているところの技が次々とたち現れる．

写真 4-6（主として，〔傾聴～受容～発動〕に相当）は，からだを「静」から「動」への状態へと移行させることで，バック宙の動きがたち現れ，一連の動きの中で「技」が成り立っていることを認識する活動である．まず，相手の背中に自分のからだをあずけ，からだを持ち上げてもらう．このとき脱力状態になっていることがポイントである．次の瞬間，腹のあたりに一気に力を注ぎいれることで，バック宙が出現する．つまり，バック宙という動きは脱力して相手にからだをあずけている状態から既に始まっており，この状態がなければ，力を入れたくてもからだに力が入らず，バック宙はたち現れないことになる．

写真 4-4

写真 4-5

写真 4-6

○「つながり合う」「支え合う」「働きかけに働きかける」

写真 4-7（主として，〔情報～傾聴〕に相当）は，互いに目をつぶり，人差し指で割り箸を支え合い，落とさないように少しずつ動いてみるという活動である．私たちの生活世界は，視覚の優位性にあると指摘し，体性感覚を基軸とする身体論を提唱する中村（1979）の考えを，体感する活動でもある．相手の指先一点から発信されるメッセージに，身をまかせる行為には，積極的受動性が求められる．割り箸を落としても，そのまま静かに待ち，まわりの人が二人の指先の間に，そっと割り箸をつないであげることで，互いがつながっていることを実感する．また，ペア同士を組み合わせ四人組で円形をつくり動いてみたり，四人組を組み合わせ八人組で円形をつくり，目をあけて人間知恵の輪に取り組むというバリエーションもある．

三人一組となり，二人が支える棒にぶら下がったり，座ったり，乗ってみたりする活動を行った後，写真 4-8（主として，〔傾聴～受容〕に相当）のように三人一組を組み合わせ，棒渡りを行う．組によって，棒の支え合い方も違えば，高さもまちまちである．渡ろうとする者は，不安定な場を一歩一歩味わいながら，そして信頼をよせながら，歩を進めていく活動である．

写真 4-9（主として，〔傾聴～受容～発動〕に相当）の活動は，働きかけたくなるような，働きかけられを大切にしようとした活動である．ここでは跳び越したくなるようなモノとして，GYMNIC ボール，ドラム缶，ボック（跳び箱の原型）などを用意した．これらのモノから働きかけられ，挑戦していく

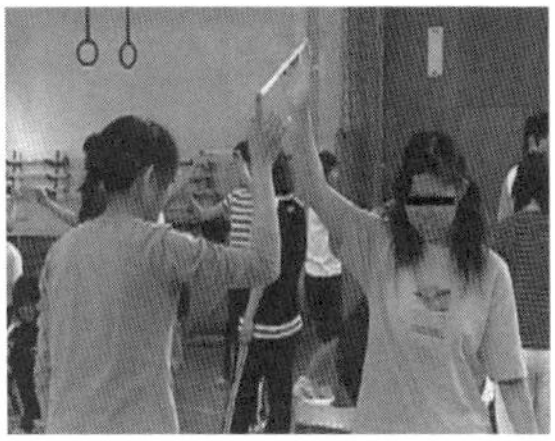

写真 4-7

写真 4-8

写真 4-9

ことを意図した活動である．

○「怖おもしろ世界」「イリンクス世界」

写真 4-9 の活動ともつながるが，子どもが他者（モノや人など）に働きかけられる１つの要素として，「怖そうだけどおもしろそう」という「怖おもしろ世界」があると考えられる．写真 4-10は台上で馬になった人を跳び越すという活動であり，写真 4-11はつり輪に棒を通した空中ブランコであり，写真 4-12はラートである．どれも非日常体験を味わうことができ，遊びのイリンクス（眩暈）の世界に身をおくことになる（主として，〔情報～傾聴～受容〕に相当）．以下は，受講生の声である．

> まず挑戦したのが空中ブランコ．まるでハイジのブランコのように高いところからつながっているブランコのグラグラ感・フワフワ感は予想通りやみつきになった．次に挑戦したのは，ラート．まるで自分があの輪っかの付属品になったような感じの不思議な感覚を味わった．これらの２つにはしっかりつかまっていないと落ちて痛い目にあうというこわさがあった．手に汗をかいてすべって手をはなしてしまいそう．だけどはなしちゃだめという状況でスリルを感じた．また，それと同時にいつも自分の腕に，「まだ，大丈夫？」「頑張れる？」ときいたりなど，自分の体と対話をしているという感覚があった．（資料 4-4）

写真 4-10

写真 4-11

写真 4-12

4.3.3　授業実践の振り返り

以上のように，積極的な「受動的志向性」に焦点づけた授業構成と活動内容が，受講生の「何をひらいてきたのか」を考察してみたい．

方法は，全授業終了後に行った課題レポート（自己診断・自己評価・授業評価）の項目の１つ（「第１回目から第10回目の中で，最も印象に残っている授業はどれか．理由もあわせて述べよ．」）を取り上げ，「最も印象に残っている授業の選択人数」は表で整理する．また，「理由」については，KJ 法によりすべての意見・感想を整理しながら観点を浮き上がらせる方法をとる．

表 4-2 は，どの授業が最も印象に残っているかを表わしたものである．第１回目が８名と最も多く，次いで第８・10回目の６名，第９回目の５名と続いている．なお，その理由を KJ 法により整理したものが資料 4-5 から資料 4-8 までである．

表 4-2　最も印象に残っている授業

授業	第１回	第２回	第３回	第４回	第５回	第６回	第７回	第８回	第９回	第10回
選択人数(名)	8	1	1	2	1	3	1	6	5	6

○今をひらく－自分のからだと向き合う－

まず，第１回目の授業を選択した者が８名という結果からは，受講生自身の「今のからだをひらく」ことができたと考えられる．第１回目の「体育観の揺らぎ」や「授業に対する意識」からも読み取ることができるように，受講生は自らが抱き続けてきた12年間の学校体育と「今（小学校専門体育）」との違いに驚きを感じている．それは，活動に「夢中・没頭」になる（する）ことで，心と体がつながっていることを実感しているからである．「体と向き合っているという感じ」や「自分のからだを感じ，仲間と支え合い，心を１つにして仲間を感じる」という受講生の声は，「今の自分のからだを開き」，外界からの働きかけに応じようとしている．そうした意識は，第２回の「テーマの意味（ゆだねる・あずける・まかせる）」を考えながら，「からだの解放感」を味わい，第３回目の「からだが憶える感覚」をつかむことで，「体育観の変革」を促すことへとつながっている．

前半３回の積極的な「受動的志向性」を重視した授業構成は，受講生がこれまで経験してきた「技術やルール，マナーなどをもつこと」という「からだ観」に揺らぎを生じさせることと同時に，「他者からの働きかけを実感し，自らのからだと向き合い，自らのからだとして在ること」という新たな「からだ観」との出会いをもたらせたものと解釈することができよう．

○関係をひらく―他者とのつながりを実感―

第４回目から第７回目までを選択した者は減少するが，選択理由から，他者とのつながりを実感していることがうかがえる．第４・５回目では，受講生自身が味わった感覚は，人やモノとのかかわりを変えることによって生まれることへの気づきを促し，「運動の場づくり・環境づくり」の必要性を思考するに至っている．また，第６・７回目において，運動の世界とは，「一人でも成り立つ世界」ではなく，「一人では生まれない世界」であることを感じ，「他者とのつながりの中に自らが存在していることを実感」している．このような変容は，中盤４回の働きかけられるかかわりを積極的に受容し，発動してきた行為を振り返る授業構成において，生まれてきたものである．

「認め合い，助け合い，支え合い，教え合い」といった他者関係の文脈を，個人の目標達成のための手段的なものとして封じ込めてしまうのではなく，それ事態を目的的なものととらえようとする他者関係がひらき始めたものと考えられる．

○意味をひらく－運動の意味を探究－

第８回目は２番目に選択人数が多い授業である．「最も今までの自分の体育像と似ていて，やっていることがこれまでとはあまりにもかけ離れていた」という声に現れているように，「これまでの体育像との比較」を通して，新たな「運動の意味を探究」する姿が登場してくる．それは，「できる・できない」と「楽しい・好き」との関係や，「挑戦」と「失敗」をめぐる関係を探ろうとしている思考からうかがえる．

こうした探究過程が，第９回目で「運動の意味を発見」することにつながっている．例えば，「できるから楽しい」のではなく，「できないからこそ楽しい」という発見があげられる．確かに，開脚跳び越しを10回やって10回とも難なくできてしまえば，おもしろみは半減し挑戦する意欲も衰退していくであろう．しかし，10回やって数回しか跳べなければ，もっと跳べるようにと挑戦意欲も沸くであろうし，７・８回跳べれば，もっとスムーズに跳べるようにと達成意欲を掻き立てることにもなろう．こうした必ずしも「『できる＝楽しい』の構図ではない」ことの発見は，「『失敗＝だめな事』と決めつけていた」受講生自身の価値観の見直しへとつながっている．そして，自分自身が学校教育現場に立ったことを想定しながら，子どもとどう向き合い，どのような学びを展開していくかといった，「教師としてどう生きるか」という思考を確立している．

後半は，働きかけるかかわりに重点をおいた授業構成を展開したため，従来の「体育像との比較」から入っている．しかし，このことが運動の意味を再検討し，学習の意味を再構成しようとする思考を導き出したと考えられる．こうした価値定着とは異なる意味生成の授業展開は，受講生の運動や学習の

「意味をひらく」ことに大きく前進が見られた．

なお，第10回目の授業は再び，働きかけられるかかわり（〔情報～傾聴～受容〕）に焦点をあてたわけであるが，明らかに初回の授業とは違う感じ方をしている．それは「新たな身体感覚」を求めて積極的に働きかけようとするからだであったり，仲間を受けいれようとする「安心して落ち着いて学べる場」の雰囲気が醸し出されていたからである．このことは，一人一人のからだが開かれたものへと変容してきていると解釈することができよう．

以上のことから，積極的な「受動的志向性」に一貫して光をあてたテーマ設定，並びに「かかわり合い」の成り立ちから設定した「〔情報〕局面～〔表現〕局面」に基づいた授業の構想は，受講生自身の「今のからだをひらく」，「他者との関係をひらく」，「運動や学習の意味をひらく」ことに，深く影響を与えていることが考察された．このことから，「かかわり合い」の成り立ちから導き出した視点は，関係論的な体育学習を構築していく際の指針として有意味といえる．

資料 4-1　授業通信 No. 1 ①

小専体育Ⅰ／授業通信　2002. 4. 23.　No.1

今年も「授業通信」を発行します。分散している知をつなぐためです。他者の知に触発されて新たな私を育てていけたら…。私たちの学びの履歴をつくっていきましょう。

今回のテーマは「ぬく」。でも、皆さんのノートを読んでいると「ぬけていく」がよかったかなと反省。「からだ」は正直。人に対して信頼していないと安心してぬけていかない。

① 円形コミュニケーション（各種）
② ペアコミュニケーション（各種）
③ 腹式呼吸
④ リズム・ダンス
⑤ 腹式呼吸
⑥ ペアコミュニケーション（静的）

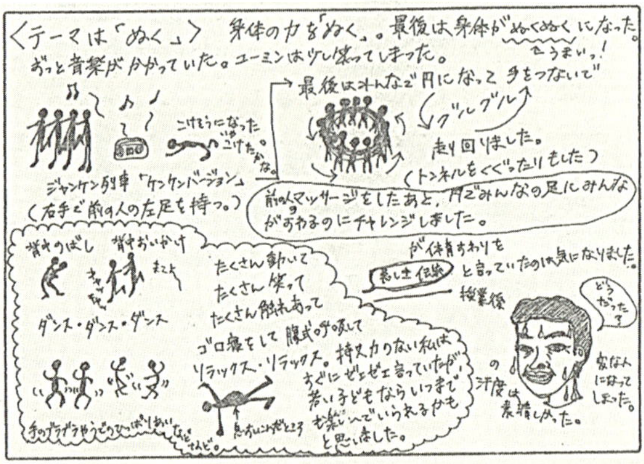

今日の印象に残った一場面

皆で輪になったかと思ったら
「座れ」と言われて
びっくりした。こんな男女が
くっついていいのか!?と
思いながら勢いに私は
流されてしまった…

- 人間イス（13名）＋1名
- リズム・ダンス（10名）＋2名
- 大の字でねる（3名）
- ペア鬼ごっこ（2名）
- 円形けんけん（2名）
- 円形c（ねる）（1名）
- 〃　c（音を聴く）（1名）

印象に残った一場面

- ペア手つなぎ（1名）
- ガイダンス（1名）

＊感じ方はそれぞれちがう…

今日の印象に残った一場面

体のいたる所を直角に曲げ形象を表現するダンス、念仏踊り。これを踊れば、笑う子も泣き、酒のまわりも大変よくなるという…

今日の印象に残った一場面

音楽をかけながら身体を動かしている時に、　　が私たちの目の前で激しく踊って下さった場面。私たちの気持ちを高めようとしてくれた事で気分が盛り上がったし、そんな中での「お母さんは大慌てさ！」には大爆笑してしまった。

資料 4-2　授業通信 No. 1 ②

心も「からだ」も開くことができず…

●FREE-TALKING●

小専体育はすでにとったのですが自分に欠けているものをみつけるために履習しました。
あい変わらず女の子が多くてなんかとってもいずらい雰囲気でした。自分の心も体も開くことができず馬鹿になることができなかったのが正直な感想です。心とからだを開くことができている人たちを横目に開けない自分がさみしくありました。

相手を信頼することで自分は身体の力がぬけていく

●FREE-TALKING●

今日は「ぬく」というテーマで、身体をいっぱい動かした。「ぬく」ときいてもっと身体をふにゃふにゃさせて立てないぐらい（？）にするのだとすると、どうやって動くのだろう…？と考えてしまいました。2人1組になってから、走ったりとかなり身体を動かしているはずなのに、身体に力が入っているという感覚がなくなっていた。ペアになった相手の人と足のはやさや力の強さをくらべるのではなく、相手を信頼することで自分は身体の力がぬけていくという感じになるのではないかと思った。授業が終わってから私は身体を動かしたことで気持ちいい汗をかいたのと楽しかったという思いでいっぱいでした。しかし、友だちと今日の授業について話しをしていて「しんどかった」と言っているのをきいて、それは正直な感想だと思った。…疲労感という意味や楽しすぎて…ということも考えられるが、「ぬく」というテーマの中でも「しんどい」と感じる人、様だと感じる人がいる、いるかもしれないということを知り、考えていかなければならないと思った。

言葉や概念としてではなく"生きている"という感じが…

●FREE-TALKING●

今日は第1回目の授業でした。オリエンテーションの後、発表された本人のテーマは"ぬく"。最初頭の中に「？」が浮かびました。「リレーでもやるのかな」と思いきや、じゃんけんをして相手の足をもって行列になったり、輪になってダッシュをしたりと、どんどん活動が展開していきました。今まで体育というと今日はまず何をしてとか最初に流れの説明があったりして始まるのに、今回のように予想できないというのは初めてです。先が読めないから、わくわく感があるし、やっていることも遊びのようですごく楽しい。頑張ることなく自然にまかせて体を動かすということが、今日のテーマの"ぬく"ということなのかな、と思いました。途中、寝ころがって呼吸をしているときに、体がすごく熱をもっていて、汗が出てくるぞっていう感覚を変なんだけれどスローモーションみたいに体験しました。他の人の体の音をきいたりして、体を動かしてるぞ、生きてるぞみんなっていうのを生で感じたような気分です。言葉や概念としてではなく"生きている"という感じがつかめた気がしました。最後のへそを上下に動かすという感覚は結局うまくつかめなかった。一体どういうことなのだろうか？不思議だ。不思議と言えば人間イスもそうだ。力を全然いれてないのになぜ座れるのだろうか？と思った。

「やれよ°」とか思ってしまう。この気持ちも何だろう。

●FREE-TALKING●

2回目履習の子の話を聞いて『カラダ』がなぜ漢字なのか、ひらがななのかを聞いてみたかった。自分は何の目的で小専をとっているのか、考えているのかを自分にも問うた。"やりたくなるような""受け入れ、耳を傾けたくなるような体育"少しでも自分の手がかりにしようとか、岡野・山本実践を少しでもパクろうというこすい考えの自分が受講しようとしたのだと思った。
久々に自分も体ほぐしをやって、今までとは違った感じがあった。それが何かはわからないけれど、新鮮さがなくなったということなのか、もうほぐす必要がないのか、何なのかわからない。けれど、人間イスなど何かをやろうとした時に「私ムリ」といって少しひきぎみの子がいると、すぐ目がいってしまうし「やれよ°」とか思ってしまう。"あんたが1人やられたら皆できんだろ!!」と心の中で怒りが沸いてくる。この気持ちも何だろう。やりながら、自分が授業している気持ちになってしまっているのだろうか？おかげである。ほぐしをやろうとすると、しようとするだけで顔が笑えてくる。けど、誰かとかかわろうと積極的にできないっていうことはほぐれが足りないのかな？
今日は同じペアの子とずーっと一緒の活動だったのでかかわり度は半分。最初じゃんけん列車だ!」と思って「予想通り」と思っていたけど、足をもつとは…

本気・夢中度	6/10	かかわり度	5/10
おもしろさ度	8/10	ほぐれ度	6/10

◎じゃんけん列車の時に説明で先生が私の肩に手をおいた時、かすかにふるえてる気がした。平然としているようでやっぱり緊張するんだって思ったら、人前にてて私が緊張するのも当たり前だと"九百が楽になった。この瞬間からからだのおもしろさを1つ知った。

自分なりのバリエーションをつけることができるのに今ごろ気付いた。（難しいだろうけど）意表をつかれた。

この授業を通して先生になった時…

●FREE-TALKING●

今日は、いろんな事をしてすごく楽しかったです。いっぱい笑いました。リズムにのって体を動かすという事を聞いていて、私は、リズム感がないので恥ずかしいし、いやだなあと思っていました。でも、実際音楽がなって始まった時に、先生もしているし、周りの子達もしているし、私もがんばろうと思いました。あっ、リズムにのれなかったと思った時、まわりをみたら、みんな楽しそうだったし、別に私がリズムにのれてなくても、誰に何を言われるとかじゃなくて、みんな1人1人が楽しんでいる事に気付いて私もはじける事が出来ました。そうすると、体も気持ちも楽しくなってきました。先生になった時、歌を歌う時にしても、「音をはずしてもいいんだよ」とか言うよりも、私も歌うし、みんなで歌って、歌うことの気持ちよさとか、楽しさが味わえれば素敵だと思いました。今日私が得た事は、できてなくても笑われるとかそういう事がなくて、1人1人が楽しんでいるという事が分かって、そういう気持ちから解放されて、そして体を動かしていくうち、最近いろいろ悩む事も多かったのですが、『それなんどうにかなるって』って思えてきて、気持ちも楽になっていきました。あ～からだを動かす事っていい事だなあと思いました。
この授業を通して、先生になった時、1人1人の子供が話としている事に対して、どれだけ

本気・夢中度	8/10	かかわり度	8/10	
おもしろさ度	10/10	ほぐれ度	体 7/10	気持ち 10/10

あ～楽しい、おもしろいと味わせてあげられるかという事を学びたいです。

資料 4-3　授業通信 No. 10①

小専体育Ⅰ／授業通信　2002. 6. 25.　No.10

4年生の皆さん，お帰りなさい。今日から全員授業再開！現場の空気をたくさん吸ってきた 4 年生は，どうかこの授業でたくさん吐き出してください。 同時に，皆さんが考え，選び出したアイデアを授業にしていく営みが今日から始まります。授業を創るのは，選出された6名の人たちだけではありません。そこに居合わせるすべての人たちが創りあげるものです。

印象に残った一場面.
- 空中ブランコ (3名)
- キャスター (5名)
- トランポリン (10名)
- ラート (5名)

キャスターにのってぐるぐる回った時の感覚。ものすごく気持ち悪いのだけど不思議な感覚でやみつき(…とはいっても何度もはやりたくない…!)になった。気持ち悪いけれどこの感覚はぜひ友達にも味わってもらいたい！となぜか思いました。

今後の授業予定

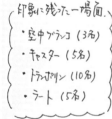

- 06/25　幕一類あそび
- 07/02　つながる・つなげる
- 07/02　今日の味方は明日の敵，五感を活かして戦え!!
- 07/09　LOVEぼくら色
- 07/16　水と遊ぶ
- 07/16　水と友達になる
- 07/23　からだと声を遊ぶ

資料 4-4　授業通信 No. 10②

恐怖とおもしろさの間で　私は熱中していた気がする

今日はいろいろな器具を見た瞬間からすごくワクワクした。特にトランポリンを見て心が弾んだ。なぜかトランポリンはすごく魅力的だ。ラートとかもやったことがないし、すごく楽しみだった。どうやら日常あまり見たり触れたりしたことのないものを使えるとなるとワクワクするようだ。今日はきっと時間が足りないと感じるだろうと思ったが、案の条、終わりの時間になってももっとやっていたいという気持ちがあった。それに、人数に対して器具が少ないので、すぐに交代しなくてはならず、1つ1つにもっと時間をかけたかった。今日の運動は、回ったり、高かったり、そこに上がったり下ちたりした。どれも多少なりともスリルや恐怖を感じる。でもその裏には、気持ちよさやおもしろさがある。その恐怖とおもしろさの間で私は熱中していた気がする。恐怖は、それに向かう闘士をかきたててくれるし、集中力を高めてくれる。そして、やり終えた後の達成感や喜びを倍増させてくれると思った。

人間の身体・自分の身体のおもしろさや未知のことを感じていく

今日の活動は、"コワイ世界"を体験した。私的には"コワイ"というより、日頃体験することのない重力や、空中の世界にいるようだった。トランポリンでのあの"ふわっ"とした感覚は、とび箱の上でうまとびをしたときの感覚に似ていた。周りで見ているとそれほど高くはとんでいないのに実際とんでみると、とても高くまで上っているように感じたし、とんで上にいるときの時間が長いようにも感じた。キャスターはクルクルまわりすぎて自分がどこにいるのか分からないくらいだったし、ラートはあれほどゆっくり、いつも見ている世界を逆にみることはなかったのです。今日の"コワイ世界"や、とび箱の切りかえしのように日常では身体で感じることのできないことに魅かれるのかなぁと思った。普通に座って、普通に歩いていれば、見ている世界が回転することもなければ、はやくて見えないということもないし、滞空や、自分の体の重さを感じることもないだろう。今まで知らなかった世界をみる（とまだ私の中で"みる"の使いわけができるまでに至っていません…）ことで人間の身体、自分の身体のおもしろさや、未知のことを感じていくのではないかと思った。

第6回（5/21）の授業で取り上げたテーマが"再考・ルール"でした。近代スポーツ種目の（1つである）バスケットボールの歴史について調べてきてくれました。

自分の体と対話をしているという感覚があった

先生ありがとうございました。今日の活動もとても楽しかったです。今日のテーマは"こわい世界"体育館には今までと比べて大がかりな装置が用意されていた。その1つ1つを見て「あれれ？これはもしかして…」と思っていたらやっぱりそれらは私の"好きなのかもしれない"運動たちだった。まず挑戦したのが空中ブランコ。まるでハイジのブランコのように高いところからつながっているブランコのグラグラ感ワクワク感は予想通りやみつきになった。次に挑戦したのはラート。まるで自分があの車輪かの付属品になったような感じの不思議な感覚を味わった。これら2つにはしっかりつかまっていないと落ちて痛い目にあうというこわさがあった。手に汗をかいてすべって手をはなしてしまいそう、だけどはなしちゃだめという状況でスリルを感じた。またそれと同時にいつしか自分の腕に「まだだいじょうぶ？」「頑張れる！」ときいたりなど自分の体と対話しているという感覚があった。最後に今日の活動の中で一番ハマってしまったのが、名前がわからないけれどキャスターのついた台で、一番地味なのに一番たくさんの遊びを思いつくことができた。きっとこれだけでも1時間の授業がじゅうぶんにできてしまうだろうなと思った。あわって動かしたり

本気・夢中度	/10	かかわり度	/10
おもしろさ度	/10	夢 中 れ度	/10

腹ばいになって動かしたり、はいはいする赤ちゃんの目線はこんな感じかなということを考えたり、本当に夢中になっていろんな感覚を味わったし、私たちの姿を見ていた友達が活動の後に「なんだか違う生き物のようだった」と

BasketBallの歴史

ふたつの桃のかごを用いていました!! バスケットボールは、アメリカで誕生したのです。アメリカが世界のスポーツ界にたいして寄与した数少ない種目の一つです。バスケットボールを創案したのは、体育指導者でした。バスケットボールを創案する前までのアメリカの屋内体育は、健康を増進させ、実と力を得させるように工夫された一連の体操だったのです。ヨーロッパ諸国から移入された体操は、女性を対象とする一種の柔軟体操で、なかには、簡単な器械、手具の運動も含まれていました。しかし、当時の男性たちは、身体の鍛錬そのものをねらいとする形式ではやる気を起こさず、自分が運動したいという気持ちを自由に発揮できる競技スポーツを求めていたのです。冬季の屋内体育にたいして、不人気でどうにかしてと体育指導者たちが新しいゲームを考案したのです。サッカーの屋内ゲーム化にも失敗し、ラクロスをしようとしても、用いるラケットのお金もなかったので、とても考案までも困難だったようです。ボールを用いることにして、見えやすく、扱いやすい大きなものにしました。室内で、サッカーや、フットボールに負けない激しいスポーツをするのは、反則が多くなってしまい、何度もルールを作って、クラスで試合をするものの、チームワークもない、どう動いてよいのか分からなくなってしまうことばかりでした。即に、高いゴールを2つ、大きなボールを1つ、ドリブルと決まって明らかにバスケットボールなのだけど、うまくいかなかったのです。でも、クラスの者たちは、どうすればよいか意見を出し合い、ほんとうにおもしろいと感じるぐらい、新しいゲームはまとまってきたのです。ゴールに用いるかごとボールでバスケットボールと生徒が名付け、クラスの体育の授業を活発させることに成功したのです。

資料 4-5　最も印象に残っている授業の理由①

［第 1 回目：ぬく・ぬけていく］

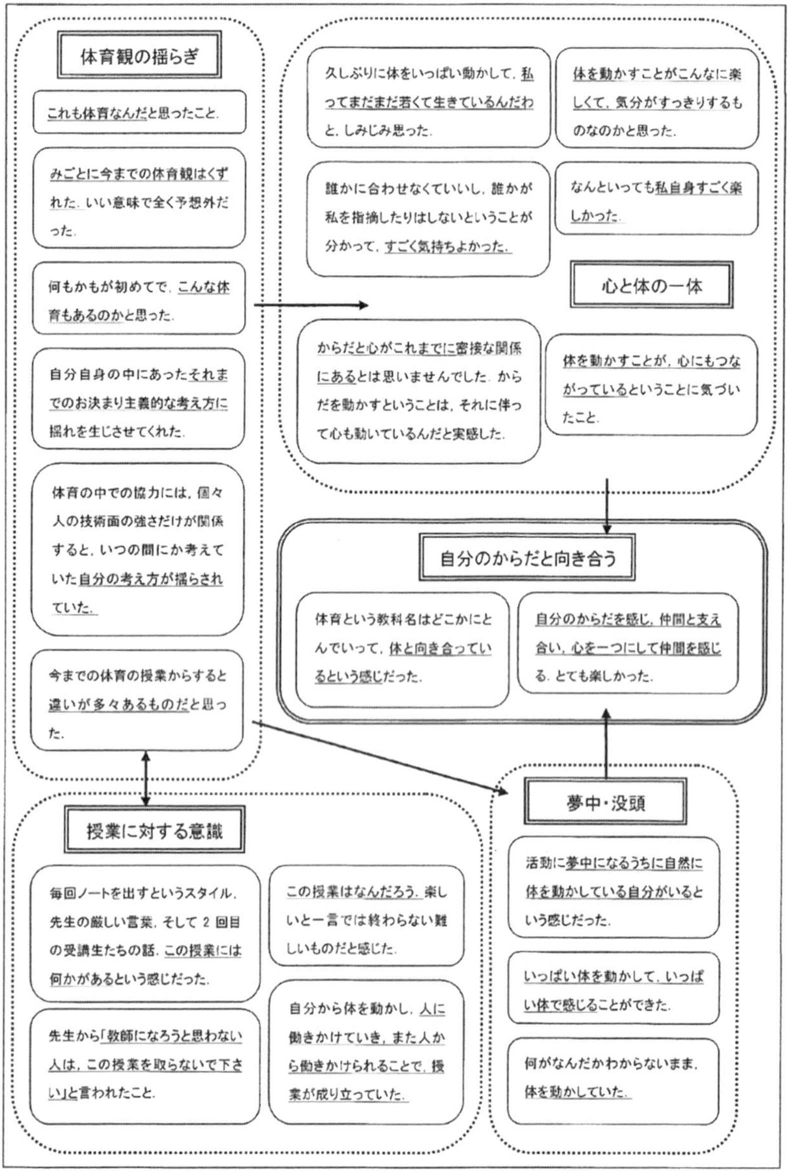

資料 4-6　最も印象に残っている授業の理由②

［第２回目：ゆだねる・あずける・まかせる］

からだの解放感

子ども時代に返った懐かしい感じがした．大学の体育授業内容として取り扱うのは，本当に私にとって新鮮な空気を吸ったような感じがした．

テーマの意味

「新聞を使った運動遊び・新聞になる」は，一見勝手にやりそうに見えるが，「ゆだねる・あずける・まかせる」が充分に反映されて，その意味を考えさせられた．

［第３回目：身分け］

体育観の変革

体育を個人的なもので，できる・できないが大きな問題になるものと考えていた私の考えをがらりと変えてくれた．

からだが憶える感覚

ハート入りキャッチボールから新聞紙バレーボールまでの一連の流れは，口で指示せずに，バレーボールのトスがうまくいく感覚を体で憶えることができることが非常に心に残った．

［第４回目：働きかけられる］

運動の場づくり・環境づくり

「意欲的に，主体的に取り組もう」なんて言葉は，あってもなくても同じで，どれだけ子どもたちが夢中になれる環境をいかにつくるかを考えることの方がずっと大事なんだと気づかされた．

「たち現れる」授業はこうやって創り出すことができるんだと，具体的に考えていくようになるきっかけを与えられたからである．授業者が動きをよく知っていて，自然に「たち現れる」ために場やもの，人とのかかわりを変えていく必要があると考えた．

［第５回目：再考・競争（共創）］

つながりへの気づき

競争とは共創であって，共に創るからこそ競争が生きると思う．今までのつながりがないままの競争では，ただ勝ってうれしい，負けて悔しいだけで終わっていたように思う．つながりって一体何なのかハッキリ見えないが，つくった偽りの自分でなしに，心のそこから本当に笑えたり，バカできたりしたときにつながりを少し感じられたように思う．

［第７回目：「世界」としての運動］

一人では生まれない運動遊び

いきなり平均台の上で跳んだり，跳ねたり，踊ったり…．自分が一緒になって，みんなと楽しんでいるときには気づかなかったけど，それは驚くことだった．２人以上で台にのると危ない！確かにそうだけど，友達が支えてくれるときだってある．友達と台の上にのることがこんなにも楽しいとは．こんなにも台の上でみんなと遊ぶことができるなんて．

資料 4-7　最も印象に残っている授業の理由③

［第 6 回目：再考・ルール］

仲間とのつながり

自分たちで授業中の動きを考えていくという初めての経験であったため．

ゲームが終わるとお互いがどちらからとでもなく集まってきて，ルールの必要性を話し合えたから．笑い声や息切れを身近で感じ合い，同じことを共有しあっている仲間とつながっている感じがして，吸い寄せられる心地良さと満足感がとても味わうことができた．

初めて本当に心から，「ぬけている自分」を感じることができた．みんなの前でコーンを持って走り出している自分がいた．とにかく無我夢中になれて，そういう自分を恥ずかしいとは思わず，みんなの前でさらけ出せていてうれしかったし，私の心と体をひらかせてくれたのは，みんなの雰囲気のおかげだと感じた．

［第 8 回目：働きかける］

跳び箱が好きではないという人が結構いたにもかかわらず，多くの人が回転系の技に挑戦していた．

この授業が終わるとき，心から終わってほしくないと思った．何度も何度も失敗を重ねたが，それだからこそ余計に「ここで終わりにはしたくない」と思った．

やっていることが最も今までの自分の体育の授業像と似ていて，やっていることがこれまでとはあまりにも様子がかけ離れていたため．

これまでの体育像との比較

↓

「楽しい！」「好き！」ということに「できる」ということは必ずしも必要ではないということの発見．

あれほど「できる」「できない」にこだわっていた私が，そういったことを全く意識せずにとにかく夢中になって楽しむことができていた．「楽しい！」をもっと味わうために何度も何度も技に挑戦しようとするこんな積極的な私がいるんだという発見．

失敗しても挑戦し続ける原動力を身をもって体験した気がした．それは，目標であり，憧れであった．挑戦すること失敗してもあきらめないことの楽しさを夢中になって体験することができた．

気持ちの良い世界で運動を繰り広げることができるということを発見した．

小学生の時，あれだけ嫌いで怖いと思っていた跳び箱が，こんなにも楽しいものだったのかという発見．

運動の意味の発見

１つ目は，この授業で初めて，もうこの場から逃げ出したいとか，苦しいと感じた授業であった．ペアの子が私のために色々アドバイスしてくれているのに，私はそれに応えることができなかった．
２つ目は，私が今まで体育のいろんなものに働きかけることさえしなかったんだということに気づかされたからである．働きかけることからさえ逃げようとしていていた私に，色々なものが人に働きかけてくれることで，きっと私も働きかけていかなきゃ何も始まらないんだと気づかせてくれた．様々なことを考えさせられ，ほんの少しだけみんなに背中を押してもらって，前に一歩踏み出すことができたのかなと思えた．

今までは「跳び箱は苦手」で終わっていたけど，「声をかけ合ってみんなで運動する」ことのよさを実感することができた．運動を通して，みんなとの触れ合いや，みんながいることの温かさを感じることができればいいし，大切にしていきたいと思った．

資料4-8　最も印象に残っている授業の理由④

[第9回目：失敗に向かう挑戦]

運動の意味への気づき

その前の授業で失敗することも多いのに，自分は何度も何度も挑戦している．しかも楽しいと感じていて，「できる＝楽しい」の構図ではないことに気づいた．

小学生のころ以来，久しぶりに「できるようになりたい」と思っていた．

私にとって失敗は成長だった．できなくても楽しいと思えた．むしろ，できないから楽しいのではと少し思った．

失敗するか，成功につながるかはわからないが，「挑戦したい」と思う気持ちが，とても大切なんだと感じさせられた．

私自身なるべく無難な方へ，うまくいくようにもっていきがち．子どもと関わるとき，何かしら制限を与えていることって多いのではないかと思えた．

「失敗＝だめな事」と決めつけていたのは，他の誰でもない，自分だということに気づかされた．

↓

教師としてどう生きるか

教師が子どもに次につながるための，仲間とつながるための「あたたかい失敗の場」を用意してあげることが，今までできなくて，どれともつながれずにきれてしまっていた子どもをつなげることに，つながっていくのではないかと考える．

夢中にさせてくれ，ヤル気をくれたのは，仲間の存在．仲間の存在の大きさに何となくは気づいていたが，この授業を通してそれは確信にかわった．雰囲気づくりの大切さ，仲間とのつながりの大切さを学んだ．

子どものやってみようという気持ちや，もっと上手になりたいという気持ちを私は大事にしたい．それには私自身も失敗と向き合うことが大切だと思った．私が立ち向かうきっかけを与えられたように，子どもたちへもあらゆる場面で「きっかけ」をつくっていきたい．

教師である自分がいて，子どもがいて，またそれを包む仲間がいて，そして初めて「学び」につながる．この「学び」へのつながりは，「失敗」をマイナスとして考えるのではなく，果てしなく次へとつなげるものとして考えられて，見えてくるような気がした．

[第10回目：怖おもしろ世界]

新たな身体感覚の体験

何よりもまず楽しかった．怖いけど…おもしろい．難しいけど…おもしろい．面倒くさいけど…おもしろい．おもしろい要素が見え隠れしていると，やってみよう！もっとやってみよう！となるのだ．

夢中になって感じたい身体の感覚があるということを知った．

普段できないような器具を使って授業ができたから．怖いというよりは本当にドキドキしながら楽しんでいた時間だった．

怖がりで恥ずかしいところを見せるのは嫌でたまらなかった自分が，もっともっと怖いものに挑戦したいという気持ちをふくらまし，被っていた怖がりの皮を脱いでしまったから．

安心して落ち着いて学べる場

見守ってくれる他者がいるというのは，なんて心強いのだあろう．成功したときに誉めてくれたり，喜び合ってくれる人より，失敗したときに駆け寄ってきてくれて笑ってくれたり，フォローしてくれる仲間の方がうれしかった．

まわりに仲間がいて私一人ではできなかったことだから，私をここまでさせてくれたそれまでの環境・仲間がとてもうれしい．

4.4　体育学習における学びとプレイ（遊び）の意味世界

第2節で提示した「かかわり合い」の全体性（図4-3）とその具体的ポイントは，関係論的な体育学習の構築のための指針となり得るものと思われる．しかしながら，授業の中で生起する個別具体的な経験や出来事の意味の解明を目指す手がかりが必要不可欠となる．このことは，「かかわり合い」の全体性（図4-3）におけるⅠ～Ⅳの意味世界の解明につながる．

そこで本節では，そのためには「かかわり合い」の全体性について，体育学習の拠り所となる学習論とプレイ（遊び）論から再検討することで，「かかわり合い」の全体性における学びとプレイ（遊び）の意味世界の解明を行う．

4.4.1　「かかわり合い」の全体性における学びの意味世界

佐伯（1995b）は，ワロン（Wallon, H）の自我論やレイヴとウェンガー（1993）の「正統的周辺参加（Legitimate Peripheral Participation：LPP）」に依拠しながら，学習を「文化的実践への参加」と「自分探し＝アイデンティティ形成」ととらえている．それは，個人の頭の中での知識獲得過程と見るのではなく，文化的実践への関わりと見ること，さらにその関わり方は「参加」であると見ることを意味している．藤田（1995）もまた，「文化的実践への参加」としてとらえると同時に，「他者との関係／自分づくり」として学習を再構成することがいかに重要であるかを，学習の社会・文化的な意味づけから指摘している．佐藤（1995, pp. 49-92）は，デューイとヴィゴツキーの理論を検討しながら，「学び」の活動を，「意味と人の関係の編み直し」と定式化し，対象との対話，自己との対話，他者（社会）との対話の3つの対話的実践としてとらえている．そして，「学び」とは他者の文化の「なぞり」を基礎として混沌とした世界と自己の輪郭を「かたどり」，その「なぞり」

と「かたどり」の運動を拡大し発展させることによって，文化的共同体へ参加していくことと主張している．

三者の「学習」のとらえ方は，「文化的実践への参加」と「アイデンティティの形成」とする，社会的構成主義，もしくは状況主義の学習論によるものであり，学習は社会的・文化的文脈とのかかわりで生じることと定義され，「学び」と同義のものと位置づけている．

なかでも特に，佐藤は「学びの復権」を強調する．「学び」という言葉は，大和言葉の語源である「まねび＝模倣」の文化的伝統と連続性を表現しており，文化の伝統と再創造という社会的過程を起源とし，その人間関係を基盤とする活動を意味している（佐藤，1995，p. 51）と説明する．また，アリストテレスの『詩学』において「創作（ポイエシス）」が「模倣・描写（ミメシス）」と定義されたことから，西洋にも共通する文化的伝統であり，「模倣」と「創造」を対立させてきた近代主義的な「学習」を再検討する視野を提供している（佐藤，1995，p. 51）と説く．そして，「ミメシス＝模倣・描写」としての「まねび＝学び」における「伝承」と「創造」の関係は，文化の「なぞり＝他者の文化を模倣する活動」と「かたどり＝自己の文化を構成する活動」の関係として理解することができ，「なぞり」と「かたどり」が連続する螺旋状の円環運動こそが「学び」である（佐藤，1995，p. 83）と主張する．

この佐藤の学び論と前項の「かかわり合い」の全体性（図 4-3）を結びつけて考えてみると，佐藤がいう「なぞり」は，「かかわり合い」における意味世界（図 4-3）の〔Ⅰ・Ⅱの世界〕に相当するであろう．それは，意志からの自由や解放によって，他者に身をゆだねたり，同調しながら，選ばれた〔情報〕を積極的に受けいれよう（模倣しよう）とする世界であるからである．また，「かたどり」は，〔Ⅱの世界〕で主観的に意味づけられた事柄を客観的に構成し，他者に対し語りかけていく世界であるため，〔Ⅲ・Ⅳの世界〕に相当するであろう．これをもう少し丁寧に見ていくと，他者の文化を模倣する活動（〈なぞり〉）を行うのは，そこに魅力的で濃密な文化（憧れに憧れる対象や模範）が広がっていて，その世界（倣ってみたい世界）へ参入（〈まじわり〉）するからこそ模倣しようとするものと考えられる．つまり，まじわりながらなぞり，なぞりながらまじわる，連続的な往還運動が行われることになる．また，〈なぞり〉を基盤として展開される〈かたどり〉の実践は，他者との交渉を通して構成される意味の〈かたり〉を生成し，その〈かたり〉を通して，自己と世界の〈かたどり〉を実現していくことになる．そして，かたどられた〈かたり〉は偶然や混沌といった「ゆらぎ（有意義な脱線，出来事など）」を生み出すことになり，それが原動力となって新たな世界へ参入していくという，一連の螺旋的な学びが進行していくことになる．（図 4-4 参照）

以上のように，「〈まじわり（参入）〉―〈なぞり（模倣）〉―〈かたどり（構成）〉―〈かたり（表現）〉」が，相互作用し循環する円環運動こそが「学び」ということができ，「かかわり合い」の全体性（図 4-3）における〔Ⅰ～Ⅳの世界〕においても同様のことがいえる．このような円環運動へ参入することが「文化的実践への参加」と結びつき，4 つの意味世界を往還しながら，「私（自我）」を成り立たせ，「私（自我）」をかたちづくっていく営みが「自分さがし＝アイデンティティの形成」につながっていくといえる．（図 4-4 参照）

4.4.2 「かかわり合い」の全体性におけるプレイ（遊び）の意味世界

一方，このような学びのプロセスのように一義的・直線的にとらえず，連続的な往還的にとらえようとする見方は，プレイ（遊び）の世界にも認められる．例えば，Buytendijk（1933）は，「かろやかで，あてどなくゆれうごく運動，それ自身の内部で，ゆきつもどりつする運動」に遊びという言葉の語源的な意味を論じている．また，西村（1989）は，「遊びとは，ある特定の活動であるよりも，ひとつの関係であり，この関係に立つものの，ある独特のありかた，存在様態であり，存在状況である．それは，ものとわたしのあいだで，いずれが主体とも客体ともわかちがたく，つかずはなれずゆきつもどりつする遊動のパトス的関係である」と述べている．さらに，Gadamer (1975) は，このような主ー客わかちがたい関係，存在様態を，遊びの根源的な意味としての「中動相的な意味（der mediale Sinn）」と呼んでいる．

このようなプレイ（遊び）を存在様態・状況としてとらえようとする立場は関係論的視点に立っており，遊び（プレイ）を特定の決まった活動としてみようとする実体論的視点とは異なる．したがって，学びの意味世界と同様に，「かかわり合い」の全体性（図4-3）をプレイ（遊び）と結びつけて考察してみることにする．

現在の体育学習の流れは，昭和40年代初めにカイヨワ（1970）に代表されるプレイ論を背景として登場した運動の「機能的特性」論を骨子として，学習者と運動の現実的な関係を構成し，自発的な学習活動を導こうとする方法として普及した「楽しい体育」論にある．このときのカイヨワのプレイ論は，4つの遊び（イリンクス，ミミクリー，アゴン，アレア）を基本的範疇としていることから，「イリンクス（眩暈）という遊び」は「脱・意志と脱・ルールとしての遊び」であり，「ミミクリー（模擬）という遊び」は「意志と脱・ルールとしての遊び」として位置づく．また，「アゴン（競争）という遊び」は「意志とルールとしての遊び」であり，「アレア（運）という遊び」は「脱・意志とルールとしての遊び」となる．つまり，プレイ（遊び）の分類は，「かかわり合い」の全体性を構成している軸構成（主ー客分化に関する〈ルールー脱・ルール〉軸／主体的関与に関する軸〈意志ー脱・意志〉軸）の中にあると見ることができる．

しかしながら，「かかわり合い」の全体性と結びつけて考えようとする場合，カイヨワが提示した4つの遊びは，いわゆる「遊び」の分類（一般意味）を提示したと見るのではなく，「遊ぶ」という関係行為（企投的意味）として解釈されることが重要である．一般意味は，人間が長くある語を一定の仕方で使ってきたことの集合的な痕跡であり，企投的意味（言わんとすること）は，われわれが生活の中で絶えずそのつど行っている実存的な関係行為のこと

（竹田，2004，p. 165）だからである．私たちは決して言葉によって表現できない（前言術的な）豊かな「意味」の世界が存在することを知っていて，それを他者と共有しようとする気持ちにうながされて，はじめて「言語化」する（竹田，2004，p. 168）．つまり，「実存的な関係企投が言語の『意味』の基底的本質であり，記号としての言語の『意味』はそれを根拠として成立している」（竹田，2004，p. 173）．

したがって，「イリンクス（眩暈）という遊び」は「意志とルールから解放され自由になることを遊ぶ」，つまりは対象に〈ひたり〉がなければ「イリンクス（眩暈）の遊び」はたち現れないことになる．同様に，「ミミクリー（模擬）という遊び」は「意志は伴っているがルールの縛りから解き放たれることを遊ぶ＝〈なりきり〉」ことで，また，「アゴン（競争）という遊び」は「一定のルールのもとで自らの意志と努力することを遊ぶ＝〈こころみ〉」ことで，さらには，「アレア（運）という遊び」は「ルールに基づきながら自らの意志が働かないことを遊ぶ＝〈まかせ〉」ことではじめて，一般意味がたち現れるというようにとらえることができる．すなわち，プレイ（遊び）の意味世界は，4つの関係企投（〈ひたり（眩暈）〉・〈なりきり（模擬）〉・〈こころみ（競争）〉・〈まかせ（運）〉）の往還と円環運動によって，構成されているものと考えられる（図 4-4 参照）．

4.4.3　体育学習における学びとプレイ（遊び）の意味世界

以上のように，「かかわり合い」の全体性（図 4-3）におけるⅠ～Ⅳは，学びの意味世界の場合は「〈まじわり（参入）〉―〈なぞり（模倣）〉―〈かたどり（構成）〉―〈かたり（表現）〉」として，また，プレイ（遊び）の意味世界の場合は（〈ひたり（眩暈）〉―〈なりきり（模擬）〉―〈こころみ（競争）〉―〈まかせ（運）〉となり，関係論的な体育学習の意味世界は，図 4-4 のように位置づけることができる．

この視点は，関係論的な体育学習について，たちあげたい意味の見通し

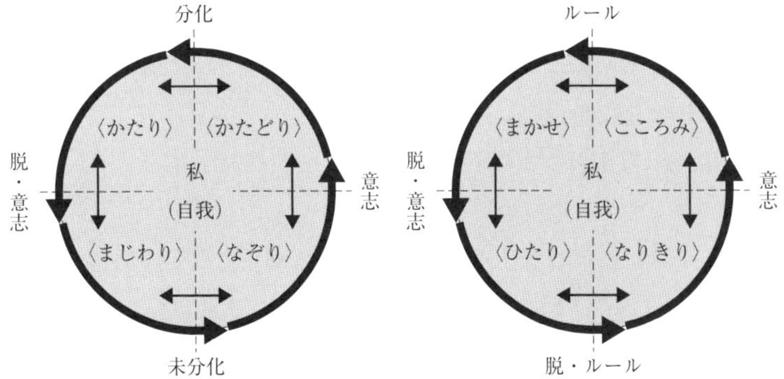

図 4-4　学びとプレイ（遊び）の意味世界

（授業構想），たち現れている意味の見極め（授業展開），たち現れていた意味の解釈（授業省察）の手がかりになるものと思われる．

例えば，これらの視点をカリキュラムレベルに焦点化してみると，次のようなことが浮かび上がってくる．

現在の体育学習の流れは，昭和40年代初めにカイヨワらのプレイ論を背景として登場した運動の「機能的特性」論を骨子として，学習者と運動の現実的な関係を構成し，自発的な学習活動を導こうとする方法として普及した「楽しい体育」論にある．しかし，アゴンの遊びをスポーツとして，ミミクリーの遊びをダンスと位置づけたように，学習内容を分類し一般化するためだけにプレイ論が利用された感も否めない．また，アゴンの遊びが推奨され，ミミクリーの遊びは大目に見られ，アレアとイリンクスの遊びは排除され学習内容として位置づけられなかった事実は，明らかに学校学習が近代的自我の形成にしか目を向けなかったことを物語っている．すなわち，アレアとイリンクスの遊びを排除してきたことは，プレイ（遊び）の意味世界から「〈まかせ〉・〈ひたり〉」という意味を奪い，同時に学びの世界から「〈かたり〉・〈まじわり〉」という意味を奪ってきたことになる．ミミクリーの遊びも積極的に位置づけられてこなかったという事実は，遊びにおける〈なりきり〉と学びにおける〈なぞり〉を軽視してきたことになる.「遊び」と「学び」を円環運動としてとらえるという立場からみれば,「遊び」も「学び」も成り立たせてこなかったことになるだろう.

一方，現行学習指導要領（平成10年）では小学校低学年を中心に「運動遊び」の内容が，また，全校種において「体ほぐしの運動」が導入されている.現在のプレイ論を援用した「機能的特性」論の解釈では，この２つの内容は位置づきにくいという特性をもっている．しかし，円環運動によるプレイ（遊び）の意味世界をモデルとしたとき,「運動遊び」は〈ひたり〉という意味を大切にしたイリンクスの遊びとして,「体ほぐしの運動」は〈まかせ〉という意味を大切にしたアレアの遊びとして位置づけることが可能である.なぜならば,「運動遊び」の場合，他者（モノや人など）からの働きかけによって対象との一体感を得たり，そこで得られる一過性の溶け込みを〈快〉と感じられる世界だからである．また,「体ほぐしの運動」は他者に身をゆだね，あずけ，まかせること（脱・意志の状態）で，互いの息を合わせる地点を探り合うことによって〈生〉を感じられる世界だからである．この２つの世界は，思いのほか子どもたちに受けいれられているという事実[4)]からも，４つの意味世界を等価のものと考え，それぞれを往還させながら円環運動をつくりあげていくことの重要性が浮かび上がってくる.

このように，学びのプロセスを明らかにした「学びの意味世界」と，プレイ（遊び）のプロセスを明らかにした「プレイ（遊び）の意味世界」は，関係論的な体育学習において，有意味な指標として位置づけることができよう.関係論的な体育学習を目指すということは，これまで見てきたような「学び」と「遊び」の円環運動をつくりだし，それを互いに連動させていくことが重要課題としてあげられる.

しかしながら，この課題は，再現不可能な一回性の世界や不安定な世界を抱えることを意味し,「計画を立てることができず，偶然性に大きく係わっていること」,「客観的な観察や考察の対象になりにくいこと」（矢野，2003）

を物語っている．しかし，先人はこうした「ゆらぎ」を併せ持ちながら文化を創造し，改造してきたのであろう．また，自分自身を崩し，気づき，探していくという「試行錯誤」を繰り返しながら自己アイデンティティを形成してきたのであろう．この「ゆらぎ」と「試行錯誤」を積極的に受けいれることが，成熟社会期に入ったわが国の体育科教育の新展開につながるものと考える．

4.5　まとめ

本章では，第１に，「かかわり」を基軸とした体育授業の中核として位置づく，「自己（学習者）」と「他者（人・モノ・自然など）」の関係性，すなわち「かかわり合っている」状態の解明のために，「かかわり合い」の成り立ちに着目しながら，「かかわり合い」の全体性について明らかにすることであった．その結果，「かかわり合い」の成り立ちは，「働きかけられるかかわり」という「受動的志向性」によって，「働きかけるかかわり」，すなわち，「能動的志向性」がたち現れるというように考えることができ，現在の学校教育においては，積極的な「受動的志向性」に焦点をあてた授業を構想する必要が急務であることを論じた．また，「かかわり合い」を重視した授業を構想する手がかりを得るために，「かかわり合い」の成り立ちの局面を，５つの局面（〔情報〕・〔傾聴〕・〔受容〕・〔発動〕・〔表現〕）からとらえ，その特徴の整理を試みた．さらには，「かかわり合い」の成り立ちから導き出した各局面の相互性を明らかにし，「かかわり合い」における意味世界（〔Ⅰ～Ⅳの世界〕）と，その確かさを根本から揺るがし解体しようとする危機（「過剰な事態」，「問題行動的な現象や出来事」）について検討し，「かかわり合い」の成り立ちを重視した授業構想の具体的ポイントについて提示した．

第２に，第１で提示した「かかわり合い」の成り立ちから導き出した視点の有効性について検証した．その結果，積極的な「受動的志向性」に一貫して光をあてたテーマ設定，並びに「かかわり合い」の成り立ちから設定した「〔情報〕局面～〔表現〕局面」に基づいた授業の構成は，学習者（受講生）自身の「今のからだをひらく」，「他者との関係をひらく」，「運動や学習の意味をひらく」ことに，深く影響を与えていることが考察され，「かかわり」を基軸とした体育授業を構想していく際の指針として有意味であると考察された．

第3に，第1に導き出した「かかわり合い」の全体性に基づきながら，関係論的な体育学習における学びとプレイ（遊び）の意味世界の解明を行った．その結果，学びのプロセスを明らかにした学びの意味世界は，主―客分化に関する軸と主体的関与軸の2軸から〈まじわり（参入）〉―〈なぞり（模倣）〉―〈かたどり（構成）〉―〈かたり（表現）〉の4つの意味世界を導き出し，それが相互作用し循環する「円環」過程こそが「学び」であるとした．そして，「円環」過程へ参入することが「文化的実践への参加」と結びつき，4つの意味世界を往還しながら，「私（自我）」を成り立たせ，「私（自我）」をかたちづくっていく営みが「自分さがし＝アイデンティティの形成」につながっていくと説明した．また，プレイ（遊び）のプロセスを明らかにしたプレイ（遊び）の意味世界は，先述した同様の2軸から〈ひたり（眩暈）〉―〈なりきり（模擬）〉―〈こころみ（競争）〉―〈まかせ（運）〉の4つの企投的意味からなる世界を導き出した．そして，それらを等価のものととらえ，それぞれを往還し円環することで，プレイ（遊び）世界が構成されると考察した．こうした学びとプレイ（遊び）の意味世界の円環過程によって自分探しを促すという視点は，いずれもプロセスを一義的・直線的にとらえ，目的合理的な意味を優先させようとするものではなく，多義的・円環（螺旋）的にとらえることにより，「いま・ここ」を生きるという意味を大切にし，自己アイデンティティの生成を基本にすえていることから，「かかわり」を基軸とした体育授業の中核をなすものと論じた．

注

1）例えば，『授業を変える学校が変わる（佐藤　学，2000b）』，『学校を創る―茅ヶ崎市立浜之郷小学校の誕生と実践―(大瀬敏昭・佐藤　学，2000)』，『教師たちの挑戦―授業を創る　学校が変わる―(佐藤　学，2003)』，『公立学校の挑戦―授業を変える　学校が変わる　富士市立岳陽中学校の実践―(佐藤雅彰・佐藤　学，2003)』，『学校の挑戦―学びの共同体を創る―(佐藤　学，2006)』などがあげられる．

2）小学校の体育授業で最も印象に残っている場面を１つだけイラストで表し，その理由を文章で解説するものである．

3）受講生は，「今日の活動や内容，今日の印象に残った一場面，今日の授業の実感・感想・意見・疑問・提言，授業・自己評価４観点（本気・夢中度，かかわり度，おもしろさ度，ほぐれ度)」の観点から，自らの営みを振り返ったノートを，授業が行われた後，毎週提出する．

4）菊（2002）は，「今回の学習指導要領で目玉的な内容として導入された『体ほぐし』については，従来の『体操』領域から『体つくり運動』への名称変更とともに，その背景や体育学習論としてこれをどのようにとらえるべきかに関する冷静な議論が必要である」と断りながらも，「とにもかくにも実践例を拾い上げ，教師側の主導のもとで子どもたちに実践させてみたところ，意外にも子どもたちの受けがよい（？）というのが現状であろうか」と述べている．そして，「『体ほぐし』の授業に見られる子どもたちの『笑顔』の意味を授業論の立場から議論するとともに，他の運動領域との関連（スコープ）や小―中―高の時系列的な関連（シークエンス）から冷静に評価していきたいものである」と述べている．

引用・参考文献

Buytendijk, F.J.J.（1933）Wesen und Sinn des Spiels: Berlin, S. 19.

江原由美子（1985）生活世界の社会学．勁草書房：東京．

藤田英典（1995）学習の文化的・社会的文脈．佐伯　胖ほか編　学びへの誘い．東京大学出版会：東京，pp. 93-142.

Gadamer, H.G.（1975）Wahrheit und Methode, 4. Aufl: Tübingen, S99.

Gibson, E.J. and Walk, R.D.（1960）The “visual cliff.” *Scientific American*, 202: 64-71.

カイヨワ：清水幾太郎・霧生和夫訳（1970）遊びと人間．岩波書店：東京．

菊　幸一（2002）「体ほぐし」をどうとらえるか．全国体育学習研究会・会長　佐伯年詩雄責任者　長見　真ほか編　全体研ニュース87・88：1.

レイヴ・ウェンガー：佐伯　胖訳（1993）状況に埋め込まれた学習－正統的周辺参加－．産業図書：東京．

松村　明編（1983）かかわり　あ・う．大辞林　第九版．三省堂：東京，p. 419.

中村雄二郎（1979）共通感覚論．岩波書店：東京．

新村　出編（2008）かかわり　あ・う．広辞苑　第六版（電子辞書）．岩波書店：東京．

西村清和（1989）遊びの現象学．勁草書房：東京，p. 31.

大瀬敏昭・佐藤　学（2000）学校を創る－茅ヶ崎市立浜之郷小学校の誕生と実践－．小学館：東京．

大内善一（2002）授業における相互交流の深化．無藤　隆ほか編　学びを育てる授業デザイン．ぎょうせい：東京，pp. 54-55.

佐伯　胖（1995a）「学び」をどう学ぶか．佐伯　胖ほか編　学びへの誘い．東京大学出版会：東京，pp. 165-188.

佐伯　胖（1995b）「学ぶ」ということの意味．岩波書店：東京．

佐伯　胖（1998）学びの転換；教育改革の原点．佐伯　胖ほか編　岩波講座現代の教育 3　授業と学習の転換．岩波書店：東京，pp. 3-24.

斉藤　孝（2000）身体感覚を取り戻す　腰・ハラ文化の再生．日本放送出版協会：東京，p. 168.

斉藤　孝（2001）自然体のつくり方　レスポンスする身体へ．太郎次郎社：東京．

佐藤　学（1995）学びの対話的実践へ．佐伯　胖ほか編　学びへの誘い．東京大学出版会：東京，pp. 49-92.

佐藤　学（1996）教育方法学．岩波書店：東京．

佐藤　学（2000a）「学び」から逃走する子どもたち．岩波ブックレット．岩波書店：東京，pp. 56-57.

佐藤　学（2000b）授業を変える学校が変わる．小学館：東京．

佐藤　学（2003）教師たちの挑戦－授業を創る　学校が変わる－．小学館：東京．

佐藤　学（2006）学校の挑戦－学びの共同体を創る－．小学館：東京．

佐藤雅彰・佐藤　学（2003）公立学校の挑戦－授業を変える　学校が変わる　富士市立岳陽中学校の実践－．ぎょうせい：東京．

竹田青嗣（2004）現象学は〈思考の原理〉である．ちくま新書：東京．

鷲田清一（1999）「聴く」ことの力－臨床哲学試論．TBS ブリタニカ：東京．

山口一郎（2002）現象学ことはじめ－日常に目覚めること．日本評論社：東京．

矢野智司（2003）「経験」と「体験」の教育人間学的考察－純粋贈与としてのボラン

ティア活動―．市村尚久ほか編　経験の意味世界を開く―教育にとって経験とは何か―．東信堂：東京，p. 42.
吉田金彦（1980）話すことと語ること．国文学解釈と鑑賞．至文堂：東京．

第5章　関係論的な体育学習の単元構成試案（研究課題3）

5.1　はじめに

日本の学校体育は，産業社会から脱工業社会への変化に伴い，1970年代を境に「運動手段論の体育」から「運動目的・内容論の体育」（「楽しい体育」論）へと大きく転換した．それは生涯スポーツ時代に向けて，「運動の楽しさ」を目的・内容とする時代に突入したことを意味している．「運動目的・内容論の体育」の大きな特徴は，主として単元構成に関わる運動分類（領域）と学習内容を導き出す「運動の特性論」の変遷があげられる．それまでの「運動の効果を視点とした領域（運動の効果的特性）」や「運動の目的や技術の類縁性を視点とする領域（運動の構造的特性）」を超え，ホイジンガー（1963）やカイヨワ（1970）らのプレイ論に基づきながら，「人間と運動の関係を視点とする領域（運動の機能的特性）」を中核とする考え方に変遷してきたといえる（青木，1995，pp. 141-142）．このように，「運動の楽しさ（運動の機能的特性にふれる楽しさ）」を目標にするようになった体育は，「運動の楽しみ方やそのための態度」を学習内容の中心となるように位置づけたため，当然，学習過程もこれまでとは違った発想から工夫することが必要になってきた．

すなわち，青木（1994）によれば，そこに登場した学習過程は，基本的な特徴として，「学習者が今もっている力をフルに生かして，その運動の楽しさ・喜びにふれる」ことを単元のどの段階においても充たすことに工夫の焦点がおかれた．そして，その学習過程の工夫は「プログラミング理論」からなる「ステージモデル」を背景にしており，学習する対象との関係における基本的でより大きな意味変化を単位にして進める方式で，全体としての対象認知を問題にしている．具体的なステージの工夫は，「ねらい１：学習者の今の力に合った運動の条件を工夫する→ねらい２：高まった力で楽しめる運動の条件を工夫する」といった単元全体の学習の発展を基本としているが，運動の特性の取り扱い（例えば，達成型と克服型といった２つの特性をもつ運動）や運動が小さな単位でできているもの（例えば，跳び箱運動の跳び越し技）については，学習者の発達も考慮して毎時間の学習スタイルとして変形型（「めあて１→めあて２」）も工夫されている．また，道筋の組み立て方の手順は，チクセントミハイ（1979）の「フローモデル」を援用し，学習者のレディネスと運動の均衡化を基礎にしている．

しかし，このような「運動目的・内容論の体育」も，1980年代初頭から理論的，実践的な問題が鋭く問われるようになり，今日においてもその問題は開かれたままである．菊（1998a，pp. 112-115）によれば，1980年代初頭における問題の取り上げられ方として，『学校体育（1980年 5-9 月号，日本体育社）』の「論点」で展開された「『楽しい体育』をめぐる問題」や同じく『学校体育（1980年12月号，日本体育社）』誌上で特集された誌上シンポジウム「体育における『楽しさ』の考え方と学習指導のすすめ方」，あるいは高橋（1993）の論稿を概観しながら，「『学習内容構成論における客観主義と主観主義（佐伯，1995）』をめぐる対立と読みとるとすれば，少なくとも80年代当初から，言わば『主観主義』的立場に立つ楽しい体育の学習内容論が重要な教育的課題として提示され，論争の焦点にあったことだけは事実であろう」と概括している．さらに菊（1998a，pp. 115-118）は，80年代当初から存在した理論的，認識論的課題を論理的により明確にしようとしたのが，杉本・田口（1984）や多々納（1990）の論稿であるとし，多々納の論稿を中心にその概要を紹介しながら楽しい体育の理論的問題について考察している．それによれば，多々納の「楽しい体育」論に対する批判の論点は，①社会変化と体育のあり方に関する適応主義の誤り，②体育・スポーツ・プレイの概念の混乱と「楽しさ」を目的とすることの誤り，③「目的―手段」関係における二項対立論理の不当性，④運動の「内在的―外在的」価値の規定における実在論的価値論の誤り，⑤運動の機能的特性と分類にみられる機能の鋳型化・物神化，の５点に集約され，「いずれも楽しい体育の学習論とその構成方法に対する社会科学論的な立場からのラディカルな認識論的問題を提起している」と述べている．

こうした指摘は，「学習」概念自体の問い直しや認識論的パラダイムの転換を射程に入れた問題の超克が求められると同時に，「運動目的・内容論の体育」における学習論とプレイ論が，実体論的に運用されたがゆえに，その体育授業論への方法的矮小化を招いた問題と見ることができる．したがって，「運動目的・内容論の体育」の単元構成の検討課題は，学習論とプレイ論をどのように関係論的視点から解釈し直すかということに焦点づけられる．ただ，こうした視点（関係論的な思考）の指摘は，既に「運動目的・内容論の体育」が指向していたパラダイムであるという先行研究[1)]もあり，またそれへの実践的取り組み（関係論的な実践）も細江（1999）や松田・山本（2001）らによって展開されている．

しかしながら，これらの研究は授業実践を通した単元構成の試案の提出には至っていないことから，本章では体育学習を支えている学習論とプレイ（遊び）論について，関係論的視点から再解釈を試みた第４章の学びとプレイ（遊び）の意味世界と，状況的学習における「正統的周辺参加（Legitimate Peripheral Participation：LPP)」（レイヴ・ウェンガー，1993）を検討し導入することで，関係論的な体育学習の単元構成試案について提出することを目的とする．

5.2　関係論的な体育学習の単元構成

5.2.1　学びとプレイ（遊び）の意味世界

近年の学習論は，これまでの学校教育の底流にある「客観主義的知識観（普遍的正答を措定してその個人的獲得を学習と見立てようとする考え方）」を超え，「知識は人々の社会的な関係性の中で構成される」と考える「社会構成主義的知識観」が台頭してきている（広石，2005）．これを体育学習に引き寄せてみると，前者は「主体としての学習者である子ども」と「正しさを内在する客体としての運動」の二項に分け，「運動（客体）」を「子ども（主体）」の認識対象物と位置づけ，それを獲得していく営みということになろう．また，後者は自己（学習者）と他者（人・モノ・自然など）との「かかわり合い」によって「運動の世界」を生成していくことを重視し，今の生にとって意味が生まれそれがもとになって連続していく学習となろう．すなわち，学習論の転換を視野に入れた本章では，体育学習の基盤となる「学習」概念を，行動主義からなる「連合」や認知主義からなる「獲得」ととらえるのではなく，自己（学習者）を取り巻いている社会的・文化的な関係によって構成されるという状況・関係主義的な立場に軸足をおいた「参加」を基本理念におくものとする．

また，近年の「遊び論」研究においても認識論・存在論的なパラダイム転換が展開されており，「人はなぜ遊ぶのか」という原因・目的因探しとしての遊びの問い方ではなく，「遊びとは何か」という存在論的な問い方をすることで，遊びの心理学的研究と理論が抱える現在の行き詰まりを打破しようとする動きが見られる．清水（2004）によれば，ピアジェ（1988）やミラー（1980）のように「主体の能動的活動として」遊びの構造把握を行うのではなく，ガダマー（1986）や西村（1989），さらに遡ればホイジンガー（1963）

のような「存在様態・状況として」の構造把握の仕方を遊び理解のために採用している．この主張は，「運動目的・内容論の体育」の背景にあるプレイ論を，単なる学習内容を導き出す分類論としてのみに援用するのではなく，「何を遊んでいるのか，何が遊ばれているのか」という存在論的，現象学的な視点から遊びを解釈することの重要性を投げかけている．

こうした研究動向を踏まえながら，第4章では，関係論的視点から，学びとプレイ（遊び）の意味世界（図5-1）という考えを提出することで，意味世界として位置づく「学習内容」の再構成を試みた．

学びの意味世界では，主として佐藤（1995）の「学び」論を手がかりとしながら，主一客分化に関する軸と主体的関与軸の2軸から「まじわり（参入）一なぞり（模倣）一かたどり（構成）一かたり（表現）」の4つの意味世界を導き出し，それが相互作用し循環する円環過程こそが学びであるとした．そして，円環過程へ参入することが「文化的実践への参加」と結びつき，4つの意味世界を往還しながら，「私（自我）」を成り立たせ，「私（自我）」をかたちづくっていく営みが「自分さがし＝アイデンティティの形成」につながっていくと説明した．また，プレイ（遊び）の意味世界では，カイヨワ（1970）が提示した「遊びの4つの基本的範疇（競争（Agôn），偶然（Alea），模

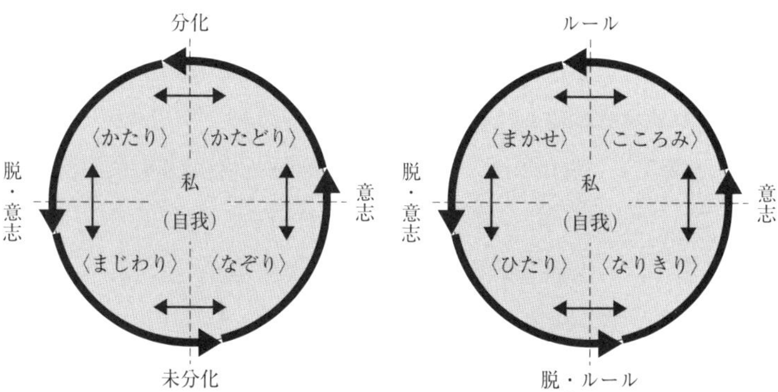

図5-1　学びとプレイ（遊び）の意味世界

擬（Mimicry），眩暈（Ilinx））」を再解釈し，先述した同様の２軸から「ひたり（眩暈）―なりきり（模擬）―こころみ（競争）―まかせ（運）」の４つの企投的意味からなる世界を導き出した．そして，それらを等価のものととらえ，それぞれを往還し円環することで，プレイ（遊び）世界が構成されると考察した．

こうした学びとプレイ（遊び）の意味世界の円環過程によって自分探しを促すという視点は，いずれもプロセスを一義的・直線的にとらえ，目的合理的な意味を優先させようとするものではなく，多義的・円環（螺旋）的にとらえることにより，「いま・ここ」を生きるという意味を大切にし，自己アイデンティティの生成を基本にすえていることから，本章では，関係論的な体育学習における学びとプレイ（遊び）の意味生成過程を解明する手がかりとして援用する．

5.2.2　正統的周辺参加

一方，冒頭で取り上げた通り，「運動目的・内容論の体育」の学習論は，認知主義による「プログラミング理論」に基づいたものであり，その学習過程は「ステージモデル」であった．ここには，人間が新しい知識を獲得したり，技能を習得していく過程は，個人の頭の中で処理されることとみなされ，環境との相互作用のあり方から認知的行動をとらえようとはされていない．そこに，関係論的視点からとらえた研究として登場したのが，「状況的学習」である．その論の根幹として位置づくのが，レイヴとウェンガー（1993）の「正統的周辺参加」（Legitimate Peripheral Participation：LPP）という考え方である．そこでの学びは，単に個人が知識や技能を身につけるのではなく，実践共同体に周辺から参加することによって，新参者から古参者へと成長していく過程こそが学習であり，そのことは，いわば，その人の「アイデンティティ」が形成されることだとする．

田中（2004，pp. 183-185）によれば，正統的周辺参加（図 5-2 参照）では，

「周辺的活動」が極めて重要な概念として位置づいているという．それは，正統だと認めた共同体へ参加しようとしている初心者レベルの「私」と，やがてそのことが中心的活動の根幹に強くつながるという，その実践共同体の中心的活動との中間部分が「周辺性」の本質だからである．つまり，素人（新参者）としての「私」と，エキスパート（古参者）としての社会的・文化的実践の中心的活動の折り合いのつく活動ということができる．すなわち，「周辺性」とはポジティブな言葉であり，当該の活動が中心的な正統で真正の活動に関係を持たない活動は周辺的な活動とは呼ぶことができず，無関係性あるいは非関与性として位置づくことになる．

それでは，こうした実践共同体に正統性を認めるとはどういう意味だろうか．この点について，田中（2004）は「自分の参加しようとする共同体が『本物の authentic』活動をしている，ということの確認である」（田中，2004，p. 178）としている．そして，「本物性」について，「ある領域の活動は，その領域の文化によって枠付けをすることができる．その文化的共同体での活動の意味や目的は，過去や現在のその成員の合意によって社会的に構成される」（田中，2004，p. 178）と説明する．つまり，実践共同体における固有で有意味な目的的諸活動が「本物」であり，こうした活動に参加しようとする意思が生じるとき，その共同体に正統性を感じていることになる．

しかし，レイヴとウェンガーは，正統的周辺参加について「教育の形態を

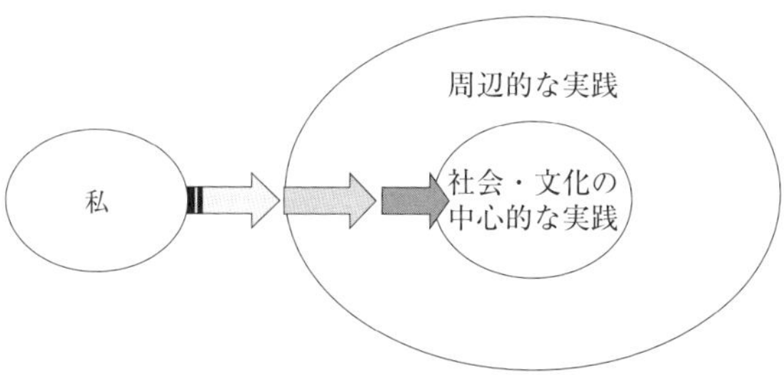

図 5-2　正統的周辺参加（田中，2004，p. 184）

示したものでなければ教育の制度や仕組み，教授法を示したものではない」（田中，2004，p. 177）とする．これは「学び手の学びを分析する１つの視点，学び手の学びを理解する１つの方法である」（田中，2004，p. 177）と述べ，禁欲的なまでに「教育」への正統的周辺参加の可能性の言及を避けている．確かに，共同体や職人文化がすでに崩壊し，画一性と効率性を重視してきた近代社会において，この考え方をそのまま学校教育へ導入することは困難であろう．

しかしながら，学びからの逃走や不登校問題，あるいは成績に動機づけられた学びに対し，学校での学びをいかにして「正統性」や「本物性」を確保するか，これが正統的周辺参加の考え方から学校教育に突きつけられた１つの大きな問題提起であるといえる．こうした見方は，Young（1971）や駒林（1993）によっても指摘されており[2)]，頻発する学校と子どもの問題は，社会の問題が投影されていることも確かであるが，学校そのものの体質（制度）にも原因があるように考えられる．本章では，現在の学校教育への正統的周辺参加の適用の問題点を踏まえつつも，「学校化された学び」の枠組みの編み直しを射程に入れるというスタンスに立ち，関係論的な体育学習における基本的な単元構成の原理として援用する．

5.2.3　関係論的な体育学習の単元構成

次に，関係論的な体育学習の単元構成の検討を行う．

青木（1995，pp. 147-149）は，体育授業の単元の基本構想には，次の２つの視点が欠かせない，としている（図 5-3）．１つは，単元としての「まとまり」のあり方が本質をどうとらえるかという「内容構成」の視点であり，単元の「何か」と「何を」を把握する視点である．もう１つは，単元の展開における手続きのあり方，あるいは，どんな性格の学習を組織するかという「展開構成」の視点であり，単元の「いかに」に関する骨子となる視点である．

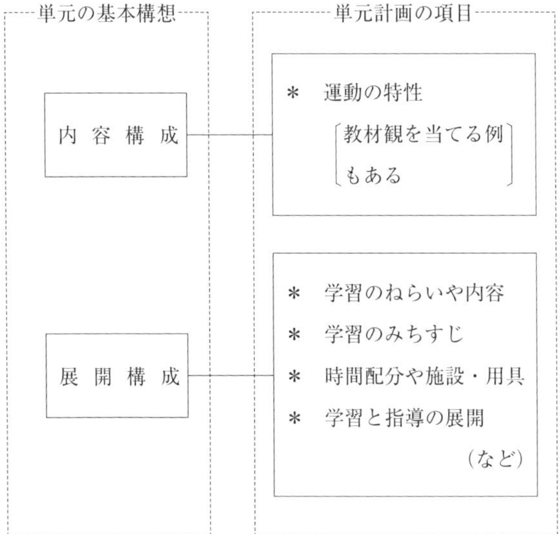

図 5-3　単元の基本構想と単元計画の関係（青木，1995，p. 148）

この考え方は，単元の「まとまり」にこだわり，「まとまり」のとらえ方が明確でなければ，「展開構成」は構想できないというものである．これは，「運動の種目＝単元」という図式が当然のこととされ，種目を「いかに」進めるかに関心が集まり，種目は「何か」を問わずに単元学習がスタートされることへの懸念からきているものであろう．単元学習とは，経験や内容のまとまりを学習者の主体的な活動で学びとる学習の方式であり，戦前の断片的な動きの注入・伝達方式への反定立として考えられ展開されてきた経緯をもっている．単元という概念を形骸化させないためにも，本章では青木の視点に依拠しながら，考察を進めていきたい．「運動目的・内容論の体育」では，単元の「まとまり（内容構成）」を，これまで運動の機能的特性による分類から読み取り，それを既に運動（客体）にあるものとしてとらえ，身につけていく学習が中心に行われてきた．このことに伴う諸課題は，冒頭で取り上げた通りである．

一方，正統的周辺参加の考え方から単元の「まとまり」を解釈してみると，それは「有意味な運動の世界」でなければならないだろう．学習者がその世界へ参加し，他者（仲間，モノなど）との相互性によって，意味を生成していく単元学習となる．つまり，正統で本物な運動の文化的実践としての共同体を単元として構成するということであり，機能的特性はその意味生成の指標として，「文化の中心的な活動（中心的なおもしろさ）」として位置づくことになろう．

したがって，関係論的な体育学習の基本的な単元の「まとまり」は，実体論的にではなく，関係論的に把握されることになり，特性を身につけていく学習というより，特性を主題（テーマ）とする学習が構成されることになる．その特性を，ここではカイヨワ（1970）が提示した遊びの4つの基本的範疇を一般意味からのみとらえるのではなく，人間にとっての根源的な意味，企投的意味から再解釈したものを位置づけることを提案したい．すなわち，プレイ（遊び）の意味世界の「ひたり（眩暈）—なりきり（模擬）—こころみ（競争）—まかせ（運）」である．具体的には，「ひたり」ということに意味を求めた運動（例えば，運動遊び），「なりきり」ということに意味を求めた運動（例えば，ダンス・表現運動），「こころみ」ということに意味を求めた運動（例えば，スポーツ），「まかせ」ということに意味を求めた運動（例えば，体ほぐしの運動）というように，「意味生成としての関係をもつ運動」として「まとまり」をとらえようとすることである．

このような運動の特性のとらえ方から導かれて，「学習のねらい」は，到達すべき一定の状態（ゴール）として設定されるのではなく，経験を方向づけるテーマとして設定される．子どもにとって，ねらいは「できるようになること・わかるようになること」として設定されるのではなく，「探究してみたいこと・問題にしてみたいこと」として設定されるということである．つまり，「ゴール学習（目標・達成）」として単元を組織するのではなく，「テーマ学習（主題・探究）」の観点からねらいを設定することが重要となってくる．

ゴール学習の過程は，ゴールに至るいくつかの問題を解決していく問題解決過程となるが，テーマ学習の過程は，行為の意味をテーマとする意味生成過程となる．行為の意味は，プレイ（遊び）の意味世界の「ひたり（眩暈）―なりきり（模擬）―こころみ（競争）―まかせ（運）」と，学びの意味世界の「まじわり（参入）―なぞり（模倣）―かたどり（構成）―かたり（表現）」の統合されたものが大切にされなければならないだろう．それには，何より子どものリアリティ（運動することの親密さ，運動の仕方や楽しみ方の経験など）からスタートして，直線的で上昇志向的な道筋ではなく，子どものリズムにあった緩やかに円環する道筋が保障されなければならない．

以上のことより，関係論的な体育学習における単元構成では，次の２つの視点が重要となってくる．

①内容構成における運動の特性は，「文化の中心的な活動（中心的なおもしろさ）」として位置づける．

②展開構成における学習のねらいは，「テーマ学習（主題・探究）」の観点から設定する．

5.3　関係論的な体育学習の実践的検討

本節では，前節で導き出した単元構成の視点に基づきながら，単元を設計し実践することで，関係論的な体育学習が，体育学習論として新たな展開をもたらすことができるかを実践的に検討することにある．

検討の手順は，第１に，小学校２学年のマット遊びの単元を対象に，「マット遊びの中心的なおもしろさ」から学習テーマを設定し，それに基づく単元展開の工夫を行う．第２に，授業の中で生起する個別具体的な経験や出来事を「事例」として取り上げることで，子ども（学習者）にとってのマット遊びの意味を考察する．第3に，授業実践を振り返りながら，関係論的な体育学習の可能性について検討する．

5.3.1 授業の基本構想

今回，取り上げる授業（実施日：2000年11月）は，小学校2学年（男子12名，女子12名）のマット遊び，全8時間の単元（表5-1）である．

このマット遊びの単元を設計するにあたって，「マット遊びの中心的なおもしろさ」を明確に設定することにした．このことは，授業実践レベルでよく問題にされる，「マット遊び」と「マット運動」の違いをめぐる解釈からくる授業づくりの閉塞感を突破することにもつながっている．それは，低学年で行われる「マット遊び」の授業が，中・高学年を対象とした「マット運動」の授業の準備段階であったり，反対にマットとかかわってさえいれば，何をして遊んでもよいとする子どもまかせの授業に対する方向性や手がかりを提示することでもある．これらは，教師が「マット遊びの中心的なおもしろさ」を子どもに感じさせることなく，また教師が子どもと共に授業を創りあげていきたい方向性（テーマ）が不明確なまま授業を展開してきたことが大きな原因と考えられる．

そこで，本単元では「マットや仲間と一緒に活動する中で，マット遊びの

表5-1 単元計画

次／時数	主な内容
第一次／1時間	出会い・オリエンテーション （「マットさん」，「ふあふあさん」，「シートさん」との出会い）
第二次／3時間	モノや友達と一緒に転がろう （「ボールさん」，「チューブさん」，「友達」と一緒に転がろう） （「ボール大さん」，「土管・丸太さん」，「友達」と一緒に転がろう）
第三次／2時間	転がり遊びを紹介しよう
第四次／2時間	色々な場でモノや友達と一緒に転がろう

おもしろさを体感し，広げること」と考え，その「マット遊びの中心的なおもしろさ」を「転がることのおもしろさ」と設定した．これは，本単元の学習テーマ「○○と一緒に転がろう」につながっていく部分である．

具体的な単元展開の手がかりは，以下の２点である．

１つ目は，「転がる環境（場）づくり」の工夫である．子どもとマットが「主体―主体」関係として，言い換えればマットが手段的道具，「主体―客体」関係にならないようにした．具体物として，やわらかさの違う３種類のモノ（「シートさん（薄いナイロン製の布）」，「マットさん（通常のマット）」，「ふあふあさん（ウレタンマット）」）を用意した．

これは，「マット遊び」でマットが敷かれていることが当然となっては，マットが転がるときの手段的補助具としてしか子どもに認識されず，「マット遊びの中心的なおもしろさ」を広げるどころか，実体化された学習の発端となってしまうのではないかと考えたからである．すなわち，「私が転がりたいのは，そこにマットがあるからだ」，「私が転がることができるのは，マットが私を受け止めてくれるからだ」という「私を包み込んでくれる」という感覚を大切にしようとした．

やわらかさの違う３種類のマットは，子どもたちの多様な遊びを生み出す環境になるものと思われる．同時に，転がり遊びをフラットな場だけで行うのではなく，色々な場（坂道，細道，落差のある場）で転がることができるよう試みた．

２つ目は，「転がり空間の意味世界」の工夫である．マット運動の技を大別したときの「回転系技群の回転軸（図 5-4・吉田，1989）」から，「子どもの転がり空間の意味世界」（図 5-4）を考案した．Bertram（1967）は運動構造（Bewegungsstruktur）に基づいて技を整理するにあたり，１つの基準として体内に３つの仮想の体軸をあげている．すなわち，左右軸（Breitenachse），前後軸（Tiefenachse），長体軸（Längenachse）の３つの回転軸である．

本実践では，回転軸となりうるモノを，「回転軸の幅」と「回転軸からの

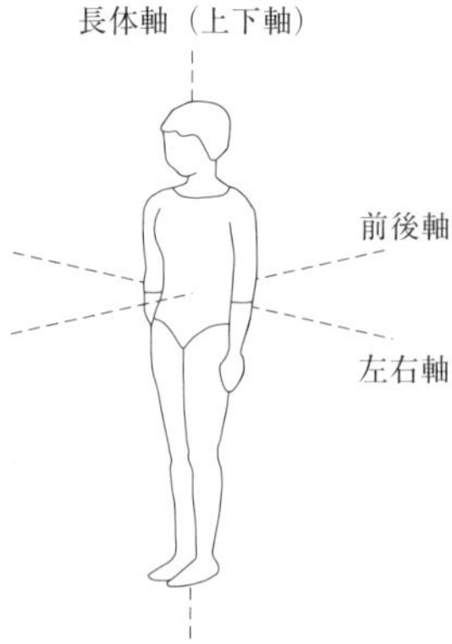

図 5-4　回転系技群の回転軸

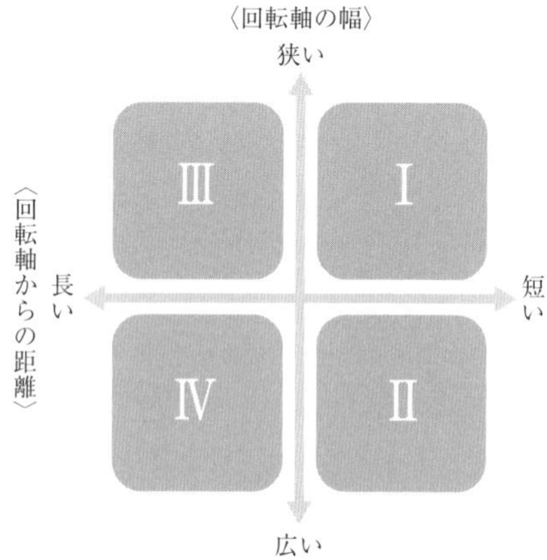

図 5-5　子どもの転がり空間の意味世界

距離（半径）」の関係から導き出し（図 5-5），3 つの回転軸を手がかりとした「○○と一緒に転がろう」を学習テーマに，「マット遊びのおもしろさを体感し，広げていくこと」とした．

回転軸として用意したモノは，ソフトバレーボール（Ⅰ：「回転軸の幅が狭い（20cm）×回転軸からの距離が短い（20cm）」㈱モルテン製），チューブ（Ⅱ：「回転軸の幅が広い（2.4m）×回転軸からの距離が短い（5cm）」㈱ニシ・スポーツ製，スペースシューター，ビニール素材），GYMNIC ボール（Ⅲ：「回転軸の幅が狭い（65cm）×回転軸からの距離が長い（32.5cm）」㈱ニシ・スポーツ製），円柱マット（Ⅳ：「回転軸の幅が広い（90cm/90cm）×回転軸からの距離が長い（27.5cm/14cm）」）の 4 種類である．

5.3.2　授業の概要

ここでの「授業の概要」は，授業者による記述に相当する．ビデオカメラによる観察記録に基づきながら，モノとのかかわりや場の設定，「出現した子どもの転がり（図 5-6）」を中心に記述する．なお，「出現した子どもの転がり」の出現率（子ども全体に対する出現した割合）も同時に示す．

●第1時：「マットさん」，「ふあふあさん」，「シートさん」との出会い

まず，第1時では体育館に「シートさん（薄いナイロン製の布）」3枚を敷き，波遊びなどの体ほぐしの運動を行った．そして，「『シートさん』と遊ぼうと思うのだけど，上で転がってみたらどうかな」という教師の呼びかけでこの授業が始まった．子どもたちは「『シートさん』が薄い＝転がると痛い」ということをすぐに判断したのか「転がったら痛そう」といいながら，痛くないように転がるにはどうしたらよいかを考え，工夫しながら転がり遊びを始めた．

その後，「ふあふあさん（ウレタンマット）」，「マットさん」を提示した．子どもたちとは，跳び込んだり，ごろごろしたりして一緒に遊んだ．終わりに，それぞれに対し，手紙形式で遊んだ感想を書かせた．

●第2時：「ボールさん」，「チューブさん」，「友達」と一緒に転がろう

第2時では，「『ボールさん（ソフトバレーボール）』と『チューブさん（スペースシューター）』と一緒に転がって遊ぼう」をテーマに，3種類のモノでフラットな場をつくり遊んだ．そして「ボールさん」と遊ぶ中で，おなかにボールを抱えながらの前転がり（図5-6-1；出現率6割）や頭の後ろにボールをもちながらの前転がり（図5-6-2；出現率4割），「チューブさん」とは横転がり（図5-6-7；出現率10割）や，四〜八人の友達と一緒に前転がり（図5-6-3；出現率10割）・後ろ転がり（図5-6-4；出現率10割）・前後転がり（図5-6-5；出現率10割），伸膝後転（図5-6-6；出現率10割）という遊びが生まれた．

●第3・4時：「ボール大さん」，「土管・丸太さん」，「友達」と一緒に転がろう

前時のモノに加え「ボール大さん（GYMNIC ボール）」，「土管さん（円柱マット・太）」，「丸太さん（円柱マット・細）」を子どもに紹介した．一緒に転がって遊ぶ中で「ボール大さん」とは横転がり（図5-6-8；出現率10割），前転が

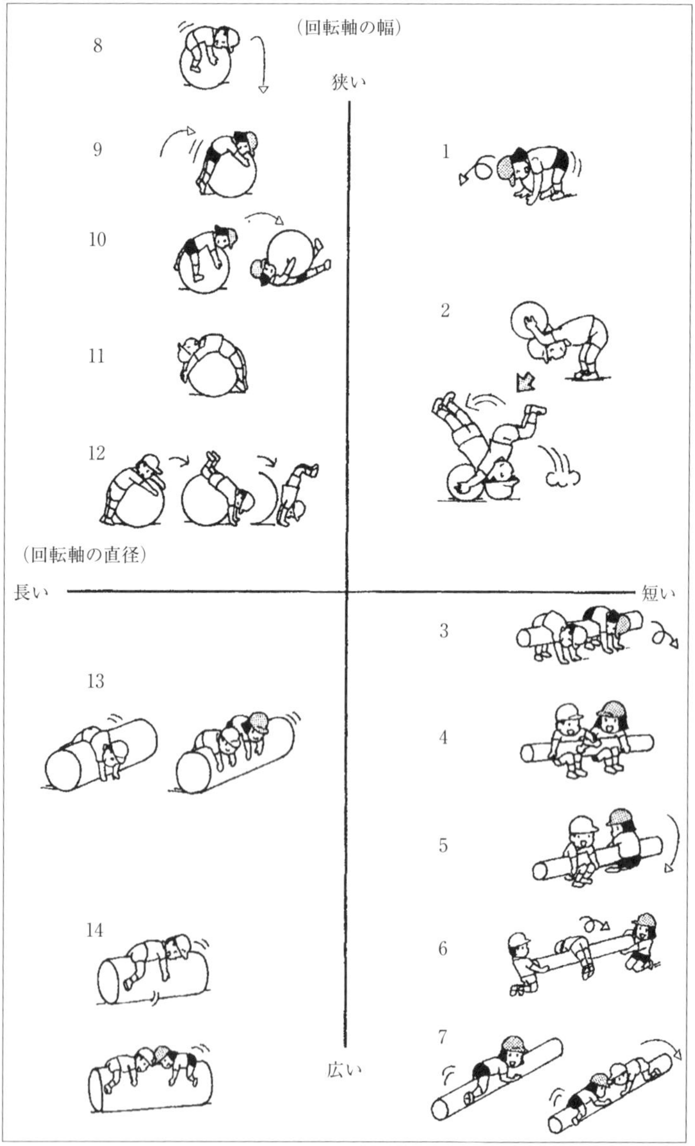

図 5-6　出現した子どもの転がり（岡野・小倉，2001）

りから跳び前転（図 5-6-9；出現率10割），開脚跳び前転（図 5-6-10；出現率10割），ブリッジ（図 5-6-11；出現率2.5割），「土管・丸太さん」とは前転がり（図 5-6-13；出現率10割）や横転がり（図 5-6-14；出現率10割）をして遊んでいた．

●第５・６時：転がり遊びを紹介しよう

それまでに子どもがつくり出した色々な遊びを整理し，みんなですべての遊びをやってみることにした．一通りの遊びを終えた後，好きな遊びを始めてよいと伝えたところ，子どもたちは頭の後ろに「ボールさん」を持って転がる（図 5-6-2）ことと「ボール大さん」と前転がり（図 5-6-9）することの２つの遊びを始めた．

●第７・８時：色々な場でモノや友達と一緒に転がろう

前時まではフラットな場であったが，７時からは踏み切り板や跳び箱，平均台，ステージを使って，多種多様な場で遊ぶことができるようにした．すると，ステージからの場で新しく「ボール大さん」と転がりながらステージの端に手をつき，ブリッジを経過して「ふあふあさん」の上に着地しようとする子どもの姿（図 5-6-12；出現率１割）が見られた．

5.3.3　授業の実際

「頭はねおき」が出現する〔事例１〕

第２時の出来事である．第１時で「マットさん」や「シートさん」，「ふあふあさん」と出会った子どもたちは，転がると痛い「シートさん」とでも，痛くないように工夫して転がり始めた．この時間から回転軸の１つとして登場させた「ボールさん」を後頭部にあて，転がり始めたのである（図 5-6-2）．「おなかにボールさんをもって転がるだろう」という教師の予想に反したこの転がりは，三点倒立のように足をあげることはできるが，くずれるというものであった．そのうち，三点倒立から股関節角度が開き，ブリッジになる姿が見られるようになったため，「おしりをつく前に足で着地してごらん」という具合に声をかけてみた．すると，「頭はねおき」に近い転がりになっていき，その転がりが周りで見ていた子どもたちに派生していった．

この事例は，子どもが状況（「シートさん」での転がり）によって，自ら課題（痛くないように転がろう）を見つけ，それを解決していくという文脈の中で，「頭はねおき」という技が出来事として出現したことを意味している．つまり，「頭はねおき」が前もって学習課題として存在していたのではなく，学習者・モノ（布・ソフトバレーボール）・仲間の関係性の中で生成されたといえる．

このことから，先付けされた「学習内容（予め提示された動き）」を獲得していくマット遊びの学習とは異なる，状況や他者（モノ・仲間）と対話しながら「マット遊びの中心的なおもしろさ」を広げていく学習が展開されていたものと考えられる．

大きく転がることのおもしろさ〔事例 2〕

第 2 時で子どもたちは「ボールさん」と一緒に転がって遊んだ．〔事例 1〕でも取り上げたが，教師が意図していたことと子どもたちの実際の活動は違った．教師は「ボールさん」をおなかに抱えて転がる（図 5-6-1）だろうと考えていた．しかし，なかなかうまく転がることができずにいる子どもの様子や，子どもたちの「まわりにくい」，「いやだ」という声から，それは子どもたちにとって難しいことであることがわかってきた．その後も，「ボールさん」と前転がりをする子どもは，多く見られなかった．

また，第 3 時で「ボール大さん」を取り入れ，子どもたちは初めて出会う大きなやわらかいボールに興奮し，楽しそうに色々な転がり遊びを見せてくれた．その中で子どもたちは抱えきれないほどの大きな「ボール大さん」を何とか抱えながら前転がり（図 5-6-9）することに何度も取り組む姿がよく見られた．抱え方にも左右に手を伸ばし抱える方法と，「ボール大さん」の上から両手を伸ばし，おなかとはさんで抱える方法との2種類が確認できた．どちらの方法も「ボール大さん」が大きいため，転がる途中で体から離れてしまうことがほとんどで，最後まで抱えられることは少なかったが，子どもたちの興味は大きく転がることに集中した．

この「ボールさん」と「ボール大さん」の2つの前転がりの違いは，一体何だったのであろうか．子どもたちは明らかに「ボールさん」との前転がり（図5-6-1）に難しさを感じ，「ボール大さん」との前転がり（図5-6-9）を何度も繰り返し挑戦する姿が見られた．このことは，股関節角度を小さくして，自らの体を丸めて転がるよりも，体を伸ばした大きな転がりに「おもしろさ」を感じていたことになる．小学校学習指導要領解説体育編（文部省，1999）にしたがえば，「ボールさん」との転がりは器械・器具を使っての運動の例示にあてはまり，「ボール大さん」との転がりはGMNICボールを使用したとはいえ，高学年の器械運動領域例示の「跳び前転」に該当する．小学校学習指導要領解説体育編は，シーケンスを「易しい（といわれている）技」（例えば，小さく体を丸めて転がる）から「難しい（といわれている）技」（例えば，体を伸ばし大きく転がる）へととらえている．同時に私たち教師も，知らず知らずのうちにそうしたシーケンスをイメージしていることに気づく．この事例からは，「子どもの学びの経験」と「教師や小学校学習指導要領解説体育編」との間にズレが生じていることがわかる．

仲間と一緒に転がることの意味〔事例3〕

第2時で，チューブも子どもたちに紹介した．子どもたちはそのチューブと一緒に四人くらいで前転がりをしたり（図5-6-3），チューブを2本つなげて三人で前転がりをし始めた．また，教師の「後ろで転がれないかな」という呼びかけで四人で後ろ転がりをしたり（図5-6-4），さらには交互に向きをかえることで前転がりする子と後ろ転がりする子が一緒に転がろうとする遊び（図5-6-5）が見られた．他にも，チューブの両端を友達二人が手で持ち，一人もしくは二人が真ん中でチューブをおなかに抱え，進行方向に背を向けて用意した後，両端の友達がチューブを水平にスライドしていくとともに後転，最後は足を伸ばして立ち上がるという伸膝後転のような遊び（図 5-6-6）が子どもたちの中から生まれた．これらの活動は，うまく転がることができなくても，あちらこちらから笑い声が聞かれるものであった．

これまでの器械遊び（運動）における仲間関係は，教え合いや助け合いを主とする形で活動が展開されていたといえよう．このこと自体を否定するつもりはないが，これを強調すればするほど，仲間を技の達成に向けた手段的なものとして学習空間に存在させていることになるものと考えられる．しかし，この事例からは，そうした仲間関係とは異なる回転軸を共有する仲間関係が認められた．モノ（回転軸）と一緒に転がって遊ぶこの活動では，回転軸で仲間とつながり，息を合わせて「一人では生まれない遊び（転がり）」を生み出している．そこにおける意味もまた，うまく転がることができなくても笑い声が生まれるという様子から，「仲間と一緒に息を合わせてうまく転がることができるおもしろさ（回転軸の共有を楽しむ）」と，「うまく転がることができないおもしろさ（回転軸のズレを楽しむ）」の二面性が共存しているものと考えられる．

転がり落ちる感覚を楽しむ〔事例 4〕

第 7・8 時では，場に変化をもたせた．それまでのフラットな場に加え，坂をつけたり，細く高い場をつくったり，ステージの上から転がり落ちることができるように「ふあふあさん」を下に敷いた場をつくったりと，子どもたちがさらに遊びを誘発される場を用意しようと心がけた．

最初，子どもたちはどの場でも転がって遊びだし，加速のついた転がりや，落ちそうになりながら細い場を転がるというスリリングな遊びを楽しんでいた．しかし，時間が経つにつれ，子どもたちのほとんどがステージの方に集まりだした．「チューブさん」と一緒に友達四人で転がり落ちたり，「ボール大さん」と前転がりして落ちたりと，「ふあふあさん」がステージの下でやさしく自分を包み込んでくれるという安心感からか，子どもたちは思いっきり転がり落ちることを楽しんでいた．なかには落ちた拍子に友達と頭をぶつけてしまい痛がる子どもも出たが，その子どもはやめるどころか，再び同じように遊び続けていた．

それほどまでに，子どもたちを駆り立てた「転がり落ちる」という遊びは，イリンクス（眩暈）の世界に位置づけることができよう．フラットな場よりも坂や細く高い場を，さらにより高い場へ子どもたちが興味を示したことから，子どもにとって魅力ある場とは，スリル感やハラハラ・ドキドキ感が味わえることにあると考えられる．こうした「安定と不安定」，「安心と不安」を揺れ動く状況（遊動）の中での転がりは，また，違った転がりの感じ方として，子どもたちが「マット遊びの中心的なおもしろさ」に参加していくことになるものと考えられる．

5.3.4　授業実践の振り返り

本単元では，「マット遊びの中心的なおもしろさ」を「転がることのおもしろさ」とはっきりさせ，学習テーマを「○○と一緒に転がろう」と設定した．具体的な単元展開の手がかりとして，子どもの「転がる環境（場）づくり」と「子どもの転がり空間の意味世界（技術）」の工夫を行った．前者は，やわらかさの違う3種類のマットを用意し，坂やステージなど，変化のある場づくりを提示した．また，後者においては，回転系技群の回転軸を手がかりとしながら，子どもにとっての4つの転がり空間の意味を想定し授業を行った．

その結果，〔事例1〕で考察されたように，子どもたちは図5-6に提示したような遊びを次々と生み出していった．結果として，教師が1つ1つの転がり方の指示をしなくても，子どもたちは「マット運動」でいわれているところの技を次々と行ってきたことになる．すなわち，一人一人の子どもが「マット遊びの中心的なおもしろさ」を体感していたことになる．また，具体的な単元展開の手がかりとして考案した子どもの「転がる環境（場）づくり」と「子どもの転がり空間の意味世界（技術）」の工夫も有効に働いたといえる．主として，前者の工夫は〔事例１〕の遊び（頭はねおき）が出現するきっかけとなり，〔事例４〕は環境（場）の違いによる転がりのおもしろさを体感することにつながった．後者の工夫は〔事例２・３〕から子どもにとっての転がるおもしろさの意味（大きく転がることのおもしろさ，仲間と回転軸の共有を楽しむ，仲間と回転軸のズレを楽しむ）を導き出すことにつながった．

次に，本実践を通して問題として浮かび上がったことは，カリキュラム編成におけるシーケンスの問題である．この問題を平たくいってしまえば，「易しい（といわれている）技から難しい（といわれている）技へ」という技の系統を，そのまま「低学年から高学年へ」とあてはめてきたことに問題があるのではないかということである．小学校学習指導要領解説体育編では，〔事例１〕で出現した「頭はねおき」や〔事例２〕で見られた「跳び前転」は，「難しい（といわれている）技」と位置づけ，低学年では取り上げられていない．確かに本実践において，完璧な「頭はねおき」や「跳び前転」の出現を測定したわけでもなければ，すべての子どもがその遊びに取り組んだわけでもない．また，ボールと一緒に転がったのであり，単独・自力で転がったわけではないという説明も成り立つであろう．しかし，そうした「学習の意味」を獲得・到達することと解釈したり，「学習」を学習者個人の中で生じている事態ととらえること自体が，「客観主義的知識観」に支配されているといえよう．また，技の系統（難易度）にしたがったカリキュラムを生み出し，子どもに「技の階段」を「できる―できない」という基準で昇らせていく，「階段型の授業」に結びついているものと考えられる．重要なことは，技の系統を断片的にとらえて授業を構想するのではなく，それを全体的（３つの回転軸の一連の動きの中にあるもの）にとらえながら，カリキュラム編成をしていくことである．つまり，１つ１つの技をパッケージ化してしまい，その技ができなければ次の技には進めないという道筋をつくらないことである．また，目の前の「子どもの学びの意味や学びの経験を継続する（今回の場合は，「転がることがおもしろい」）」という観点からカリキュラムを編成していくことであるように思われる．

以上のことから，子どもにとってのマット遊びの新しい意味を生成し，従来の体育カリキュラムの問題（性）を導き出した関係論的な体育学習は，新しい体育学習論として期待がもてる．また，本実践を通して従来の体育学習観が，①「子どもの行動を刺激との因果関係で説明しようとしていたこと〔因果律〕」，②「学習を子ども（学習者）個人の中で生じている事態ととらえようとしていたこと〔自律性〕」，③「カリキュラムを子どもの学びの意味や経験から切り離してとらえようとしていたこと〔普遍性〕」という枠組みの中にあったことが自明視されるに至った．この観点にしたがえば，関係論的な体育学習は，①「子どもの行動を１つの〈たち現れ〉と読み解いていくこと〔偶有性〕」，②「学習を他者（人・モノなど）との〈かかわり経験〉ととらえていくこと〔関係性〕」，③「カリキュラムを一人一人の個の経験の軌跡として表現される〈学びの経験の履歴〉ととらえること〔個別性〕」を重視する，いわば共生的概念に基づく体育学習論として位置づけることが可能であろう．

5.4　関係論的な体育学習の単元構成試案

本節では，関係論的な体育学習に基づくマット運動の授業の実際を取り上げた後，体育学習を支えている学習論とプレイ（遊び）論について，関係論的視点から再解釈を試みた第４章の学びとプレイ（遊び）の意味世界と，状況的学習における「正統的周辺参加（Legitimate Peripheral Participation：LPP）」（レイヴ・ウェンガー，1993）を援用することで，関係論的な体育学習の単元構成試案について提出する．

5.4.1　関係論的な体育学習に基づくマット運動の授業の実際

関係論的な体育学習における単元構成では，第１に内容構成における運動の特性は,「文化の中心的な活動（中心的なおもしろさ）」として位置づけること,第2に展開構成における学習のねらいは,「テーマ学習（主題・探究）」の観点から設定することが重要とされた.前節では,この2つの視点に基づき小学校低学年におけるマット遊びの授業を構想し実践してきたわけであるが,ここでは,①「マット運動における中心的なおもしろさ」,②「マット運動におけるテーマ設定と実際の授業」という2つの観点から,小学校中学年と高学年のマット運動の授業の実際について取り上げてみたい.

マット運動の中心的なおもしろさ

関係論的な体育学習における単元構成において,1つ目のポイントとなる「文化の中心的な活動（中心的なおもしろさ）」について考えてみたい.

一般に,マット運動の授業では,子どもの実態として「頭や背中がイタイから嫌い.体がカタイから苦手.技がデキナイからつまらない」と学習指導案に記述されることが多い.

この古くから叫ばれ続けている子どもたちの声に,私たち教師はどのようにこたえてきただろうか.こうした子どもたちの声を「問題提起」として受け止めてみると,私たち教師のマット運動に対する固定化された観念（例えば,「できるようになることが楽しい.だから,できないとおもしろくない」）とそれに基づいて行われる的外れな指導（例えば,「手のひらをマットにしっかりついて,おへそを見ながら小さくなって,ボールのように転がってみましょう」）が浮き上がってくるのである.

実は,先人が生み出してくれた「わざ」は,痛くもなく,体の硬さもあまり関係なく,とても心地よく,しかも美しく回転することができるようになっている.そして,こうした「わざ」は「文化の中心的な活動（中心的なおもしろさ）」を享受する過程において編み出されてきている.

それでは,「マット運動の中心的なおもしろさ」とは一体何だろうか.例えば,マット運動における技の生成過程に着目してみると,それは「〈(私が）転がる―（私を）転がす〉おもしろさ」であることが浮かび上がってくる．

例えば，前転で考えてみよう．まず，子どもはそこにマットがあるから転がろうとする．しかし，マットがあるからといって無茶な転がりを行うと痛い思いをしてしまう．だから，マットに接地していく体の背面を順々（後頭部→背部→腰部）にマットに溶け込ませていくように転がろうとする．そのように転がり始めるまでは自分の思い通りに体を操ることができるが，一旦転がり始めるとそうはいかない．転がっている流れに自分の体をまかせることが求められ，それにうまく乗ることができたときに，はじめて自然な立ち上がりが現れる．

このように，前転という「わざ」は，「順次接触」という技術と，前半の下半身による運動エネルギーを後半の上半身に伝えつないでいくという「伝導」という技術によって，自然で（「美」という意味），心地のよい（「快」という意味）転がりをもたらせてくれるといえよう．つまり，「わざ」とは「技術＋意味」のことであり，「意志（転がる）と脱・意志（転がす）の往還としての身体操作によって得られるおもしろさ（快・美）」こそが，マット運動の「中心的なおもしろさ」といえ，その世界へ参加し，新しい自分に出会う（「マット運動って，私にとってよいものだなあ」）ことが，マット運動における学びと考えるのである．

そういう意味で「できるようになることが楽しい．だから，できないとおもしろくない」というとらえ方は，あまりにも漠然としており，「なぜ，そのことをマット運動において学ぶのか」には，こたえきれていないといわざるを得ない．跳び箱運動でも水泳でも縄跳びでも，はたまた，習字やそろばん，ピアノなどを取り上げてもよいことになってしまう．また，「手のひらをマットにしっかりついて（＝体をしっかり支えることからスタートすることで）」，「おへそを見ながら小さくなって（＝回転力をあまりつけすぎずに）」，「ボールのように転がってみましょう（＝自らの意志によって転がってみましょう）」では，幼児に見られる「でんぐりがえし」はできるようになるかもしれないが，前転の「運動の中心的なおもしろさ」は味わえないままに過ぎ去っていく可能性が高くなるように考えられる．

マット運動におけるテーマ設定と授業の実際

●実践事例１（小学校３学年） テーマ「Ｇボールと一緒に転がろう」

本実践は，小学校３学年を対象に行った授業である（2007年11月実施）．授業では一貫して前転を取り上げ，「Ｇボールと一緒に転がろう」というテーマのもと，Ｇボールと一緒に転がったり，Ｇボールを抱えたイメージで転がったり回ったりする活動を行った．

まずはじめに，自分で抱えられるようなＧボールを持って前転をし，次にＧボールなし（Ｇボールを抱えているイメージ）の前転を行った．Ｇボールをイメージすることで，順次接触がスムーズに行われ，子どもたちからは「気持ちいい」という声も聞かれた．さらに，大きなＧボールを抱えたイメージで前転していくことで，自然と小さな前転から大きな前転へ，さらには跳び前転，前方宙返りへと変化していった（図5-7）．

これら，Ｇボール前転，Ｇボールなし前転，大きな前転，跳び前転，前方宙返りは，１つ１つ別々に発生してきたものではなく，順次接触や伝導によって得られる「クルッと転がってしまう気持ちよさ」を享受・探究してきた結果，たち現れてきたものである．

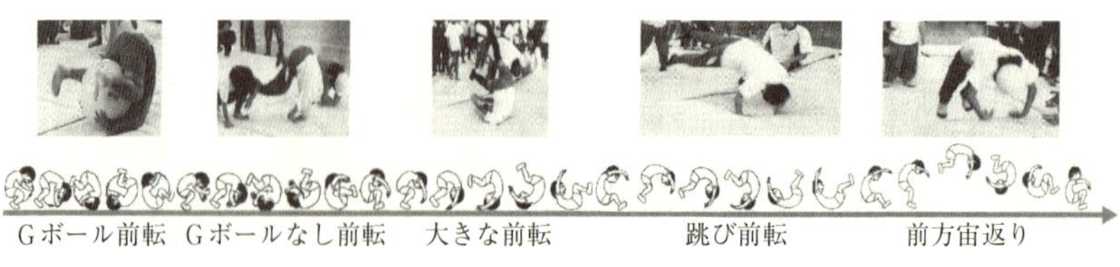

図5-7 前転の変容過程（岡野，2009，p. 34）

●実践事例2（小学校高学年）

テーマ「立つ位置（終末局面）を意識して前転してみよう」

本実践は，小学校高学年を対象に「立つ位置（終末局面）を意識して前転してみよう」というテーマのもと，行った授業である（2008年11月実施）．

本単元（全6時間）では，中学年までに経験した基本技（前転・後転・川跳び側転）をより深く味わうことで，マット運動のもつ回転のおもしろさに触れることを目指した．具体的には，「どこに，どうやって立つのか」という技の終末局面を意識させ，そのことによって基本技が大きくなったり小さくなったりするときの感覚や体の感じを味わうことで，回転するおもしろさに触れることをねらった．そのために子どもたちには，立ちたい所に「目印シート（ホームセンターなどで販売されている滑り止め用マットにマジックで両足が入るくらいの円を描いて作ったもの）」を置かせ，自分が「すっ」と立てる場所を意識させた．そして，基本技の回転のおもしろさに触れたあと，基本技での色々な立ち方や色々な場（細マット，下り坂マット，段々マットなど）や目印シートを使った発展技（例えば，跳び前転の場合は目印シートを段々遠くへ置く，開脚後転や伸膝前転ではお尻の位置に目印シートを置くなど）を楽しむ活動を展開した（図5-8）．

目印シートを使ったときには，自分が一番「すっ」と立てる位置はどこか，目印シートの位置を前後に変えながら，何度も繰り返し活動する姿が見られた．また，どんどん目印シートを遠くすることで，怖さを感じずに，大きな前転（跳び前転）へと技を広げることができた．

さらに，前転だけにとどまらず，回転することのおもしろさとして，後転や川跳び側転なども終末局面を意識した実践を展開した（図5-8）．

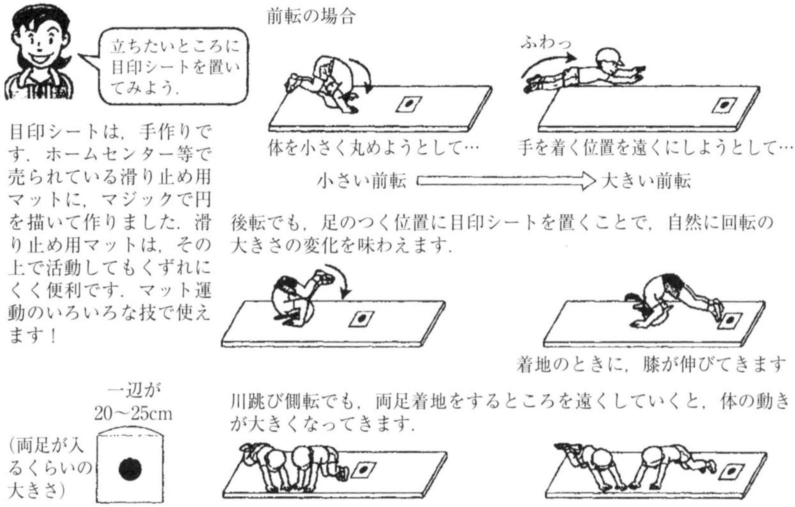

前転の場合
立ちたいところに
目印シートを置い
てみよう.
目印シートは，手作りです．ホームセンター等で売られている滑り止め用マットに，マジックで円を描いて作りました．滑り止め用マットは，その上で活動してもくずれにくく便利です．マット運動のいろいろな技で使えます！
ふわっ
体を小さく丸めようとして…
手を着く位置を遠くにしようとして…
小さい前転
大きい前転
後転でも，足のつく位置に目印シートを置くことで，自然に回転の大きさの変化を味わえます．
着地のときに，膝が伸びてきます
一辺が
20～25cm
(両足が入るくらいの大きさ)
川跳び側転でも，両足着地をするところを遠くしていくと，体の動きが大きくなってきます．

図 5-8　回転することのおもしろさ（稲垣，2009，p. 111）

●実践事例 3（小学校 5 学年）　テーマ「からだとの対話」

テーマⅠ：からだの内にある水を感じながら倒立したり，ゆっくり転がったりしよう

テーマⅡ：水の流れをイメージし，水の流れを作りながら回転しよう

本実践は，小学校５学年を対象に行った授業である（2008年11月実施）．「からだとの対話」をテーマに掲げ，その手立てとして「水」を取り上げている．水は重力や流れなど，自然の原理に支配されているため，一度水に動きを与えると後は水の慣性によって流れていく．このように，からだの内にある水を感じながら倒立したり，ゆっくり転がったりする活動（テーマⅠ：からだの内にある水の流れを感じながら，からだを操る活動）と水の流れをイメージしながら回転する活動（テーマⅡ：回転する自分をイメージし，そこへからだを乗せていく活動）で単元を展開した実践である（図 5-9）．

また，主題を探究するために次の３つのことに主眼をおきながら単元を展開した．第１に，１つ１つの技を課題として提示し，それを解決する学習か

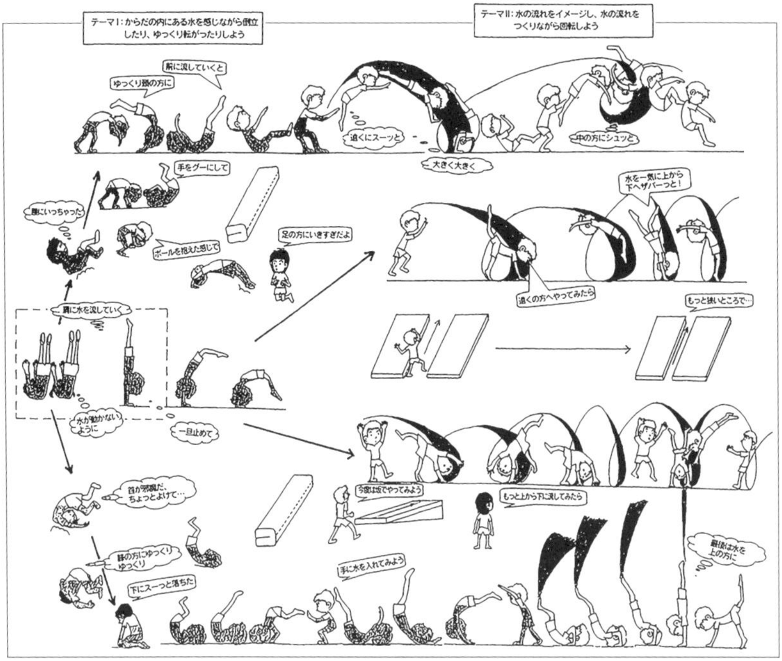

図 5-9　単元計画（岡野，2009，p. 35）

ら，技や技の体系の意味（からだがスムーズに流れていく意味．からだを流れに乗せていく意味）を味わえるような学習を目指した．第２に，課題解決のための易しい（危険回避の）場づくりは，からだを鈍感化させ，本来の技の意味も消滅させてしまうと考え，できるだけ元々の場（フラットな場）で行うようにすることで，からだに対し敏感に技の意味を感じられるようにした．第３は，相手の技の解決のために教える，励ますという手段的な仲間とのかかわりを超え，テーマに向かう共同の探究者として，試技し合い，観察し合い，表現し合うという互恵的な学びを目指した．

単元当初は，一定の動きを獲得・達成できたかどうかという意識が強く，水を感じたり，イメージすることが難しかったようだが，しだいにそれを乗り越えしなやかでなめらかな表現をする子どもが増えていった.

運動の中心的なおもしろさとテーマ設定

関係論的な体育学習における単元構成では，第1に内容構成における運動の特性は，「文化の中心的な活動（中心的なおもしろさ）」として位置づけること，第2に展開構成における学習のねらいは，「テーマ学習（主題・探究）」の観点から設定することが重要とされ，①「マット運動における中心的なおもしろさ」，②「マット運動におけるテーマ設定と実際の授業」という2つの観点から，小学校中学年と高学年のマット運動の授業の実際について取り上げてきた.

いずれの実践においても，マット運動における中心的なおもしろさは，低学年のマット遊びと同様，「〈(私が) 転がる—(私を) 転がす〉おもしろさ」と設定した.「運動の中心的なおもしろさ」を明確にするということは，単元としての「まとまり」のあり方や本質をどうとらえるかという「内容構成」の視点の明確化であり，学習指導案に掲げる単元目標の第1目標に相当する視点であり，子どもから見た運動のテーマを導き出す視点である.

ただし，3本の実践事例共に，運動の中心的なおもしろさは共通しているが，テーマは学年に応じてすべて異なっている．抽象的になりがちな運動の中心的なおもしろさをいかにテーマとして翻訳し直し，子どもたちに提示していくかという点は課題である．この点については，第7章で取り上げることとする.

5.4.2 関係論的な体育学習に基づくマット遊びの学習過程

第3節で取り上げた授業実践では，「マット遊びの中心的なおもしろさ」を「転がることのおもしろさ」と明確にし，学習テーマを「○○と一緒に転がろう」と設定した．また，具体的な単元展開の手がかりとして，子どもの「転がる環境（場）づくり」と「子どもの転がり空間の意味世界（技術）」の

2つの工夫を行った．前者は，やわらかさの違う3種類のマットを用意し，坂やステージなど，変化のある場づくりを提示した．また，後者においては，回転系技群の回転軸を手がかりとしながら，子どもにとっての4つの転がり空間の意味を想定し（例えば，ボールやチューブ，仲間と一緒に転がる）授業を行った．単元は全8時間で，第一次（時数1）「出会い，オリエンテーション」，第二次（時数3）「モノや友達と一緒に転がろう」，第三次（時数2）「転がり遊びを紹介しよう」，第四次（時数2）「色々な場でモノや友達と一緒に転がろう」と構成した．その結果，マット運動の技の体系から見て多様な運動形態が導かれ，子どもにとっての転がるおもしろさの意味を浮かび上がらせることができた．

この実践の最大のポイントは，「マット遊びの中心的なおもしろさ」を，「転がることのおもしろさ」と明確に示したことにある．これは，マットとのかかわりによって生まれる運動遊び（例えば，相撲遊びなど）をすべて認めようとするものではなく，「マットに誘発されて転がることがおもしろい」という意味空間を，「文化の中心的な活動」として位置づけたことにある．また，「文化の中心的な活動」の根幹に強くつながる工夫として，「転がる環

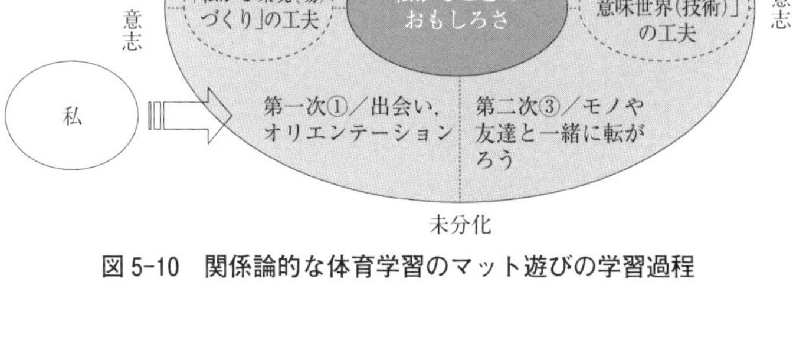

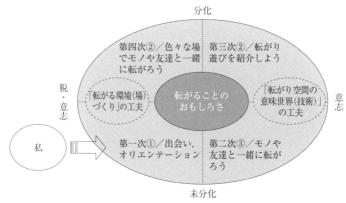

図5-10　関係論的な体育学習のマット遊びの学習過程

境（場）づくり」と「子どもの転がり空間の意味世界」の2つを，「周辺的な活動」として位置づけたことにある．

これらは図5-10のように示すことができ，「転がる環境（場）づくり」は主体的関与が小さく対象中心性が大きいことから左側（脱・意志）に，「子どもの転がり空間の意味世界（技術）」は主体的関与が大きく意志によって働きかけていく側面が強いことから右側（意志）に示すことができる．また，縦軸には，主－客分化に関する軸として世界の「分化（分節化）－未分化（混沌化）」軸を位置づけることにより，単元の展開は左下の象限から始まり，反時計周りに一回りするような円環型で位置づけることが可能であろう．それは，第一次の「出会い，オリエンテーション」は，場（布，マット，ウレタンマット）に誘発された転がり空間であり，そこへ参入し（〈まじわり〉），場に溶け込む（〈ひたり〉）という未分化の意味を大切にしているからである．また，第二次の「モノや友達と一緒に転がろう」は，モノや友達を手がかりとした転がり空間であり，偶発的に次々と生まれる転がり遊びは，一見，無秩序のようにも見えるが，個体発生は系統発生を繰り返すという考えに基づけば，実は既存のマット運動の技を〈なぞり・なりきり〉に他ならない．こうしてたち現れた多様な転がり遊びを，第三次では互いに紹介し合うこと（分節化すること）で，これまでの転がり遊びを〈かたどり〉，友達の転がり遊びに〈こころみ〉たりしている．そして，第四次では自分の好きな転がり遊びで，変化のある場に働きかけて（〈かたり〉かけて）いったり，身を〈まかせ〉ることでおもしろさを実感している．

5.4.3　関係論的な体育学習の学習過程

これらの一連のサイクルを整理してみると，転がりを誘発する「場（転がる環境）」の工夫と一緒に転がってくれる「モノ・人」の工夫で〈まじわり・ひたり〉という意味を，また，回転系技群の回転軸として用意した「モノ」の工夫（活用）と回転系技群の回転軸を手がかりにしながら想定した

「技術（転がり空間の意味世界）」の工夫で〈なぞり・なりきり〉という意味を生成している．そして，多様な転がりを引き出してくれる「技術」の工夫と多様な転がり方に気づかせてくれる「運動の行い方の工夫（「ルール」の工夫）」で〈かたどり・こころみ〉という意味をたちあげ，自分でかたどった転がり方と働きかけていきたくなるような「場」の工夫で〈かたり・まかせ〉という意味を生成しているといえる．そして，これらの工夫が「円環」過程をつくりだし，「文化の中心的な活動（転がることのおもしろさ）」の根幹に強くつながる「周辺性」を生み出すこととなり，学習者である「私」は，このような濃密に広がる意味空間構成の実践に参加していくこととなる．

以上のように，この実践の学習過程は，「文化の中心的な活動」は「取り上げようとする運動の中心的なおもしろさ」となり，「周辺的な活動」は「〈まじわり・ひたり〉→〈なぞり・なりきり〉→〈かたどり・こころみ〉→〈かたり・まかせ〉→〈まじわり・ひたり〉」という意味世界を一回りすることから「円環モデル」として位置づけることができる（図5-11）．

また，運動の属性である「場」，「モノ」，「技術・戦術」，「ルール」は，図5-11のように配置することができ，それぞれの意味生成と意味世界の円

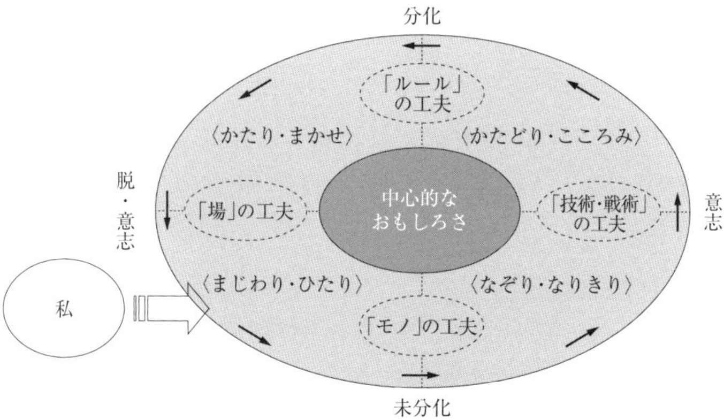

図5-11　関係論的な体育学習の学習過程（円環モデル）

環過程を生み出すには欠かすことができない工夫の対象として位置づけられることがわかる．そして，「場」や「モノ」は実在的であり，融合対象との融合体験が得られやすいことから「共感志向による意味」と結びつきやすく，「技術・戦術」や「ルール」は観念的であり，主として理性によって拡大体験が得られやすいことから「超越志向による意味」と結びつきが強くなるであろう．

しかし，ここで留意したい点は，それぞれの工夫が「工夫のための工夫」に終わらないことである．ここでの「工夫」は，「円環過程における各象限における意味をたちあげることに結びついた工夫」でなければならない．例えば，〈まじわり・ひたり〉という意味をたちあげるためには，「場」の工夫と「モノ・人」の工夫の２つの観点からなされる必要がある．逆にいうと，〈まじわり・ひたり〉という意味が子どもに実感できないという事態が生じることは，２つの観点からの工夫が機能していないことを物語っているといわざるを得ない．

以上のことから，関係論的な体育学習の単元構成試案を次の通り提出することができる．

①単元構成における内容構成は，「文化の中心的な活動」から構成し，具体的には「取り上げようとする運動の中心的なおもしろさ」を明確にする．

②単元構成における展開構成は，「周辺的な活動」から構成し，具体的には４つの意味（〈まじわり・ひたり〉・〈なぞり・なりきり〉・〈かたどり・こころみ〉・〈かたり・まかせ〉）をたちあげるための工夫を行う．

③①と②をふまえた学習過程は，主一客分化に関する軸と主体的関与に関する軸が交差し，「中心的なおもしろさ」をとりまく４つの意味世界を一回りすることからなる「円環モデル」を指標とする（図 5-11）．

5.5 まとめ

本章では，関係論的な体育学習の単元構成にかかわり，関係論的視点から，「意味世界の再構成としての学習」という体育学習を理解する際の新しい視点の提示を行った．これまでの体育学習は，「運動の機能的特性論」と「ステージモデルの学習過程」に特徴をもつ「運動の楽しさ」を子どもたちに学習（獲得）させようとしてきた．ところが，それらが「学習」概念自体の問い直しや認識論的パラダイムの転換が図られないままに方法・実践レベルに移されたため，学習内容の実体化という問題につながっていることが浮き彫りにされた．こうした問題に対して，体育学習を支えている学習論とプレイ（遊び）を関係論的視点から解釈し直し，学びとプレイ（遊び）の意味世界という考えと，状況的学習における「正統的周辺参加」を導入することでその打開を試みた．

その結果，関係論的な体育学習の単元構成試案として，内容は「文化の中心的な活動」から構成し，「取り上げようとする運動の中心的なおもしろさ」として設定される必要があると考察された．また，展開は「周辺的な活動」から構成し，具体的には４つの意味（〈まじわり・ひたり〉・〈なぞり・なりきり〉・〈かたどり・こころみ〉・〈かたり・まかせ〉）をたちあげるための工夫を行う必要があると考察された．さらに，これらのことをふまえた学習過程は，主−客分化に関する軸と主体的関与に関する軸が交差し，「中心的なおもしろさ」をとりまく４つの意味世界を一回りすることからなる「円環モデル」を指標とすることができると考察された．なお，こうした学習過程は，一義的・直線的にとらえ目的合理的な意味を優先させようとするものではなく，多義的・円環（螺旋）的にとらえ，学びとプレイ（遊び）の意味をたち上げていくことで，学習者は「運動の文化的実践への参加」が可能になるものと論じた．

注

1）例えば，菊（1998b）は，「『楽しい体育』論における『運動の特性』という考え方はプレイ論に基づく，ある一定の基本的内容を提示してはいるが，その基本的視点は運動を行う子どもからみた目的的な意味や価値におかれているため，その学習内容は子どもが自ら運動を行う特定の状況や文脈から学習内容を独立してとらえないこと，すなわち『主—客』関係の関係性の自由を保障することによって『意味』生成を促進しようとする間主観的なパラダイムを指向している」と述べている．同様に松田（1998）も，「『運動の特性』という考え方は，…(略)…学習の主体と客体は分けられることなく，取り上げられるのはむしろその『関係性』そのものであって，この意味でここでの学習観は『間主観的，関係的』パラダイムを指向していると言ってよい」と述べている．

2）Young（1971）は，今日の学校教育のカリキュラムにおける優先的知識には，「①文字文化性（literacy），②個人主義（individualism），③知識の抽象性（abstractness），④無関連性（unrelatedness）」のような原理，ないしは支配的性格が見られることを指摘している．また，駒林（1993）は，子どもの学びにとっての特質という視点から，「学校知の学びの迂回性，交換性，人工性・断片性」の３つを指摘している．

引用・参考文献

青木　眞（1994）学習過程の変化とその意味（概観）．保健体育科教育特論（資料）．上越教育大学大学院：新潟．

青木　眞（1995）体育の年間計画．体育の単元計画．宇土正彦監修；阪田尚彦・高橋健夫・細江文利編集　学校体育授業事典．大修館書店：東京，pp. 139–149.

Bertram, A.（1967）Deutsche Turnsprache. 6. Auflage. Wilhelm Limpert-Verlag: Frankfurt am Main.

チクセントミハイ：今村浩明訳（1979）楽しみの社会学．思索社：東京．

ガダマー：轡田　収ら訳（1986）真理と方法１　哲学的解釈学の要綱．法政大学出版局：東京．

広石英記（2005）ワークショップの学び論—社会構成主義から見た参加型学習の持つ意義—．教育方法学研究，31：1-11.

ホイジンガー：高橋英夫訳（1963）ホモ・ルーデンス．中央公論社：東京．

細江文利（1999）子どもの心を開くこれからの体育授業．大修館書店：東京．

稲垣なをみ（2009）体育科　マットワールド（マット運動）．白旗和也・細江文利編

小五教育技術，63(2)：108-111.
カイヨワ：清水幾太郎・霧生和夫訳（1970）遊びと人間．岩波書店：東京.
菊　幸一（1998a）楽しい体育の理論的・実践的問題．中村敏雄編　戦後体育実践論第3巻　スポーツ教育と実践．創文企画：東京，pp. 111-122.
菊　幸一（1998b）「楽しい体育」論は体育授業「論」に何をもたらしたか．体育科教育，46(17)：17-20.
駒林邦男（1993）現代日本の学校　子ども　授業．教育学授業資料．岩手大学教育学部：岩手，pp. 149-152.
レイヴ・ウェンガー：佐伯　胖訳（1993）状況に埋め込まれた学習―正統的周辺参加―．産業図書：東京.
ミラー：森　繁敏・森　楙訳（1980）遊びの心理学．子供の遊びと発達．家政教育社：東京.
文部省（1999）：小学校学習指導要領解説体育編，東山書房：京都.
西村清和（1989）遊びの現象学．勁草書房：東京.
岡野　昇（2009）子どもに対する見方を見直そう．体育科教育，57(8)：32-36.
岡野　昇・小倉佑季子（2001）モノと仲間との「かかわり」が楽しさを広げる―「おもしろいマット遊びの世界」づくり―．学校体育，54(11)：11-14.
ピアジェ：大伴　茂訳（1988）遊びの心理学．黎明書房：名古屋.
佐伯聰夫（1995）学習内容構成論における客観主義と主観主義．宇土正彦監修　学校体育授業事典．大修館書店：東京，pp. 119-120.
佐藤　学（1995）学びの対話的実践へ．佐伯　胖ほか編　学びへの誘い．東京大学出版会：東京，pp. 49-92.
清水　武（2004）遊びの構造と存在論的解釈．質的心理学研究，3：114-129.
杉本厚夫・田口節芳（1984）「楽しい体育」論再考．近畿大学工学部紀要（人文・社会科学篇），13：61-82.
高橋健夫（1993）「楽しさ」の位置づけをめぐって．女子体育，10：4-7.
田中俊也（2004）状況に埋め込まれた学習．赤尾勝己編　生涯学習理論を学ぶ人のために．世界思想社：京都，pp. 171-193.
多々納秀雄（1990）所謂「楽しい体育」論の批判的検討．健康科学，12：74-86.
松田恵示（1998）運動の特性を生かした学習指導．戦後体育実践論集第3巻　スポーツ教育と実践．創文企画：東京，pp. 83-94.
松田恵示・山本俊彦（2001）かかわりを大切にした小学校体育の365日．教育出版：東京.

吉田　茂（1989）マット運動の側方倒立回転の運動学習の過程に関する研究（Ⅰ）．埼玉大学紀要教育学部Ⅱ：埼玉，38(1)：63-72.

Young, M.F.D.（1971）An approach to the study of curricula as socially organised knowledge. In Young, M.F.D.（Ed.）*Knowledge and control: New directions for the sociology of education*: London, Collier Macmillan.

第6章　関係論的な体育学習の単元構成原理（研究課題4）

6.1　はじめに

これまで検討してきた通り，関係論的な体育学習とは，体育に寄せられている今日的課題について，対症療法的な方法論で解決に迫るのではなく，私たち人間が拠り所としている思考の枠組み（パラダイム）に着目しながら体育の問題を取り上げ，その根源的なレベルから転換を図ろうとするものである．それは，近代社会を支配していた物心二元論や機械論的自然観に基づく思想からくる「二項対立図式による体育授業」からの脱却を図り，現代社会が求める「知の形＝世界観＝人間の意識から出発する現象学的な視点や関係論的な思考のコト的世界観」をベースとしながら新しい体育学習の構築を試みようとするものである．

こうした関係論的な思考とは，第一次的にモノ（客観）が既に在り，それらが二次的に関係しあって世界が構成されると考えるのではなく，世界は一次的に主観の関係の中からつくりだされ，共同主観的（間主観的）に構成されるという認識で，現代の構造主義やシステム論，コミュニケーション理論などに影響を与えている．このような動向は，現在の体育学習の背景にあるプレイ（遊び）と学習論についても見られ，第5章において，清水（2004）の遊びの存在論的・現象学的解釈，レイヴとウェンガー（1993）の「正統的周辺参加（Legitimate Peripheral Participation：LPP）」，佐伯（1995）や佐藤（1995）の学び論など，いずれもコミュニケーションという社会的・文化的プロセス（ヴィゴツキー，1962）や社会構成主義的というパラダイム（ガーゲン，2004）を背景にもつ論に示唆されながら，関係論的な体育学習の単元構成について検討し，その手順について導き出した．

そこで本章では，関係論的な体育学習の単元構成の手順に基づきながら学習を構想し実践することによって，「学習過程の構成原理としての円環モデル」という考え方を検討した後，現在の「運動目的・内容論の体育」の単元構成を踏まえながら，関係論的な体育学習の構築に向けた単元構成原理について提出することを目的とする．

6.2　関係論的な体育学習の単元構成の実際

本節では，第5章で導き出した関係論の体育授業の単元構成の手順に基づきながら授業を構想し実践することによって，「学習過程の構成原理としての円環モデル」という考え方を検討することが目的である．

授業（実施年月：2005年6～7月）は，三重県津市立A小学校6学年（男子14名，女子8名）の跳び箱運動，全6時間の単元である．

6.2.1　単元の構成―「文化の中心的な活動」の構成

「文化の中心的な活動」とは，「取り上げようとする運動の中心的なおもしろさ」のことであり，これを導き出すにあたって，佐伯（1999）の提示する「カルチュラル・コンテクスト（文化的脈絡）」という考えに示唆を受けた．この考えは，「意味ある運動の世界」を学習として構成しようとする際，運動の魅力を感知するための視点であり，運動パフォーマンスのシンボリズムを解読しようとするものである．この「カルチュラル・コンテクスト」の視点に基づき，金子（1987），稲垣（1988），高橋ら（1992），松本（2009）の文献を参考に跳び箱運動の源流を訊ねてみることにした．

元来，「跳び箱」という「器械」そのものは体力づくりをねらいとしたスウェーデン体操のものである．一方，馬とびや乗馬術から巧技として発展したのがドイツ体操のバックや跳馬であり，そこでは色々な跳び方を楽しむ自然な運動が源流になっている．現在の学校体育に位置づく跳び箱運動は，前者の「器械を利用した体力向上の体操としての器械体操」ではなく，後者の「器械上で運動の巧みさを争うスポーツとしての器械運動」である．また，この「スポーツとしての跳び箱運動」の「器械・器具」として位置づくバック（４本足で跳馬を小さくしたような器械）や跳馬の開発は，ブリューゲル（P. Brueghel, 1525-1569）の絵画「子供の遊び（1560年作）」の中の一部として描かれている「馬とび（ドイツ語では，ボックとび（羊とび））」（図6-1）がヒントとなっているようである．さらに，この絵画の中には「馬乗り遊び」を行う子どもの姿も描かれている（図6-2）．ドイツ体操の創始者，ヤーン（F. John, 1788-1852）が国民的な体育運動展開の中核をなす「ツルネン」をバーゼンハイデで本格的に始めたのが1811年である．そこから遡ること250年以上も前から，子どもたちは馬（羊）に見立てた人を「跳び越したり，跳び乗ったりすること」を遊んでいたことになる．

以上のことから，現在の跳び箱運動はドイツ体操を源流とする「スポーツとしての跳び箱運動」であり，その発展過程は，子どもの「跳び乗り・跳び越し遊び」を原点に，次第に競技性の色濃い「跳び箱を使った支持跳躍運動（跳び越すこと）」に変容してきていると推察される．したがって，本単元で

図 6-1　馬とび遊び

図 6-2　馬乗り遊び

は跳び箱運動の原点ともいえる「腕支持で跳び乗ること」を中心に単元を構成し，しだいに「腕支持で跳び越すこと」へと移り変わっていくように，「文化の中心的な活動」を位置づけることとした．

6.2.2　単元の構成―「周辺的な活動」の構成

具体的な「周辺的な活動」の工夫は，次の3点である．

第1に，「馬乗り遊び」を学習内容として導入した点である．これは子どもたちが抱いているであろう「跳び越すこと＝成功」，「途中でお尻が着くこと＝失敗」という，跳び箱運動に対する概念くずしのためである．子どもたちが思いきり仲間の背中に跳び乗り，数多くお尻をつく体験ができるよう試みた（写真6-1参照）．

第2に，「跳び乗り，跳び越したくなるような場」の設定である．今回の単元の中で設定した場は，「Ⓐセーフティーマットを立てた場（縦0.6m×横2m×高さ1.45m）（写真6-2参照）」，「Ⓑステージ上にマットを積み重ねた場（縦0.92m×横1.72m×高さ1.325m）（写真6-3参照）」，「Ⓒセーフティーマットを積み重ねた場（縦2m×横1.45m×高さ1.2m）（写真6-4参照）」，「Ⓓマットを積み重ねた場（縦1.2m×横1.54m×高さ1.23m）（写真6-5参照）」，「Ⓔ跳び箱6段の場（縦0.8m×横0.36〜0.69m×高さ0.8m）」，「Ⓕ跳び箱7段の場（縦0.8m×横0.36〜0.73m×高さ0.9m）」，「Ⓖ跳び箱8段の場（縦0.8m×横0.36〜0.8m×高さ1m）（写真6-6参照）」，「Ⓗ大跳び箱8段の場（縦1m×横0.41〜0.87m×高さ1.25m）」の8通りである．いずれの場も子どもの「跳び乗りたい，跳び越したい」という挑戦意欲をくすぐるために，文部科学省規格の跳び箱（例えば6段の場合は，縦0.8m×横0.36〜0.69m×高さ0.8m）よりはるかに高く，長い場を設定すると同時に，安心して思い切り跳び乗ったり，跳び越したりできるようにマットやセーフティーマットを用いたやわらかな場の工夫も試みた．

第3に，授業者を三人体制とした点である．授業者Ⅰは体育科専科教員で主に授業全体の進行をつとめ，授業者Ⅱは当該学級担任で主に個々の子どもに対する支援につとめ，授業者Ⅲは三重大学大学院生で学習状況に応じた跳び乗り方や跳び越し方を提示する「プレイリーダー」としての役割につとめた．

6.2.3　授業の概要

実際の授業の概要は，次の通りである．

第1時は，「腕支持で跳び乗ったり，友達と一緒に跳び乗ったりすることに思いきり挑戦しよう」というテーマのもと，馬の長さへ挑戦する2つの活動を行った．1つは，個人による馬乗り遊びで，腕支持でどこまで遠くへ跳び乗れるかを競い合った．もう1つは，チーム対抗による馬乗り競争で，八人全員が腕支持で跳び乗ることを競い合った．授業者Ⅰ・Ⅱは，馬乗り遊びの紹介を行うと同時に，実際に子どもたちとともに馬乗り遊びの活動を行った．

第2時は，「腕支持で跳び乗ることをチームで思いきり競い合おう」というテーマのもと，馬の長さへ挑戦する活動としてチーム対抗による馬乗り競争を行った（写真6-1）．男女別による八人1チームを3チームつくり，それぞれ対抗戦を行った．第1時と同様に，授業者Ⅰ・Ⅱは，それぞれ男子チームに加わり，子どもたちとともに活動を行った．対抗戦形式をとったため，各チームごとで跳び乗る順番や場所を決めたり，崩されないような踏ん張り方を話し合うなどの姿が見られた．

第3時は，「腕支持でセーフティーマットに跳び乗ることをチームで思いきり競い合おう」というテーマのもと，高さ（1.45m）へ挑戦する活動として，「Ⓐセーフティーマットを立てた場」に跳び乗ることを競い合った（写真6-2）．男女別による四人1チームを6チームつくり，それぞれ対抗戦形式で活動を行った．授業者Ⅰ・Ⅱは第2時同様，それぞれ男子チームに加わり，子どもたちとともに活動を行った．ここでもまた，自然に作戦や跳び乗り方を考える姿が見られた．なお，跳び乗り方はセーフティーマットの高さが

写真 6-1

写真 6-2

1.45m あったことから，大部分の子どもが跳びついてよじ登るというものであった．

第 4 時は，「腕支持でセーフティーマットやマットに思いきり跳び乗ろう」というテーマのもと，2 つの場（「Ⓑステージ上にマットを積み重ねた場（写真 6-3）」，「Ⓒセーフティーマットを積み重ねた場（写真 6-4）」）を設定し，高さ（1.325m, 1.2m）への挑戦する活動を行った．授業の前半はロイター板を使用しないで活動を行っていたが，助走からマットへの跳び乗りのタイミングがつかめない子どもが見られたため，それぞれの場にロイター板を設置した（以下，第 6 時までロイター板と踏み切り板を設置した）．また，授業者Ⅲは本時からの登場で，子どもの跳び乗り方とは異なると跳び乗り方（例えば，台上前転乗り，前方倒立回転跳び乗り，側方倒立回転跳び乗り）を意図的に交えながら，子どもとともに活動に取り組んだ．

第 5 時は，「色々な方向から腕支持でセーフティーマットやマットに思いきり跳び乗ろう」のテーマのもと，2 つの場（「Ⓓマットを積み重ねた場（写真 6-5）」，「Ⓒセーフティーマットを積み重ねた場」）を設定し，長さ（1.2m, 2m）や高さ（1.23m, 1.2m）への挑戦する活動を行った．授業の中盤で腕支持による跳び乗り方を紹介する時間をとり，紹介された跳び乗り方やもっとやってみたい跳び乗り方に挑戦する時間を後半に設定した．

写真 6-3

写真 6-4

写真 6-5

写真 6-6

前時の場の高さより低い場であったことや，引き続きロイター板や踏み切り板を設置したことから，マットを跳び越えてしまう子どもが現れた（開脚跳び５名，かかえ込み跳び３名，台上前転７名，側方倒立回転跳び１名，側転跳び１名）．その中には，授業者Ⅲが繰り出す跳び乗り方や跳び越し方に誘発され，それを真似する子どもも含まれている．

第６時は，「腕支持で跳び箱を思いきり跳び越そう」というテーマのもと，「Ⓔ跳び箱６段の場，Ⓕ跳び箱７段の場，Ⓖ跳び箱８段の場（写真 6-6 参照），Ⓗ大跳び箱８段の場」を設定し，長さ（0.8m ～1m）や高さ（0.8m ～1.25m）に挑戦する活動を行った．子どもの挑戦欲求が高かったことから，授業者

Ⅰ・Ⅱ・Ⅲは，それぞれの子どもが挑戦している跳び越し方に対する技術的な指導を行った．19名の子どもたちが腕支持跳び越し（開脚跳び17名，かかえ込み跳び１名，台上前転１名，頭はね跳び５名，側方倒立回転跳び１名）を成功させた．

6.2.4 学習過程の実際

本単元の学習過程の実際は，図6-3の通りに整理できる．なお，下記文中の鍵括弧内は，毎時間終了後に子どもが記録する学習カードから引用したものである．

第１・２時における馬乗り遊び・競争では，子どもたちは〈かたり・まかせ〉意味世界にあったと見ることができよう．それは，「高く遠くへ跳び乗った」，「相手に体重をかけてドスンと乗る」，「助走をつけて思いっきり乗っておもりをした」，「下の土台の人をくずすように手を着くときに思いっきり下に体重をかけた」，「踏み切った後，重心を相手に向けた」といった自分の身を友達に〈働きかけていったり〉，〈まかせていったり〉，〈ゆだねていく〉ことに意識が向いていたからである．

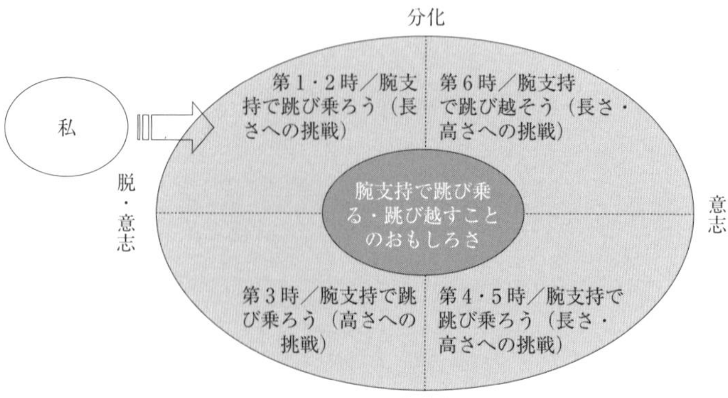

図6-3 本単元の学習過程

第3時では，その対象が友達からセーフティーマットに変わったことで，さらに身を放とうとする姿が見られるなど，セーフティーマットとの一体感（〈溶け込み〉体験）を得ようとしていた．「よじのぼった」，「ひたすら上にのぼった」，「1回落ちそうになったときはがんばってよじのぼった」，「跳ぶときにマットをけりながら乗るように心がけた」といった記述からも，マットの高さと格闘しながらも，〈まじわり・ひたり〉意味がそこにはたち現れていると見ることができよう．

第4・5時では，授業者Ⅲと子どもの間に即興の徒弟関係がつくられたと見ることができよう．それは，明らかに授業者Ⅲが繰り広げる行為に，子どもたちが触発されて，その行為を〈なぞろう〉としていたからである．また，「K児（前方倒立回転跳び乗りができた友達）がすごい回転をした」，「まねしようと思ってもできなかった．くやしー」，「アドバイスを受けて1回転に挑戦した．何回も挑戦していたら，浮くようになってきた」，「跳び乗ったとき，すごいといわれたのがよかったです」からもうかがえるように，即興の徒弟関係は子どもたちどうしの間にも広がっていった．このことから新しい跳び乗り方をする人のように〈なりたい〉という意味もたちあげていたと見ることができよう．

そして，第6時では，「跳び箱恐怖症だけど，6段や7段が跳べてよかった」，「何度もやっても失敗が続いたけど，友達のを観察して，実際にまた何回かやったらちょっとは跳べたのでうれしかったです」，「今までで跳べなかった8段が跳べてよかった」といったように，自分なりの跳び越し方で〈こころみ〉ようとする姿が見られた．

以上のことから，本単元の学習過程は，〈かたり・まかせ〉→〈まじわり・ひたり〉→〈なぞり・なりきり〉→〈かたどり・こころみ〉という順序で意味世界をゆるやかに円環していたと推察される．しかし，これは「中心的なおもしろさ」をとりまく4つの意味世界を一回りすることからなる「円環モデル」と合致するが，「私」のスタート時点の意味世界は異なっている．すなわち，本実践は〈かたり・まかせ〉から「私」の意味世界が始まっているのに対し，「円環モデル」では〈まじわり・ひたり〉からのスタートとなっている．このことから「円環モデル」は，そのまま学習過程として用いるのではなく，学習状況を読み取り，学習の流れをつくりだす指標として活用し，学級の実態に応じて弾力的な運用が求められることになろう．

6.2.5　授業実践の振り返り－子どもの「振り返りカード」から

本単元終了後，子どもたちは全6時間の学習の振り返りを（「振り返りカード」への記述）2つの観点から行った．1つは，全6時間の中で最も印象に残った時限の場面を1つ選択し，その理由を記述するというものである（「ベストイチオシ場面」）．もう1つは，「跳び乗る・跳び越すからの気づき」と題し，全6時間を通して感じたことを自由に記述するというものである．

「ベストイチオシ場面」から

表6-1は，「ベストイチオシ場面」の全記述をKJ法によって分類し浮き彫りにされた観点と記述人数を整理したもので，表6-2は「ベストイチオシ場面」の全記述である．

「ベストイチオシ場面」（表6-1，表6-2）の中で最も多かった時限が，最終時の第6時で11名（52.4%）であり，次いで，第4時と第5時のそれぞれ3名（14.3%）ずつであった．

また，理由の記述をカテゴリー化したところ，2つに大別された．1つは，「今まで乗れないと思っていたセーフティーマットに手伝ってもらったけど

表6-1　ベストイチオシ場面①

	第1時	第2時	第3時	第4時	第5時	第6時
克　服	0	0	2	3	0	10
達　成	0	2	0	0	3	1

（数字は人数）

表 6-2　ベストイチオシ場面②

	第２時（馬乗り競争）	第３時（跳び乗ること）	第４時（跳び乗ること）	第５時（跳び乗ること）	第６時（跳び越すこと）
克服		・今まで乗れないと思っていた．セーフティーマットに手伝ってもらったけど乗れたから． ・みんながセーフティーマットに跳び乗れたときが１番よかった．この時がいちばん楽しかったしうれしかった．	・ロイター板を思いっきりふんだら跳べたのが楽しかった． ・今までやったなかで，これだけは１回しかできなかったから． ・執念でのぼれたし，いちばん楽しかったから．		・跳び箱縦の６～７段で，跳び越すということがあまりできなくて，足を閉じてしまい，かかえこみ跳びになって，跳び越すことができなかったのがくやしかったから．みんながかかえこみ跳びのことをすごいと言ってくれたから． ・大の８段が跳べたから．今までは小の８段しか跳べなかったから．跳び箱の上で１回転できなかったから． ・大の８段を跳び越せたから． ・８段をはじめて跳べた．いちばん嬉しかった． ・小の８段がはじめて跳べたからイチオシ場面にしました．跳び越えたときの嬉しさがたまりませんでした．跳ぶとき，手を多くの方にしたら跳べました． ・８段の大きい版が跳び越せたから． ・７段がはじめて跳び越せて嬉しかった． ・ずっと学校の１番でかい跳び箱を跳んだことがなくて，跳んでみたいなあと思っていて，跳ぶ機会がこの日できて，さらに跳べたからうれしかった．さらにさらに，大の跳び箱を１番はじめに跳べたからもっと嬉しかった． ・跳び箱の７段が跳べてすごく嬉しかったから． ・跳び箱の８段で，最初はこわくてできなかったけど，先生に手伝ってもらってからできるようになって，それからこわくなくなって，こつもつかめたからよかったです．こつとは，前に前に重心をかけることです．
達成	・一発でみんなをくずれさせたから． ・活躍できたし楽しかったから．上に上に乗っていくと，たくさんの人がみんなの上に乗れる．思いっきりドフッと乗るといい．そうすると台の人が崩れる．			・走って乗ったり，跳んで乗ったり，前回りをした．前回りはちょっと右へ行ってしまったけど，楽しかったからこれにした． ・ジャンプしてセーフティーマットの上でその日にはじめて回れたから． ・９段とか高いのは跳んだことが前からあったけど，腕支持回転跳びができたのははじめてだったから嬉しかった．	・第５時のセーフティーマットを積み重ねた場の方は，広かったけど，第６時の跳び箱中の８段縦の方は，小さな幅で，前宙をして立てたこと．

乗れたから」,「8段をはじめて跳び越せたから」,「跳び越すことができなかったのがくやしかったから」といった跳び箱などの高さなどへ挑戦する「克服」に関するものが15名（71.4%）であった．もう1つは,「一発でみんなをくずれさせたから」,「8段とか高いのは跳んだことが前からあったけど，腕支持回転跳びができたのははじめてだったからうれしかった」といった跳び乗り方や跳び越し方に挑戦する「達成」に関するものが6名（28.6%）であった．

このように，すべての子どもが最も印象に残っている場面として「挑戦すること」を選択していることから，本単元では子どもの挑戦意欲を引き出すことに成功したと考えることができよう．また,「挑戦すること」の分類から，挑戦欲求に基づく克服型に特に魅力を感じており，その対象は「跳び越すこと」へ向けられていたととらえることができる．

ただしこの結果から，高学年の跳び箱運動を安易に「跳び越すこと」を中心とした克服型で単元を構成することには賛成しかねる．なぜなら，確かに本調査結果からは，第6時の克服に子どもたちの意識は集中しているが，先述した「学習過程の実際」でも見られた通り，そこに至るまでの馬乗り遊び・競争や「跳び乗ること」の活動が有意味に働いたと考えるからである．

「跳び乗る・跳び越すからの気づき」から

また，表6-3は,「跳び乗る・跳び越すからの気づき」の全記述をKJ法によって分類し浮き彫りにされた観点と記述人数を整理したもので，表6-4は「跳び乗る・跳び越すからの気づき」の全記述である．

「跳び乗る・跳び越すからの気づき」（表6-3，表6-4）をKJ法によって分類し浮き彫りにされた観点は,「興味」,「態度」,「技術的思考」の3点であり，そのうち「技術的思考」への気づきが最も多く51.4%を占めている．

浮き彫りにされた3つの観点のそれぞれの構成要素に注目してみると，第1点目の「興味」は「新奇性，意外性，心地よさ，興味，反復性，克服性」

表6-3　跳び乗る・跳び越すからの気づき①

	馬乗り競争	跳び乗ること	跳び越すこと
興味	新奇性(1)	意外性・心地よさ(1)，興味(1)	意外性(2)，心地よさ・反復性(1)，反復性(1)，克服性(2)
態度	協力(3)	勇気・挑戦(1)，執念(1)	勇気・挑戦(2)，勇気(1)，執念(1)
技術的思考	技術的思考(2)，踏ん張り(2)，助走(2)	踏み切り(2)，踏み切り・着手(1)，第1空中局面(1)	着手(6)，助走(1)，助走・踏み切り(1)，踏み切り(1)

（　）内の数字は記述人数

表6-4　跳び乗る・跳び越すからの気づき②

	第1・2時（馬乗り競争）	第3～5時（跳び乗ること）	第6時（跳び越すこと）
興味	・あまりしないことだったから，けっこう楽しかったし，気づかなかったこつともわかったからよかった（新奇性）	・セーフティーマットがあるから怖くないから，回転をやってみようかなと思ってやってみたら意外とできた．それに，そのときのどよめきが気持ちよかったのを覚えている（意外性・心地よさ） ・セーフティーマットに跳び乗るのが一番おもしろかった（興味）	・みんなもけっこう跳べていた（意外性） ・自分がけっこう思ったより跳べたので嬉しかったです（意外性） ・やっぱり，跳び越えるととてもいい気持ちになれました．また，どんどんやりたくなってきました（心地よさ・反復性） ・何回やってもおもしろかった（反復性） ・一番はじめに跳べたのがすごく嬉しかった（克服性） ・小さい8段は跳ぶことができて嬉しかった（克服性）
態度	・友だちと協力するのもとても大切なんだなあ（協力） ・チームのチームワークが大切だと思った（協力） ・チームワークが大切なことがわかった（協力）	・勇気を出したら簡単に跳べた（勇気・挑戦） ・やはり，この世界では，何事も執念があればやっていけるんだなぁと改めて実感しました（執念）	・自信を持って跳び越すということを学んだ．こわがらずに走れば，大の8段なんて簡単に跳べる（勇気・挑戦） ・今よりもっと心が強くなったような気がする．セーフティーマットで前宙ができたのは，できるという信じる心と，セーフティーマットの安心（失敗しても大丈夫）があったから．失敗し

			てもやりなおせる気持ち（負けず嫌い）があったから（勇気・挑戦） ・やっぱり，この授業はすごく勇気が必要だなあと感じた（勇気） ・やはり，この世界では，何事も執念があればやっていけるんだなぁと改めて実感しました（執念）
技術的思考	・なるべく一人の人に大勢乗るようにすると崩しやすいことに気づいた（戦術的思考） ・相手をつぶすことは，自分たちのチームの子の上に乗って，そこの下に馬になっている子の上に重心をかけてつぶれてしまうようになって，相手のチームの子をつぶした.そして，自分たちが馬のときになったら，馬の一番後ろの子は，「○○さんきたよー」と声をかけたりしたり，前から３番目が一番つらいとわかったら，そこに強い子を置いて，相手に勝てるようにがんばった（戦術的思考） ・すごく粘り強く一人ひとりがふんばることが大事だと思った（踏ん張り） ・アメフトみたいに構えたら崩れにくくなった（踏ん張り） ・遠くから助走をつけて乗った方が，もっと遠くまで跳び乗れる（助走） ・跳ぶときの助走が必要で，馬乗りのときも助走がいる.助走をつけて跳ぶといつもの何倍も跳べた（助走）	・ちょっと勢いをつけて，すごい近くまでいったとき，足で地面を思いっきり踏んでバンという音がなって，マットや跳び箱に跳び乗れました（踏み切り） ・強く力を入れたら跳べた（踏み切り） ・いろんなものに跳び乗るときは，足を思いっきり踏みつけると勢いよく跳び乗ることができる．マットに跳び乗るときは，手を思いっきり伸ばすと，けっこう跳びやすいけど，伸ばしすぎると反対に手が痛くなるから注意．でも，足をドンって踏みつけるといいんだぞ（踏み切り・着手） ・跳び越すときと一緒で，一気にジャンプすればいいと思う．失敗したら，執念で跳び乗ってあきらめずにもがけばいいと思った（第１空中局面）	・手を伸ばすと，跳び箱などもちゃんと跳び越えられるなあと思いました（着手） ・前回りなどにも腕支持が必要だということがよくわかりました（着手） ・跳び箱の真ん中に手をついて跳んだ方が軽く跳べる（着手） ・腕でマットや跳び箱を強く押すと，回りやすいし，跳びやすかった（着手） ・手の位置がもっと後の方だと跳べることに気づいた（着手） ・友達のを見てて，手をついて、すぐにはなしているのがわかって，私もやってみたらできた（着手） ・スピードを落さず跳ぶ気があれば跳べる（助走） ・跳び越すときは，がんばってスピードをつけて，一気にジャンプすればいいことがわかった（助走・踏み切り） ・一番わかったのは，つま先に重心と膝を曲げると一段ともっと跳べる．１回転するやつで立てたのは，足に力を入れたから（踏み切り）

といった意味から，第２点目の「態度」は「協力，勇気，挑戦，執念」といった意味から成り立っていることが明らかにされた．そして，第３点目の「技術的思考」は「戦術的思考，踏ん張り，助走，踏み切り，第１空中局面，着手」といった視点から構成されていることが明らかにされた．

以上のことを踏まえていえることは，「運動技術を教えるから子どもは運動技術を獲得する」ということではなく，「文化の中心的な活動である取り上げようとする運動のおもしろさを明確にし，周辺的な活動を工夫するからこそ，子どもは自ずと運動技術を身につけようとする」ということである．事実，本単元において運動技術の獲得を単元の中心に位置づけなかったのに，「技術的思考」に関する気づきが全体の約半数を占める結果となっている．また，その内容についても，「跳び乗ること」に関する気づきは，「跳び乗る」ために肝心な助走から両足踏み切り局面に集中し，的を得ている．さらに「跳び越すこと」に関する気づきについても，「跳び越す」ことを決定づける着手の局面をあげている子どもが多いことから，技術的ポイントを押さえた気づきとなっている．

6.2.6　授業実践の振り返り－単元の構成から

単元の構成－「文化の中心的な活動」の構成について

近年の跳び箱運動の一般的な授業として，運動の機能的特性から見た運動の類型による挑戦欲求に基づく達成型（めあて①：今できる跳び方で色々な跳び箱を跳び越す）と克服型（めあて②：少し努力すればできそうな跳び方に挑戦する）を組み合わせた学習過程で展開されるものがあげられる（文部省，1995）．

今回の取り組みは，一見それと類似しているように見えるが，子どもの挑戦意欲を既にあるものととらえていない点が異なる．どうしたら子どもの挑戦意欲を掻き立てることができるか，といった点に主眼をおき，「跳び箱運動」とは何か，という「跳び箱運動文化の中心的な活動」を「カルチュラル・コンテクスト」の視点から導き出した点が特徴的である．このことは，従来の運動の一般的特性からのみ，単元の内容構成がされがちであった跳び箱運動の授業に対し，運動文化（運動遊び文化）の文化的状況や文化的脈絡を踏まえる，いわば「運動の文化的特性」という視点を組み込んだ点が特筆すべきことである．すなわち，関係論的な体育学習の単元構成における内容構成は，運動の一般的特性と「運動の文化的特性」を表裏一体のものとして構成することが求められることになろう．

単元の構成―「周辺的な活動」の構成について

本単元において，「周辺的な活動」の工夫として取り組んだことは3点であった．第1に「馬乗り遊び」を学習内容として導入した点，第2に「跳び乗り，跳び越したくなるような場」の設定，第3に授業者を三人体制とした点である．

既に見てきた通り，「馬乗り遊び」を学習内容として導入することで，「新奇性・協力」という意味と「戦術的思考・助走・踏ん張り」という視点が浮かび上がった．これは，従来の跳び箱運動の授業にあまり見られない傾向である．その点において，「跳び箱運動＝跳び越すこと」，「お尻をつくこと＝失敗」という概念は，崩すことができたものと思われる．また，既成の文部科学省規格の跳び箱よりはるかに長く，高く，やわらかな場の提示は，子どもの好奇心をくすぐり，安心して挑戦することができる意欲を引き出すことができたように考えられる．さらに，授業者を三人体制とし，その内一人を子どもとともに活動する「プレイリーダー」としての役回りをする授業者を位置づけたところ，子どものダイナミックでしなやかな跳び乗りや跳び越しを導き出すことができた．

これらの工夫は基本的に，「円環モデル」に位置づけられている4つの工夫にしたがっている．第1・2時の馬乗り遊び・競争は「ルール（遊び方）」の工夫に属しているし，第3時からの「跳び乗ったり，跳び越したりする場」は誰もが参加しやすい「場」の工夫に属している．また，第4時の中盤から設置したロイター板や踏み切り板は「モノ」の工夫として位置づき，「跳び乗ること」から「跳び越すこと」へのきっかけとなった．さらには，同じく第４時から登場させた授業者Ⅲは「技術」の工夫の仕掛け人であり，子どもの挑戦意欲を一段と高めた．

すなわち，関係論的な体育学習の単元構成における学習過程は，「円環モデル」によって構成することが可能であり，それに位置づけられている４つの工夫は，「周辺的な活動」を構成する際の手がかりとなり得ることが確認できた．

本節では，「学習過程の構成原理としての円環モデル」という考え方に基づきながら，小学校６学年の跳び箱運動の単元を構成し実践することにより，それを検討することが目的であった．その結果，２つのことが明らかにされた．

第１に単元構成における内容構成は，運動の一般的特性と「運動の文化的特性」を表裏一体として構成することが求められるということである．第２は単元構成における学習過程は，「円環モデル」によって構成することが可能であり，それに位置づけられている４つの工夫は，「周辺的な活動」を構成する際の手がかりとなり得ることが確認できたということである．

6.3　関係論的な体育学習の単元構成原理

本節では，現在の「運動目的・内容論の体育」を概観した後，それと関係論的な体育学習の単元構成とあわせて，単元の構成原理について，青木（1995）の「体育の単元の基本構想」に依拠しながら整理を試みることにする．

6.3.1 「運動目的・内容論の体育」の単元構成の考え方

日本の体育は，産業社会から脱工業社会への変化に伴い，1979年を境に

「運動手段論の体育」から「運動目的・内容論の体育（「楽しい体育」論）」へと大きく転換したと見ることが一般的である．この「楽しい体育」論とは，全国体育学習研究会という一民間教育研究団体が1979年からスローガンとして提唱してきた学習論を指しているが，1977年の学習指導要領改訂を契機にこの考え方が急速に広まってきたとみられる（岡出，1995）．そのため，現在の体育の運動の特性は，それまでの「運動の効果を視点とした領域（運動の効果的特性）」や「運動の目的や技術の類縁性を視点とする領域（運動の構造的特性）」を超え，「人間と運動の関係を視点とする領域（運動の機能的特性）」を中核とする考え方で位置づけられている（青木，1995，pp. 141-142）．

そもそも運動の機能的特性とは，竹之下（1980）の「欲求論」から運動の機能（二重的機能）について整理し，その一機能である欲求充足にかかわる運動の楽しさの問題を「プレイ（遊び）」と結びつけ，行う者（プレーヤー）の立場からとらえた運動の楽しさ（欲求の充足機能）を導き出している．それは，ホイジンガー（1963）とカイヨワ（1970）のプレイ（遊び）論を援用しながら，「挑戦の欲求に基づくものとしてスポーツ（競争型／他人に挑戦し勝ち負けを競い合うことが楽しい運動，克服型／自然や人工的に作られた物的障害に挑戦しそれを克服することが楽しい運動，達成型／記録やフォームなどの観念的に定められた規準に挑戦しそれを達成することが楽しい運動）」と「模倣・変身の欲求に基づくものとして表現運動・ダンス（創作型／イメージ非定形，リズム型／リズム非定形，社交型／リズム定形，民族舞踊型／イメージ定形）」の運動の分類を行っている．また，もう１つの機能である必要充足の機能としての運動は体操があてられ，これをあわせて「一般的特性」と位置づけている．

運動の特性（機能的特性）は，この一般的特性と「子どもから見た特性」の２つから位置づけられている．これは，子どもの意欲や能力，経験などに個人差のある子どもの実態をふまえて，学習する子どもにとって，どこが楽しくどこがつまらなく，どんな楽しみ方ができる運動かなどを明らかにしようとする特性である．このように，「運動の楽しさ（運動の機能的特性にふれる楽しさ)」を目標にするようになった体育は，「運動の楽しみ方やそのための態度」を学習内容の中心にするようになった．当然，学習過程もこれまでとは違った発想から工夫することが必要になり，その工夫は図 6-4 に典型的に現れている．

図 6-4 の基本的な特徴は，「学習者が今もっている力をフルに生かして，その運動の楽しさ・喜びにふれる」ことを単元のどの段階においても充たすことに工夫の焦点がおかれている．また，道筋の組み立て方の手順は，学習

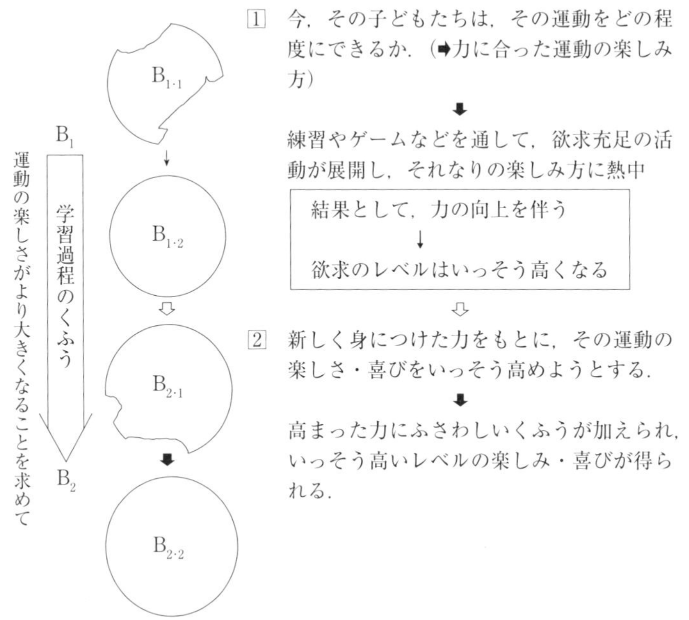

運動の楽しさがより大きくなることを求めて
B1
学習過程のくふう
B2
B1·1
B1·2
B2·1
B2·2
1　今，その子どもたちは，その運動をどの程度にできるか．(➡力に合った運動の楽しみ方)
練習やゲームなどを通して，欲求充足の活動が展開し，それなりの楽しみ方に熱中
結果として，力の向上を伴う
欲求のレベルはいっそう高くなる
2　新しく身につけた力をもとに，その運動の楽しさ・喜びをいっそう高めようとする．
高まった力にふさわしいくふうが加えられ，いっそう高いレベルの楽しみ・喜びが得られる．

〔注〕◆ B_1，B_2 のいずれも，１は変形（バランスを欠いている部分があることを示す）であるのに対し，２は整った円形に表している．この変化は適切な学習によって，技能，ルールやマナー，学習の場などの間にバランスがとれて，楽しさ・喜びがよりよく生じやすくなっている状態になっていることを表している．

◆ B_1 より B_2 の方が，より大きく示されているのは，力の高まり，そしてそれに見合う楽しさ，喜びの高まりを意味している．

図 6-4　学習過程の工夫（宇土，1982）

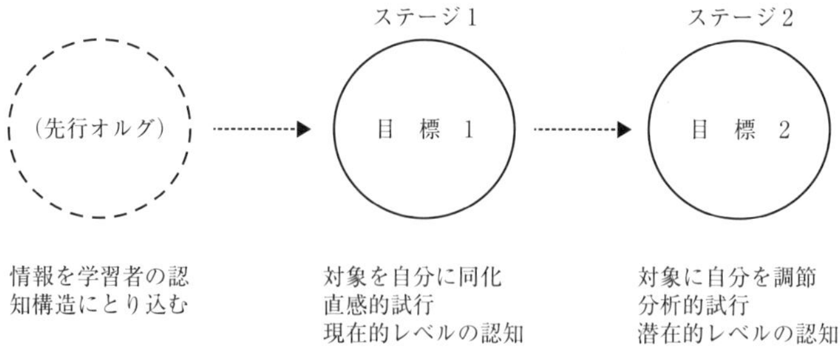

図 6-5　ステージモデル

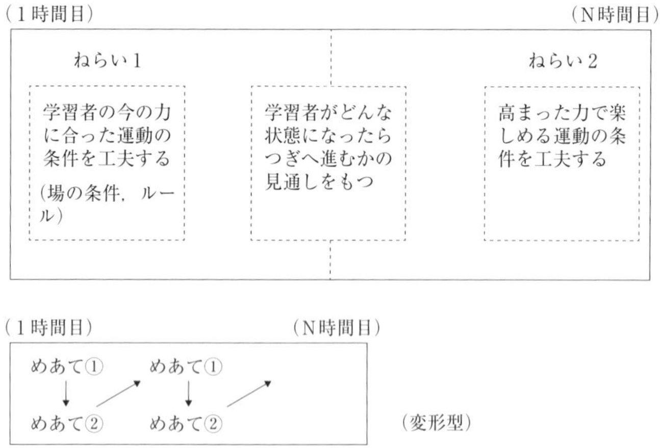

図 6-6　ステージの工夫

者のレディネスと運動の均衡化を基礎にしている．その学習過程の工夫は，「プログラミング理論」からなる「ステージモデル」を背景にしている（図 6-5）．このモデルは，学習する対象との関係における基本的でより大きな意味変化を単位にして進める方式で，全体としての対象認知を問題にしている．（青木，1994，pp. 4-5）

具体的なステージの工夫（図 6-6）は，「ねらい 1 ：学習者の今の力に合った運動の条件を工夫する→ねらい 2 ：高まった力で楽しめる運動の条件を工夫する」といった単元全体の学習の発展を基本としているが，運動の特性の取り扱い（例えば，達成型と克服型といった２つの特性をもつ運動）や運動が小さな単位でできているもの（例えば，跳び箱運動の跳び越し技）については，学習者の発達も考慮して毎時間の学習スタイルとして変形型（「めあて１→めあて２」）も工夫されている．（青木，1994，pp. 4-5）

6.3.2　プレイ（遊び）と内容構成にかかわる単元の構成原理

内容構成に着目した場合，現在の「運動目的・内容論の体育」も関係論的な体育学習も基本的には，ホイジンガー（1963）やカイヨワ（1970）のプレイ（遊び）論を援用しながら，運動の特性と分類を導き出しているが，その取り上げ方には相違が見られる．運動の機能的特性に基づく「運動目的・内容論の体育」の場合は，カイヨワが示したプレイを行う者の内的原動力（欲求や願望）としてとらえ，それによって４つの基本的範疇に分けたうちの２つ（競争，模擬）を採用し運動の分類を行っている．一方，関係論的な体育学習は，プレイは何かの役に立つものではなく楽しさ自体のために行われる活動であり，人間の文化は遊びの中から生まれたとするホイジンガーのプレイ論を，「共感・超越志向による意味」や「文化の中心的な活動（運動の中心的なおもしろさ）」というかたちで取り上げ，カイヨワが提示しプレイの４つの基本的範疇についても「ひたり（眩暈）—なりきり（模擬）—こころみ（競争）—まかせ（運）」の４つの企投的意味からの位置づけを試みている．

こうした相違は，清水（2004）の指摘による遊びの問い方や構造把握の仕方から現れるものと解釈できよう．清水（2004）によれば，遊びの心理学的研究と理論が抱える現在の行き詰まり的状況を打破するために，遊びについて改めて問い直し，理解するため，「人はなぜ遊ぶのか」という「原因・目的因探し」としての遊びの問い方をするのではなく，「遊びとは何か」という「存在論的問い」の必要性を指摘している．また，遊びの構造把握の仕方として，ピアジェ（1988）やミラー（1980）のように「主体の能動的活動と

表 6-5　遊び（プレイ）と内容構成にかかわる単元の構成原理

		運動目的・内容論の体育	関係論的な体育学習
遊び（プレイ）	遊びの問い方	人はなぜ遊ぶのか （原因・目的因探し）	遊びとは何か （存在論的問い）
	遊びの構造把握の仕方	主体の能動的活動として （ピアジェ，ミラー）	存在様態・状況として （ガダマー，西村）
内容構成	運動の特性	プレイ論 （ホイジンガー，カイヨワ） 欲求論　必要充足機能 （竹之下）　欲求充足機能	プレイ論 （ホイジンガー，カイヨワ） 自我論　共感志向による意味 （作田）　超越志向による意味
	運動の分類	一般的特性 （必要充足型，競争型，克服型，達成型，模倣・変身型） 子どもから見た特性	「ひたり・なりきり・こころみ・まかせ」ということに意味を求めた運動 文化の中心的な活動 （運動の中心的なおもしろさ）

して」とらえるのではなく，ガダマー（1986）や西村（1989）のように「存在様態・状況として」とらえることにより，極端な主観主義や客観主義に基づく枠組みの限界を突破しようとしている．

現在の運動の機能的特性に基づく「運動目的・内容論の体育」は，それまでの「運動手段論の体育」，運動の効果的・構造的特性に基づく体育から脱するために，ホイジンガーやカイヨワのプレイ論を導入したが，主体の能動的活動としてとらえる「欲求論」を基本にすえ運用しているため，原因・目的因探しとしての遊びの原理に位置づくものと考えられる．一方，関係論的な体育学習は，「脱・意志」や「共感志向」についてもプレイの内容として取り上げ，「脱・意志―意志」の往還，「共感志向―超越志向」の往還からプレイを位置づけるなど，存在様態・状況としてプレイをとらえようとしているため，存在論的問いとしての遊びの原理として解釈でき，表 6-5 のように整理することができる．

6.3.3　学習と展開構成にかかわる単元の構成原理

続いて，学習と展開構成にかかわる単元の構成原理について見ていくことにする．現在の「運動目的・内容論の体育」の学習の道筋は，背景に学習者の認知構造に主眼をおいたプログラミング理論からなる「ステージモデル」が位置づけられていた．一方，関係論的な体育の学習の道筋は，学び論（佐伯胖，佐藤学）と正統的周辺参加（Lave & Wenger）を拠り所としながら「円環モデル」を提示していた．この２つのモデルは，背景にある学習概念のとらえ方が根源的に異なる出自にある．

広石（2005）によれば，知識とは実在的真理（普遍的正答）を措定してその個人的獲得を学習と見立てる客観主義的知識観と，知識は人々の社会的な関係性の中で構成されると考える社会構成主義的知識観の２つの考え方があるとしている．また，この考え方に立つと学習とは，前者では知識を受動的に記憶する個人の内的プロセスとなり，後者は学習者が他者との相互作用を通じて知識を構成していく社会的行為ということになると述べている．これにしたがえば，展開構成の背景にある学習概念は，現在の「運動目的・内容論の体育」では前者の考え方，また，関係論的な体育学習では後者の考え方からとらえることができよう．

日本において，産業主義モデルを基調とする銀行貯金型学習から脱し，成熟社会型の学習原理を構成主義的な観点から構築しようとする動きが現れたのは，正統的周辺参加（レイヴとウェンガー）の登場以降の1990年半ばである．「運動手段論の体育」から「運動目的・内容論の体育」に転換したのが1979年であることを鑑みれば，現在の体育学習の学習概念は認知主義からなる「獲得」ととらえられ，展開構成についての検討が進められたと考えることができる．一方，関係論的な体育学習の場合は，菊（1998）も指摘しているように，体育学習における「学習」概念自体の問題についても踏まえ，社会構成主義的知識観を背景にもつ学び論や正統的周辺参加から「円環モデル」

表 6-6　学習と展開構成にかかわる単元の構成原理

		運動目的・内容論の体育	関係論的な体育学習
学習	知識とは	客観主義的知識観 個人の内的プロセス	社会構成主義的知識観 社会的・文化的プロセス（関係性）
	学習とは	所与の知識や技能の個人的獲得	他者とのかかわりのある多様な活動を通して意味を構成していく社会的行為
展開構成	学習理論	認知説 プログラミング理論	学び論 （佐伯，佐藤） 正統的周辺参加 （レイヴ・ウェンガー）
	学習の道筋 （学習過程）	ステージモデル いま持っている力 →工夫した力	円環モデル まじわり→なぞり→かたどり →かたり→まじわり→…

の提出を試みており，表 6-6 のように整理することができる．

6.4　まとめ

本章では，関係論的な体育学習の単元構成の手順に基づきながら学習を構想し実践することによって，「学習過程の構成原理としての円環モデル」という考え方を検討した後，現在の「運動目的・内容論の体育」の単元構成を踏まえながら，関係論的な体育学習の構築に向けた単元構成原理について提出することが目的であった．

その結果，単元構成における内容構成は，運動の一般的特性と「運動の文化的特性」を表裏一体として構成することが求められ，また，単元構成における学習過程は，「円環モデル」によって構成することが可能であり，それに位置づけられている 4 つの工夫は，「周辺的な活動」を構成する際の手がかりとなり得ることが確認できたことから，「学習過程の構成原理としての円環モデル」は，関係論的な体育学習の考え方として位置づけることが可能であると判断した．

関係論的な体育学習の構築に向けた単元構成原理については，現在の「運動目的・内容論の体育」も関係論的な体育学習のいずれも，単元の内容構成についてはプレイ（遊び）概念から，また，単元の展開構成については学習概念から成り立っていることから，①プレイ（遊び）と内容構成にかかわる単元の構成原理，②学習と展開構成にかかわる単元の構成原理という２つの観点から整理した．

その結果，現在の「運動目的・内容論の体育」は，原因・目的因探しとしての遊びの問い方や主体の能動的活動としての遊びの構造把握の仕方，個人の内的プロセスにおける「獲得」としての学習概念であることから，主体と客体の二項対立関係からくる因果律や個体・主観主義的な原理から単元構成が進められていたことが明らかにされた．また，関係論的な体育学習では，遊び（プレイ）について存在論的に問い，存在様態・状況としてその構造を把握しようとしている点，社会的・文化的プロセスへ「参加」することで知識や意味を構成していく営みを学習とみなしていることから，二項対立図式を超えた間主観的パラダイムに立脚した関係・状況主義的な原理に基づき単元構成であることが明らかにされた．

研究課題１から研究課題４までの研究の中心は，体育における単元構成に関する基礎的考察を踏まえながら，関係論的な体育学習における単元構成原理を提出することであった．これは体育学習を「意味世界の再構成としての学びの活動」として再認識することができ，提出した「学習過程の構成原理としての円環モデル」は，いわば理論的モデルとして位置づくものである．

次の第７章では，これをいかにして学びの実践につないでいくか，という点が課題としてあげられる．すなわち，研究課題５は，具体的な体育授業のデザインの手順を示す方法論的モデルを提出することである．その際，研究課題１から研究課題４までの中で，あまり言及できなかった学習者の発達過程に着眼しながら考察を行うと同時に，それがこれまで検討してきた「運動の中心的なおもしろさ」との関係で，どのような生成プロセスを辿るかについて，解明していくこととする．

引用・参考文献

青木　眞（1994）学習過程の変化とその意味（概観）．保健体育科教育特論（資料）．上越教育大学大学院：新潟．

青木　眞（1995）体育の年間計画．体育の単元計画．宇土正彦監修；阪田尚彦・高橋健夫・細江文利編集　学校体育授業事典．大修館書店：東京，pp. 139–149.

ガーゲン：永田素彦・深尾　誠訳（2004）社会構成主義の理論と実践．ナカニシヤ出版：京都．

ガダマー：轡田　収ら訳（1986）心理と方法１　哲学的解釈学の要綱．法政大学出版局：東京．

広石英記（2005）ワークショップの学び論―社会構成主義から見た参加型学習の持つ意義―．教育方法学研究，31：1–11.

ホイジンガー：高橋英夫訳（1963）ホモ・ルーデンス．中央公論社：東京．

稲垣正浩（1988）とび箱の歴史．高橋健夫ほか編　とび箱運動の授業．体育科教育別冊②，36(13)：12，46，92.

カイヨワ：清水幾太郎・霧生和夫訳（1970）遊びと人間．岩波書店：東京．

金子明友（1987）教師のための器械運動指導法シリーズ１．とび箱・平均台運動．大修館書店：東京．

菊　幸一（1998）「楽しい体育」論は体育授業「論」に何をもたらしたか．体育科教育，46(17)：17–20.

レイヴ・ウェンガー：佐伯　胖訳（1993）状況に埋め込まれた学習―正統的周辺参加―．産業図書：東京．

松本芳明（2009）跳び箱運動の歴史．高橋健夫ほか編　新学習指導要領準拠　新しい跳び箱運動の授業づくり．体育科教育別冊，57(3)：42，65，94–95.

ミラー：森　繁敏・森　楙訳（1980）遊びの心理学．子供の遊びと発達．家政教育社：東京．

文部省（1995）小学校体育指導資料　新しい学力観に立つ体育科の授業の工夫．東洋館出版社：東京，pp. 42–53.

西村清和（1989）遊びの現象学．勁草書房：東京．

岡出美則（1995）楽しい体育と体育授業．宇土正彦監修　学校体育授業事典．大修館書店：東京，pp. 69-70.

ピアジェ：大伴　茂訳（1988）遊びの心理学．黎明書房：名古屋．

佐伯聰夫（1999）再発見！器械運動の魅力－その原点と中核を考える－．学校体育，52(12)：7-9.

佐伯　胖（1995）「学ぶ」ということの意味．岩波書店：東京．

佐藤　学（1995）学びの対話的実践へ．佐伯　胖ほか編　学びへの誘い．東京大学出版会：東京，pp. 49-92.

清水　武（2004）遊びの構造と存在論的解釈．質的心理学研究，3：114-129.

高橋健夫・三木四郎・長野淳次郎・三上　肇編（1992）器械運動の授業づくり．大修館書店：東京，pp. 23-24，p. 78，p. 118.

竹之下休蔵（1980）体育における「楽しさ」の考え方と学習指導のすすめ方．学校体育，33(15)：10-17.

宇土正彦（1982）楽しい体育学習とその指導．竹之下休蔵・宇土正彦編　小学校体育の学習と指導－新しい授業の手引き－．光文書院：東京，p. 101.

ヴィゴツキー：柴田義松訳（1962）思考と言語．明治図書：東京．

第7章 「体育における対話的学び」のデザインと実践（研究課題5）

7.1 はじめに

本章では，具体的な体育授業デザインの手順を示す方法論的モデルを提出することである．「体育における対話的学び」のデザインと実践にかかわり，第1に「体育における対話的学び」のデザインの手順を提示すること，第2に小型ハードル走の実践を通して協同的学び（collaborative learning）における発達過程を明らかにすること，そして第3に，短距離走・リレー（2×15m リレー）の実践を通して真正な学び（authentic learning）におけるわざの形成過程を解明することが目的である．

第1の「体育における対話的学び」のデザインの手順については，佐藤（1995）が提示する「対話的学びの三位一体論」に基づきながら，「体育における対話的学び」の3つの次元について授業実践事例を通して解明した後，導き出した3つの次元の内容を踏まえながら，「体育における対話的学び」のデザインの手順について提出することを目的とする．

第2の協同的学び（collaborative learning）における発達過程では，小学校3学年を対象とした小型ハードル走の授業を構想・実践・検討することにより，体育の協同的学びのプロセスにおける子どもの学びや発達の解明を目的とする．

第3の真正な学び（authentic learning）におけるわざの形成過程では，小学校6学年を対象とした短距離走・リレーの授業を構想・実践し，質的側面と量的側面の両方からの「運動の記述」を試みながら分析することにより，運動の中心的なおもしろさに迫る真正な学び（authentic learning）における わざの形成過程について明らかにすることを目的とする．

7.2 「体育における対話的学び」のデザインの手順

7.2.1 緒言

体育の授業を必ずしも肯定的に受け止めているとは言い難い学び手に対し，対症療法的な方法論で解決に迫るのではなく，私たち人間が拠り所としている思考の枠組み（パラダイム）に着目しながら体育学習の問題を取り上げ，その根源的なレベルから体育学習の再検討を試みることが本研究の主題である．そのパラダイムとは，「実体主義／実体論的な認識様式」から「関係主義／関係論的な認識様式」への転換であり，本研究の立ち位置は後者に軸足をおいた関係主義を基軸とした体育学習の探究である．このような関係主義に立脚した体育学習の研究動向は第2章でも概観した通り，1990年代から，いわゆる「楽しい体育」論者らによって理論的・認識論的パラダイムの転換を射程に入れつつ，「プレイ（遊び）」や「学習（学び）」の概念自体の問い直しに迫ることで「楽しい体育」論の脱構築として始まった．しかし，関係論的アプローチによる体育授業の構築に向けた単元構成試案（岡野，2008）は見られるものの，その学びのデザインの手順について言及した研究は見あたらない．

一方，教育界においてもこうしたパラダイムシフトを基盤とした新しい学習論による研究が活発化している．産業主義モデルを基調とする認知主義的な銀行貯金型学習[1)]から脱し，成熟社会型の学習原理を状況論的な視点から構築する社会構成主義的学習[2)]の台頭である．この動向はレイヴとウェンガーの状況主義的学習論の登場以来，先進諸国において世界的規模で展開されることとなり，日本の学校教育現場でも佐伯胖や佐藤学らの「学び論」として広がりをみせている．佐藤（2000）によれば「学び」とは，モノ（対象世界）との出会いと対話による〈世界づくり〉と，他者との出会いと対話による〈仲間づくり〉と，自分自身との出会いと対話による〈自分づくり〉とが三位一体となって遂行される「意味と関係の編み直し」の永続的な過程として定義されている．これは，佐藤が提唱する「学びの共同体」づくりとしての協同的学びを意味し，デューイの教育哲学とヴィゴツキーの発達心理学に基づいた「対話的実践としての学び」の概念を基礎としている．「関係主義／関係論的な認識様式」の体育学習の学習論的背景は社会構成主義的学習論や状況論的学習論に依拠するものであり，佐藤（1995）が提示する「対話的学びの三位一体論」もこうした学習論に立脚していることから実践適用モデルとして相応しいと考えられる．

そこで本研究では，佐藤が提示する「対話的学びの三位一体論」に基づきながら，「体育における対話的学び」の３つの次元について，授業実践事例を通して解明し（研究課題①），研究課題①で導き出した３つの次元の内容を踏まえながら，「体育における対話的学び」のデザインの手順について提出すること（研究課題②）を目的とする．

7.2.2 「体育における対話的学び」の３つの次元（研究課題①）

佐藤が提示する「対話的学びの三位一体論」に基づきながら構想・実践した体育授業（小学校５学年37名；リレー（2×15m リレー）；2011年６月実施；全５時間）を事例としながら，「体育における対話的学び」の３つの次元について検討する．

佐藤（2009）は，対話的学びのデザインにかかわり，デザインは単純（simple）に構成するべきであると述べ，学びの機能のデザインとしては次の２つを重視している．１つは「共有の学び」であり，もう１つは「ジャンプの学び」である．前者は授業の前半に組織し，学習者どうしの援助を追求して低学力の子どもの「底上げ」の機能をはたし，後者は授業の後半に組織し，高いレベルの追求を協同的に組織して学びの質の向上をはかろうとするものである．このことは，「授業の内容レベルはより高く設定し，同時に，学びの組織においては最も低いレベルの子どもの問いを授業の中に取り込むこと」（佐藤，2006）を目指していると考えられ，「質の高い学び＝ジャンプのある学び」の創造がポイントとしてあげられる．そこで「体育における対話的学び」の質については，岡野（2008）の「取り上げようとする運動の中心的なおもしろさ（文化の中心的な活動）」を援用しながら，次のように授業を構想した．

一般にリレーは，数人でチームを組み「バトンをつなぎ」ながら一定の距離をチームとチームが勝ち負けを競い合ったり，記録に挑戦したりすることを目指した競争・達成型スポーツと認識されることが多い．しかし，本実践ではリレーの中心的なおもしろさを，一定の距離を複数の人で「速さをつなぐ」運動であるととらえ，2つの課題を設定した．1つは共有の学びとして「ペアの合計タイムを縮めることができるかな」である．「合計タイム」とは，ペアそれぞれの15mの総和タイムのことである．もう1つはジャンプの学びとして「走る順番を入れ替えても，ペアの合計タイムを縮めることができるかな」である．いずれの課題も「二人で合計タイムを縮めること」を課題とした探究活動である．なお，単元を通したリレーの場は，30mの直線コースとし，スタートより12m地点から18m地点の間をテークオーバーゾーンと位置づけた．

授業の様子は「エピソード―考察」の順に記述し，「エピソード」は実践の中で学びが生起した場面を取り上げながら記述した（カタカナ名はすべて仮名）．また，「考察」はエピソードで記述された事実に即して検討し，「対話的学びの三位一体論」における「文化的実践・自己内実践・対人的実践」の3つの観点から，それぞれについて記述した．

はじめに，授業中に生起した3つのエピソードを取り上げる（図7-1）．

【エピソード１】 サトシとチカのペアは，単元の１時間目からタイムを速くするためには，「バトンを落とさない」ことが最も大切であると考えていた．バトンを落とさないために，バトンのどこを持つのかということに注意を向けながら練習を行ったり，タイムの計測に取り組んだりしていた．しかし，30m のタイムが，合計タイムの７秒よりもそれほど速くならなかったり（6.83秒），遅くなってしまうこともあったりした（7.03秒）ため，サトシは「遅くなった理由がわからん」と嘆いていた．そのような中，トシアキとサヤカのペアがタイムを計測するときに，サトシはトシアキから「ちょっと走り見とって」と声をかけられた．このペアは，単元当初から，第２走者であるトシアキが，テークオーバーゾーンの一番手前の12m の所に立ち，サヤカが走ってくるのに合わせて，少しずつ走りながらバトンを受け渡し，合計タイム（6.15秒）よりも0.5秒程タイムを縮めていたペアであった．トシアキとサヤカの走りを見た直後に，サトシが何か閃いたように目を輝かせ，「走りながらもらったらええんや」とチカに話し，二人はもう一度タイムを計るところへ向かった．第１走者のチカが走り始め，テークオーバーゾーンに近づいてくるとサトシは，先程までと違い，12m ラインからゆっくりと走り出しテークオーバーゾーンの 16m 付近でバトンを受け取り，ゴールへと向かった．走り終えてすぐに二人が，「0.7秒も速くなった」と授業者に向かって嬉しそうに駆け寄ってきた．授業者が「なんか気をつけたん」と聞くと，サトシは「もらう前に走り始めるの」と話をした．続いて，「どうしてそれ（もらう前に走り始めること）がいいの」とたずねると，チカは「距離が短くなるから」とこたえ，サトシは「だってスタートダッシュが速くなるやん」とこたえた．その後，もう一度タイムを計りに向かい，計り終えると再び授業者のところに向かってきたサトシが，何かを確信したように「やっぱ走りながらもらった方がええわ」と伝えてきた．そのため，授業者が「なんでそう思ったん」とたずねると，「だってさっきは（バトンをもらう前に）走らんようにしたん．そしたら，めっちゃ遅くなったんやもん」とこたえた．それに対して，授業者が「すごいな．前のやり方で走ったんや」というと，サトシは，「うん」と自信ありげな顔で頷いた．

【エピソード２】 ケイコとタクマは，30m の練習の場で練習をしていた．第１走者のケイコが 12m ラインに立っているタクマに近づいてくると，タクマはゆっくりと走り出してバトンをもらおうとしたが，タクマの肘が曲がり，少し窮屈そうにバトンが受け渡された．第１走者のケイコは，30m の練習を走り終えるとペアのタクマに対して，「もっと速く」と声をかけた．この言葉を授業者が聞き，ゴール地点から 12m ラインの方に戻ってきたタクマに対して「何が速くなん」と聞くと，「走り始めるのを」とタクマはこたえた．そこで，授業者が「速くって今はいつ走っとるん」と聞き返すと，タクマは，12m のラインに立ったまま 9 ～10m 付近を見て，円を書きながら指差し「あの辺にきたら」と，はっきりしない様子で返答をした．その様子を見た授業者が，「走り始める場所をはっきりさせた方が，走り始めるのが速いか遅いかわかるんじゃない．今どこなんやろ」と助言し，今走り出しているところがどこなのかをたずねると，タクマは，「今は大体この辺かな」とグラウンドに足で線を引き，自分が走り始めるマークをつけた．もう一度練習を行うときには，この線をケイコが走り過ぎると同時に，タクマも 12m のラインからスタートし，18m ラインの手前でバトンをつないで，タクマはゴールまで走っていった．走っている様子を見て授業者が「もっと遠くにマークしてみたら」と勧めると，タクマは，さっきの線よりも 30cm ほどスタートライン側に線を引き，ケイコがスタートするのに備えた．ケイコがスタートし，先程と同じように 18m ラインのところでバトンが渡され，1 回前よりもスムーズにバトンパスが行われたように見えたため，二人に授業者が「さっきよりもよかったやん」と声をかけた．それに対して，ケイコは，納得していない様子で「いや，さっきの方が速かったと思う」とこたえた．

【エピソード 3】 ツヨシは，他の子の走りを見る中で，第 2 走者が走りながらバトンを受け取ることが大切であると考えていた．第 2 走者である自分自身も，第 1 走者が向かってくると，じっと相手を見つめ，バトンを渡されるときは，手元を見ながらていねいにバトンを受け取っていた．しかしツヨシは，第 1 時，第 2 時にかけて，7 回計測してもタイムが縮まらなかった．授業者に対しても「何回やっても 1 日目より遅くなる」と，他の子と同じように走りながらバントを受け取っているのに，どうして自分たちはタイムが縮まっていかないのか不思議に感じていた．そんなツヨシが，第 3 時の授業後にトシオと話をしていた．二人が話しているところに授業者が行くと，「やっとタイムがあがった」と話をしてきた．「ずっと速くならんっていっとったもんな」と授業者がいうと，トシオと一緒に「チーター大作戦やで」と嬉しそうに伝えてきたため，「それって何」と授業者は聞いた．すると，「追いかけられとるみたいに全力で走るの」といい，「なんでそれがいいの」と再び授業者がたずねると，「だって，バトンを渡すときに遅くなるから」「全力が一緒になったら速いやん」と話した.

図7-1 エピソード

考察１ 「速さをつなぐ」ことの芽生え

【エピソード１】のサトシとチカのペアは，合計タイムを縮めるために，はじめは「バトンを渡す点」のことに意識を向け，それぞれの走りによってタイムを縮めようとしていた．しかし，トシアキとサヤカの走りを見て，タイムを縮めるためには「バトンを渡す点」のことだけではなく，第１走者の走りに合わせて第２走者が走ること，つまり，「バトンを渡し続ける線」が大切であることに気づいた．さらに，もう一度以前行っていた「バトンを渡す点」だけを意識してタイムを計り，その走り方でタイムが落ちたことによって，「バトンを渡し続ける線」が大切であるという気づきを，確かなものにしていった．サトシとチカの姿は，テークオーバーゾーンが，単なるバトンを受け渡す場所や個人の走力に応じて各走者が走る距離を変える（速い子が 18m 地点，遅い子が 12m 地点）ためにあるという認識から，第１走者の速さを落とさずにバトンを渡し続ける場所という理解に移っていったと考えられる．このテークオーバーゾーンをいかに「速さをつなぐ」ために活用するのかという意識は，リレーの中心的なおもしろさに参加している姿であると推察される．

考察２ 他者の走りに合わせてスタートする「技能」がたち現れる

【エピソード２】のケイコとタクマは，速さをよりよくつなぐための感じを自分たちだけでつかめずにいた．しかし，授業者から走り出すポイントを明確にすることの必要性を助言されたことによって，タクマは第１走者のケイコに合わせたスタートのタイミングの探究が深まっていった．また，【エピソード３】のツヨシは，バトンを大切に受け取るためにゆっくりと走り出していたことによって，タイムを縮めることができずにいた．しかし，「チーター大作戦」をトシオと発見し，「追いかけられる」ことが，「速さをつなぐ」ことにつながるという認識に変化していった．この２つのエピソードは，短距離走のように自分の意志だけでスタートするのではなく，リレーで大切な第１走者の走りに合わせて第２走者がスタートし，第１走者の速さを利用する方法を考えている場面といえる．【エピソード２】では，「明確なポイントがある」ことでタクマは走り出すことができ，【エピソード３】では，「追いかけられるという意識をもつ」ことによって，ツヨシは，第１走者のスピードを落とさずにバトンをつなぐことができるようになった．これらのエピソードは，リレーの中心的なおもしろさに迫るために，自分たちに合った身体の操作方法を見つけようとしている姿と考えられる．また，これらの方法は一般的に大切といわれ，自分の意志通りに身体を操作しようとする「技術」とは異なり，タイムを縮めたい自分たちにとって必要であり，自分が走ろうとすることと同時に，相手の走りを見て，相手の走りに呼応しながら走るという能動的受動性としての身体をもち合わせた「技能」といえよう．

考察３　「共有する視点」が生まれることによって深まる他者との探究

【エピソード２】のケイコとタクマは，「速さをつなぐ」ことによってタイムを縮めることができるという実感はある一方で，バトンを渡すときの窮屈さから，ベストの走りではないとも感じている．そこから授業者の助言によって，タクマが走り出すポイントを視覚的に見えるようにして活動を再開した．このポイントがあることで，一本走ったすぐ後に，自分たちが走った感じを振り返り，修正する視点を得ることができた．ケイコとタクマは，自分たちのあいまいな感覚で「速さをつないで」走ってタイムを縮めようとしていたものが，走り出すポイントという明確な「共有する視点」が生成されていった．具体的な「共有する視点」によって，ケイコとタクマは，運動の中心的なおもしろさから設定した課題を，さらに探究する営みに参加していったと見ることができよう．

全体的考察

考察１の「『速さをつなぐ』ことの芽生え」からは，対象世界との対話的実践（文化的実践）として，単なるバトンパスの練習ではなく，「速さをつなぐ」というリレーという運動の中心的なおもしろさ（文化的な価値）へ参加する学びが描き出されている．考察２の「他者の走りに合わせてスタートする『技能』がたち現れる」からは，自己との対話的実践（自己内実践）として，文脈から切り離された既存の技術の獲得を目指すのではなく，「速さをつなぐ」という文化的な価値によって条件づけられた身体活動，すなわち「わざ（身体技法）」[3] の形成過程そのものが深まっていく様子がうかがえる．考察３の「『共有する視点』が生まれることによって深まる他者との探究」からは，他者との対話的実践（対人的実践）として，仲間との教え合いや助け合いを中心とした協力学習を超え，課題を仲間と共有し，課題を仲間と探究する視点を共有する協同的な学びの生起の様子がうかがえる．また，全16ペアのうち15ペアにタイムの伸び（合計タイムからリレーでの最高タイムを引いた値）が認められ，合計タイムの平均は6.93秒，リレーでの最高タイムの平均は6.09秒，タイムの伸び平均は0.84秒であった．このことからも，本実践の課題である「二人で合計タイムを縮めること」という探究活動が展開されていたものと推察され，本実践では文化的実践と自己内実践と対人的実践が三位一体となりながら，リレーの学びが成立していたものと考えられる．

以上のことを踏まえると，体育における対話的学びの３つの次元（図7-2）は，対象との対話的実践（文化的実践）においては，「運動の文化的な価値への参加」を意味し，「運動の中心的なおもしろさ」として位置づけることができ，文化的に価値の高い経験を組織する状況づくり（主題づくり）が重要となってくる．また，自己との対話的実践（自己内実践）においては，「自己の身体との対話」を意味し，「わざ（身体技法）の形成」を実感することができる内容づくりが重要となってくる．さらに，他者との対話的実践（対人的実践）においては，「仲間との質の高い課題への探究」を意味し，「共有の学

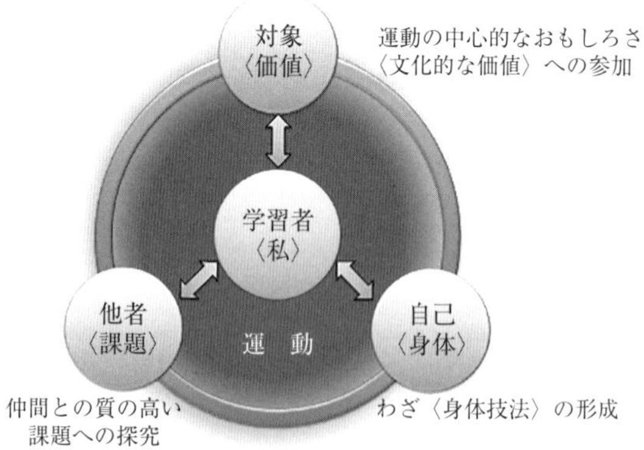

図 7-2 「体育における対話的学び」の三位一体

び（平等）」と「ジャンプの学び（質）」を基本とする平等と質の同時追求ができる課題づくりが重要となってくる．

7.2.3 「体育における対話的学び」の授業デザインの手順（研究課題②）

体育授業の単元の基本構想には，次の２つの視点が欠かせない（青木，1995）．１つは，単元としての「まとまり」のあり方が本質をどうとらえるかという「内容構成」の視点であり，単元の「何か（概念）」と「何を（目的）」を把握する視点である．もう１つは，単元の展開における手続きのあり方，あるいは，どんな性格の学習を組織するかという「展開構成」の視点であり，単元の「どのように（方法）」に関する骨子となる視点である．これを前述した「体育における対話的学び」の状況づくりとしての「運動の中心的なおもしろさ（文化的な価値）」，内容づくりとしての「わざ（身体技法）」，課題づくりとしての「共有の学び」と「ジャンプの学び」の３点にあてはめてみると，単元の「内容構成」は，どのようなまとまりで「運動と身体の経験」を主題化するかという「学びの内容」の視点であり，状況づくりとしての「運動の中心的なおもしろさ（文化的な価値）」と内容づくりとしての「わざ（身体技法）」を位置づけることができる．また，単元の「展開構成」は，どのような課題で，どのような性格の学びにするかを考える「学びの展開」の視点であり，課題づくりとしての「共有の学び」と「ジャンプの学び」を位置づけることができる．この単元構成の視点に基づき，「体育における対話的学び」のデザインの手順について，「リレー（競走）」を事例的に取り上げながら，検討していくことにする．

まず，第1点目は「運動の中心的なおもしろさ（文化的な価値）」を設定することである．これは取り上げようとする運動とは「何か（概念）」に相当し，その運動の Authentic（真正な・本物の）なおもしろさを導き出し，単元の主題（テーマ）を設定することである．「リレーとは何か」について歴史的・文化的な観点からひも解き，「リレーの何がおもしろいか」を明確にする作業である．そもそも「〈リレー relay〉とは，中世英語あるいは古フランス語で〈予備に控えておいた猟犬や馬〉を意味する〈relais〉や，〈中継する〉意味のフランス語〈relayer〉を起源とし，〈猟や旅で，前のものが疲れたときにこれに代わるべき1組の替え馬，継ぎ馬，替え犬〉を意味することばであった．それが20世紀になって，同じ意志を引き継いで交代していく様子を表わすものとして，この種目を示すことばとして使われるようになった」（岡尾，1987，p.1339）．すなわち，「同じ意志を引き継いで」の意味するところが，「バトンパスにおいて前走者と次走者の両者がスピードを生かしてうまく引き継」（岡尾，1987，p.1339）ぐことができるかであり，リレーでは「いかに『前走者のスピード（速さ）』を次走者に継続できるか」を追求する運動となる．よって，リレーでは「バトンパス」が大切であるという常識的な認識を解体し，「前走者の『スピードパス』によりチーム全体のスピードを競うことに文化的な価値がある運動」と再構成し，授業をデザインしていくことが重要になってくる．

しかしながら，一般的なリレーの授業の展開は，短距離走の練習，バトンの受け渡し練習（二人から複数人），試しのリレーを行うなど，練習をした後にリレー競走に入ることが多いように思われる．こうした基本と応用という区別は，基本動作を組み合わせればゲームに必要な技能が獲得できる，あるいはゲームで必要な技能は個々の基本動作の習得を前提とする考え方に基づくものと考えられる（山本，2003，p. 314）．これについて山本（2003，p. 317；2005，p. 151）は，ゲーム技能として組織化される運動と，基本動作として組織化される運動は同じなのかという疑問を呈し，基本動作で考えられる個々の動作の獲得も不可欠であることを認めつつも，環境との連続的かつ多様な相互作用を操作する学習方法（複合運動学習）を提案し，練習内容を考慮することによって，応用技能とされる複雑に見える技能も獲得できる可能性があることを検証している．つまり，１つのまとまりある運動は，そのまとまりのまま獲得する方が望ましいということである（Yamamoto, 2004）．この「１つのまとまりある運動」というものが，前述した「運動の中心的なおもしろさ（文化的な価値）」がある運動となり，「この合目的的な運動の最小単位は何であるかを検討すること」（山本，2005，p. 153）が，学びのデザインにおいて第２に重要な手順となる．

そこで第２点目として，「わざ（身体技法）」の内容を設定することである．これは取り上げようとする運動の「何を（目的）」に相当し，その「運動の中心的なおもしろさ（文化的な価値）」にふれる「運動の最小単位（身体の経験）」を明確にすることである．リレーでは，「前走者の『スピードパス』によりチーム全体のスピードを競うことに文化的な価値がある運動」であるため，前走者の終末局面と次走者の準備局面が融合し，新たな運動になる（リレーになる）ための「わざ（身体技法）」が，リレーにおける学びの中心となり内容となる．このような環境との相互作用における行為の可能性については，ギブソンのアフォーダンスの理論（James J. Gibson, 1985）に依拠するものであるし，１つの運動の終末局面と次の運動の準備局面が融合し，新たな運動となる局面融合の考え方はマイネル：金子訳（1981）の研究で解明されている．すなわち，リレーにおける運動の最小単位とは，前走者の終末局面と次走者の準備局面による融合局面ととらえることができ，そこには「自分の意志から離脱して走り出す身体（客体としての身体）」と「自らの意志で走る身体（主体としての身体）」の往還が見られるであろう．前走者の場合は，次走者のスタートダッシュに働きかけられて，終末局面においても主要局面におけるスピードを落とさないで走るという行為が発動するであろうし，次走者の場合も，前走者の失速しない終末局面の走りによって走り出し，準備局面における加速局面を省略する走りを生成することになろう．こうした行為は，学習者が意図的につくりだすものではなく，「学習者／自己」の身体と「環境／他者によるスピード」との相互作用によって「自然に」生み出されるものであることが特徴である．山本（2005, p. 154）によれば，これが身体の捌きが見られた状況であり，身体の捌きは意図的に学習するものではなく，身体と環境との相互作用の中から生まれるものであるとしている．本稿では，この「身体の捌き」を「わざ（身体技法）」と位置づけ，「自己／身体」が何に働きかけられて動き出すのかを研究し，対話の対象（「他者」や「モノ」）の内容を設定すると同時に，「客体としての身体（脱意志）ー主体としての身体（意志）」の往還の観点から「わざ（身体技法）」の内容を設定することが重要になってくる．

次に，「学びの展開」では，原則的に２つの課題を設定することである．第１の課題は「共有の学び」として位置づけることである．これは基礎的事項を共有する学びであり，「運動の中心的なおもしろさ（文化的な価値）」を仲間と共有する営みである．そして，第２の課題は「ジャンプの学び」として位置づけることである．これは少し難しい課題に挑戦することを通して，「運動の中心的なおもしろさ（文化的な価値）」を仲間と共により深く探究する学びである．いずれも「運動の中心的なおもしろさ（文化的な価値）」を共有し，探究する理由は，一人残らずすべての学習者に文化的な価値に触れさせることを保障することと，授業における学習内容のレベルを高く設定することで文化的・学問的に価値の高い経験を提供するためである．いわば，「質（quality）と平等（equality）の同時追求」（佐藤，2012，p. 9）を目指す営みとなる．

先述の授業実践事例でも見てきた通り，課題①の「共有の学び」では「ペアの合計タイムを縮めることができるかな」，課題②の「ジャンプの学び」では「走る順番を入れ替えても，ペアの合計タイムを縮めることができるかな」という課題が設定できるであろう．そして，ペアで 30m リレーを行う場合，個々で走った 15m のタイムを合計したタイムが，そのペアの「合計タイム」となる．リレーの中心的なおもしろさは，「前走者のスピードをつなぐこと」であるため，「合計タイム」を上回っていればそれは「リレーになっている」が，下回っていればそれは「リレーになっていない」ということになる．このような状況を課題として設定することで，個々の走力の問題は問われなくなり，すべての学習者が平等にリレーの中心的なおもしろさに触れさせる環境を準備したことになろう．また，ペア内で走る順番を入れ替えてみたり，ペアの相手を変えてみたり，ペアを組み合わせて四人組に変えてみたりするなどの条件の変化は，多様な他者のスピードに対応する「わざ

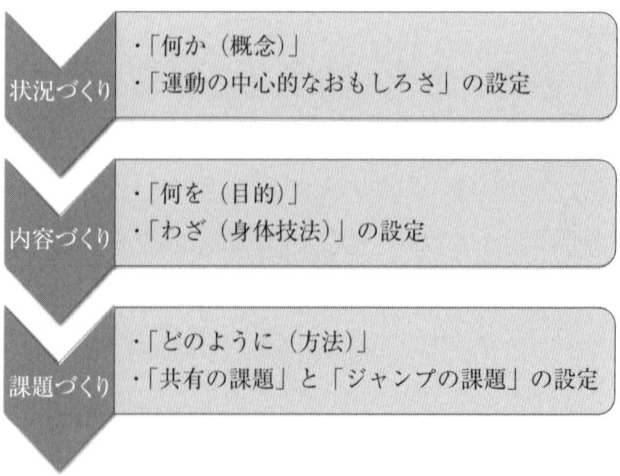

図 7-3 「体育における対話的学び」のデザインの手順

(身体技法)」の探究となり，質の高い文化的な価値を享受していく学びが展開されるように考えられる．

以上の検討から，「体育における対話的学び」のデザインの手順は，図 7-3 の通り提示することができる．

7.2.4 結語

本研究で提示した「体育の対話的学び」のデザインの内容とその手順は，これまでの体育教育における正確な動きの伝達・指導を目的とした「運動の指導・教授」とは異なるものである．それは，学習者の可能性を拓く「環境のデザイン」こそが，運動指導場面には重要であることを強く示唆するものである．すなわち，運動の指導や学習場面で重要なことは，学習者を変えることではなく，学習者と相互作用する環境を変更することによって，学習者の可能性を引き出すことである．したがって，本稿で提示してきた「課題」の意味は，単なるドリルやタスクとして課せられる題目ではなく，学習者の可能性を拓く「環境のデザイン」のことであり，それは「運動の中心的なおもしろさ（文化的な価値)」という制約の中で，学習者自身の「わざ（身体技法)」について，仲間と共に探究する事柄ということになる．

7.3 協同的学び（collaborative learning）における発達過程 ―小型ハードル走の実践から―

7.3.1 緒言

本研究で主題として掲げている「協同的学び」とは，佐藤学が提唱する学びの共同体の学校改革の中で定義づけられているものである（佐藤，2012)．学びの共同体の学校改革は，明確なビジョンと３つの哲学（公共性の哲学，民主主義の哲学，卓越性の哲学）に基づき，その実現のために，「教室における協同的学び（collaborative learning）」，「職員室における教師の学びの共同体（professional learning community）と同僚性（collegiality）の構築」，「保護者や市民が改革に参加する学習参加」の３つの活動システムで構成されたものである．「協同的学び」とは，その１つ目の活動システムとして位置づく協同的学びによる授業改革は，1980年頃から始まり，1990年半ば頃からは国内外で爆発的な普及を遂げている．体育における協同的学びに関する先行研究としては，体育授業の文化的実践にかかわる視点を提示したもの（岡野，2008；岡野ら，2011）や「体育の対話的学び」のデザインの内容とその手順を明らかにしたもの（岡野・山本，2012）など，単元の内容構成に関する研究は見られるものの，実際の体育の協同的学びのプロセスにおける子どもの発達について言及されたものは見あたらない．

そこで本研究では，前述した先行研究に依拠しながら，小学校３学年を対象とした小型ハードル走の授業を構想・実践・検討することにより，体育の協同的学びのプロセスにおける子どもの学びや発達の解明を目的とする．

本研究では，次の３つの手順を踏まえながら研究を進めていくこととする．

第１に，佐藤（1995）が提唱する学びの対話的実践の「三位一体論」と岡野（2011）が提示する体育における「学び」の三位一体，岡野・山本（2012）が提出した「体育における対話的学び」のデザインの視点とその手順に基づきながら，小学校３学年の小型ハードル走の学びをデザインする．また，そのデザインに基づいて実践した授業概要を記載する．

第２に，対象授業について「授業実践（参与観察）－記録－記述－考察」の順で検討を行う．記録方法は，小型ハードル走の運動過程の様子や子どもたちの会話，授業者と子どものやりとりなどを中心に，デジタルビデオカメラで撮影する．記述方法は，デジタルビデオカメラによる記録を用いながら，エピソード記述（鯨岡，2005）で表記する．エピソードは，小型ハードル走における学びの生起の場面を中心に，授業者が記述を行う．その際，授業者の表記は「私」とし，子どもの名前はすべて仮名でカタカナ表記とする．また，子どもや授業者の発言は鉤括弧で表記する．考察方法は，すべてのエピソードを時系列に表記した後，学びが生起するに至った状況と文脈に着目しながら考察を行う．

第３に，山本（2008）の「運動技能の発達ダイナミクス」とヴィゴツキーの「発達の最近接領域」を援用しながら，「小型ハードル走における学びのプロセス」について再解釈を行う．

7.3.2　学びのデザインと授業概要

学びのデザイン

ハードル走の源流は，野山を駆けめぐり，途中にある自然の小川や溝，灌木，放牧場の柵（hurdle）や塀など自然の障害物や構築物を跳び越える長距離走（steeplechase-race）にある．この競技が盛んになるにつれて，1830年代後半のイギリスでは，この競争形態をパブリックスクールやカレッジの校庭にもちこんで競技化しようとの発想が生まれてきた．ハードル競走が最初に行われたのは1837年のことで，イギリスのイートン校の校庭で100ヤード（約91.4m）のなかに10台のハードルを並べて競走したといわれており，1851年には140ヤードの間に10台のハードルを10ヤードごとに置いた競走が行われたという記録が残されている（岡尾，1987，p.1005）．このインターバル10ヤード（約9.14m）というのは，男子 110mH で現在用いられている距離と同じである．これらのことから，現在行われているハードル走は，不規則に並ぶ多様な物を跳び越える「障害物長距離走」から，等間隔に置かれたハードルをスピードを減ずることなく（リズムや体勢を崩すことなく）走り越える「障害物短距離走」へと独立したものととらえることができよう．

そこで，本実践ではハードル走の中心的なおもしろさを後者の「障害物短距離走」と位置づけ，単元の主題を「３歩でリズムよく走り越せるかな」と設定した．ここでいう「リズムよく走り越す」とは，「どのインターバルも３歩で走ること」とした．「３歩」と限定したのは，同じ条件の課題を全員が共有しやすく，二人でリズムを同調させながら走り越えるペア活動（シンクロハードル走）も可能となり，子ども相互による擦り合わせや運動技能水準の低い子どもの引き上げが行いやすくなると考えたからである．

以上のことから，課題①(共有の学び）を「３歩でリズムよく走り越せるかな」とし，課題②(ジャンプの学び）を「インターバルが長くなっても，段ボールの高さが高くなっても，３歩でリズムよく走り越せるかな」と設定した．

授業概要

◯日　　時：2011年11月17～30日（全５時間）

◯場　　所：三重県四日市市立Ａ小学校体育館

◯授 業 者：三重県四日市市立Ａ小学校３学年担任

◯学 習 者：三重県四日市市立Ａ小学校３学年児童32名

◯運　　動：走・跳の運動／小型ハードル走

◯場の設定：第１時から第３時までの場は図 7-4 の通りである．第４・５時はインターバルが 6m の場を１つ追加した．なお，等間隔に置く小型ハードルは，恐怖心が少なく，簡単に高さの調整ができる段ボールを使用した．段ボールの置き方は，横置き（縦13cm × 横80cm × 高さ28cm）と縦置き（縦13cm × 横84cm × 高さ40cm）の２通りである．

◯単元概要：第１時は，不規則な間隔で段ボールを置いたコースと等間隔に段ボールを置いたコースを走り比べることで，２つのコースにリズムの違いがあることを体感させた後，後者のコースで３歩のリズムを全員に理解させた．第２時は，４つのコースで自分に合った場を探す個人活動を行わせた．その後，同じコースの子どもたちでペアを組ませ，互いのリズムを感じながら二人一緒に３歩で走り越すことに挑戦させた．第３時は，自分に合った場を50cm 長くした場で挑戦させた．個人活動の後，同じコースで安定して走り越せる子どもとまだ安定して走り越せない子どもでペアを組み活動させた．第４時は，第３時のコースで段ボールを縦置きにした場で挑戦させた．個人

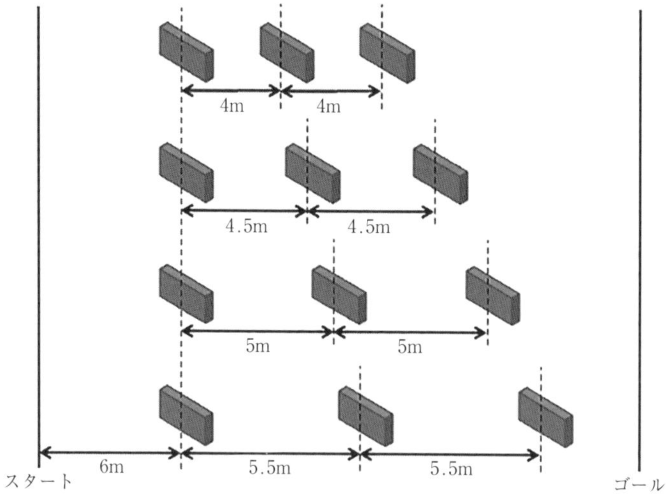

図 7-4 場の設定

活動の後，自由にペアを組んで活動させ，最後にもう一度個人活動を行った．第５時は，まだ段ボールが高くなった場で走り越せない子どもが多かったため，再度同じ課題に挑戦させた．個人活動の後，ペアで活動し，もう一度個人活動に戻した．

なお，第２時から第５時までのペア活動は，基本的には自由に同じコースの仲間と組ませ，手をつないで走らせたが，必要に応じて授業者がペアを変えた．また，場に慣れて余裕が出てきた子どもには，さらにインターバルが長いコースへ移動させた．

7.3.3 学びの実際

エピソードは第２時から１件ずつ取り上げ，全部で４件を抽出した．【エピソード１】（図 7-5）は第２時の記述で「走っているスピードを落とさない」ことへの気づき，【エピソード２】（図 7-6）は第３時の記述で「走るスピードをあげる」ことへの気づき，【エピソード３】（図 7-7）は第４時の記述で「走りながら低く跳ぶ」ことへの気づき，【エピソード4】（図7-8）は第5時の記述で「走りながら遠くから踏み切る」ことへの記述である．

第2時のことである．3歩でリズムよく走り越せるインターバルを見つけよう，という課題をコウヘイとタクミのペアは5.5mのコースで取り組んでいた．コウヘイは安定して走り越すことができていたが，タクミは2つ目のインターバルが4歩となりリズムが崩れていた．タクミは他の友達とペアになっても，2つ目のインターバルで4歩になったり，3つ目の段ボールを蹴飛ばしたりしていた．その後，再度コウヘイとタクミはペアになり何度も一緒に走っていたが，コウヘイは「なんか合わん」といっていた．

何度走ってもリズムが合わない二人の様子を見て，私は全員を集め子どもたちに「友達とうまく合わせられた」とたずねた．約半数の子は合わせられたようだったが，コウヘイが手を挙げ「タクミさんと全然合わんかった」といった．すると，同じコースで活動していた子どもたちも「そやで，何回やっても合ってなかったで」，「7回もやったのになぁ」と口々にいった．そこで，私は子どもたちに「二人の運動を見てみようか．どこで二人がずれたか，どうしたら一緒に走り越せるか考えながら見てね」と伝えた．

二人はみんなの合図で走り始める．コウヘイはスピードに乗って走り越していくが，タクミはコウヘイに手を引かれるように少しずつ遅れていく．2つ目のインターバルでタクミが4歩になって合わなくなる．それを見た子どもたちからは「あー，合わんかったぁ」と残念そうな声が出た．子どもたちから「タクミが2個目からおいてかれとった」，「最後が合わんかった」，「2個目までは合っとんのやけど，タクミが2個目跳んでからスピードが遅くなってた」など，見ていて気づいたことが出された．そしてリョウタが「2個目の後，スピード落とさんようにしたらいいんや」といった．私は二人に「今，いわれたことを意識してもう1回やってみよか」と2回目に挑戦させた．

再び，みんなの合図で走り始める．タクミは1つ目の段ボールを越えた後も，2つ目の段ボールを越えた後も少しコウヘイより前に出るように走り越していく．すると二人で一緒に3歩で走り越すことができ，みんなから拍手が起こった．

図7-5 【エピソード1】

第3時のことである．インターバルが長くなっても3歩でリズムよく走り越せるかな，という課題のもと，ヒカルとミキは前回よりインターバルが1m長い，5.5mのコースに挑戦していた．ヒカルは，ほぼ３歩のリズムで走り越すことができたが，ミキは２つ目のインターバルで４歩になってしまうことが多かった．二人とも力一杯走っているわけではなく，スピードを制限しながら走るぎこちなさが見られた．

個人活動の後，私はヒカルとミキをペアにして活動させた．二人は，２つ目のインターバルの歩数が４歩になっていた．何度も挑戦したが，３歩にはならず，二人は悩ましい顔をしていた．そこで私は二人と一緒に運動することにした．まず，私はミキと手をつなぎ，「先生に任せて，力抜いてついてきて」と声をかけ，一緒に走り始めた．私はミキの手を少し引っ張るように走り，ミキも私のスピードに合わせて走った．すると私とミキは一緒に走り越すことができた．走り終わった後，ミキは「めっちゃ速かった．こんなに走るんや」といった．次にヒカルとも走った．ミキと同様に声をかけ，私たちは走り始めた．ヒカルは，急にスピードが変わったためか，動きが萎縮し，肩に力が入り後傾になって２つ目のインターバルで５歩になった．走り終わると，ヒカルもミキと同様に「ビックリしたぁ」とスピードの違いに驚いていた．そして，私は二人を呼んで「今，先生とやったら今までと違ったよな．今度は二人でやってみて」と伝えた．二人でやってみると，これまでよりスピードはあがったが，まだ最後まで走り越すことはできなかった．その後も二人はスピードがあがりきらず，４歩になっていた．

それから，私は全体の話し合いの場を設けた．するとヒカルとミキをはじめ，他の子どもたちからも「スピードが落ちると歩数が増えてしまう」という意見が出された．そこで私は，もう一度ペアでスピードを意識してやってみるように伝え，活動を再開させた．ヒカルとミキは３回ほど挑戦していたが，まだできなかった．私は二人と同じインターバルで，走力がありながらもスピードに乗れないモモと一緒に走った．するとそれを見ていた二人は，その後，今までの中で一番スピードに乗って走り，二人一緒に最後まで走り越すことができた．二人は顔を見合わせ，ハイタッチをして喜んだ．

図7-6 【エピソード２】

第４時のことである．段ボールが高くなっても３歩でリズムよく走り越せるかな，という課題で活動をしていた．アヤナはこれまで5mのコースで活動し，走り越すことができていたが，段ボールが高くなったことで走り越せなくなった．最初に個人活動をしたときには，段ボールの手前でスピードが急激に落ち，インターバルが

7歩になっていた．何度か繰り返した後，アヤナは4.5mのコースへ移動した．4.5mのコースではインターバルが4歩になっていたが，そのときも段ボールの手前でスピードが落ち，段ボールを越えるときには，腕は横に上げ，両足とも横から抜くようにして跳び越えていた．

その後，私は全体の話し合いの場を設け，「高くなってどうだった」とたずねた．子どもたちからは「高くなって上に跳んでしまうようになった．そのせいで3歩で行けやんくなった」，「上へ跳ぶと着地でバランスを崩してしまった」などという意見が出された．それを受けて私は「じゃあどうしたらいいのかな」と問い返すと，「スレスレで跳ばなあかん」，「上じゃなくて低めに前に行かなあかん」などの意見が出された．このとき，アヤナはみんなの話を真剣に聞いていた．

その後，私はみんなから出された意見を意識しながら，同じコースの子とペアを組んで活動をするように伝えた．アヤナは，六人と一緒に活動した．うち四人は自分自身が走り越せずにいたので，アヤナと二人で一緒に走っても段ボールを蹴飛ばして途中で止まってしまったり，歩数が多くなってしまったりしていた．ミズホとモエカはどちらも一人ではうまく走り越せていたが，アヤナと一番リズムが合ってうまくいったのは，モエカと運動したときだった．モエカはミズホに比べ，頭の位置が安定しており，力もほとんど入れずに軽々と走り越せていた．モエカと行ったときには，躊躇が見られなかった．スピードを落とすことなく，3歩のリズムで走り越すことができた．またこの中ではミズホと最も一緒に活動していたが，はじめは4歩・4歩だったのが，ミズホの踏み切るタイミングや位置に合わせられるようになっていくにつれて，3歩・4歩や4歩・3歩になってきていた．また，跳び方は横から足を抜いてくるのではなく，前の足は前方へ出され，後ろの足は横から抜けるという形に変わってきた．

もう一度話し合いを行い，その後再び個人で活動させた．するとアヤナは，躊躇することなく走り越していった．はじめは意識的に上に跳んでいた動きが，スピードを落とさず低く走り越せるようになった．そしてスピードを落とすことなく3歩のリズムで走り越せるようになった．

図7-7 【エピソード3】

第5時のことである．前回と同様に，段ボールが高くなっても3歩でリズムよく走り越せるかな，という課題で活動をしていた．ナミは前回の活動で，4.5mのコースで走り越せていたため，本時では5mのコースに挑戦させた．ナミは走り越すときに腿をあげるように跳ぶ癖があった．5mのコースでは，ナミの走り越し方では姿勢が後傾になり，着地でバランスを崩して4歩になることが多かった．また，たびたびつま先で段ボールを蹴飛ばしていた．

そこで，私は同じコースで活動していた子どもに「ナミはどうしたら3歩で行けるようになるかな」とたずねた．するとトモとサキは「上にピョンってなっとるからちゃう」，「ナミは空中を歩いとるみたいに跳んどる」といった．そして周りの子どもたちに足を意識して見せるために，ナミをもう一度走らせた．ナミは，スタートのときのスピードはあるが，段ボールの直前で跳び上がり，着地でドスンと降りた．1つ目のインターバルから4歩になり，2つ目の段ボールを越えるときにはスピードに乗らず大股で走ってきたため，重そうに跳んだ．2つ目のインターバルは5歩になり，次の段ボールを越えるときには，膝を上げようとするがつま先が段ボールに当たった．2回目のナミの運動を見たミズホは「膝がこうやってなっとる．そんでタタンってなる」と腿あげのようにやって見せ，「着地で歩数が増える」といった．それを見たサキは「だから足で蹴飛ばしてしまうんや」と気がついた．私が解決策を問うと，サキは「遠くから踏み切ったらいいんちゃう」とこたえた．私は，これまでの話を子どもたちからナミに伝えさせた．ナミは二人のアドバイスをうなずきながら聞いていた．

アドバイスの後，ナミは走り出すがまだ段ボールの近くで踏み切ってしまった．腿があがり，段ボールを蹴飛ばした．ナミはもう一度挑戦した．するとナミの踏み切る位置がこれまでより遠くなり，前の足がこれまでよりも伸びていた．しかし，着地でバランスを崩し，2つ目のインターバルで5歩になる．私は「ナミ，今くらいの所で踏み切ったらいいから，思い切り走ってみな．大丈夫やから」と声をかけ，もう一度走らせた．ナミは先ほどよりもスピードをあげ，遠くから踏み切り着地した．頭が体よりも前になったままの状態でバランスを崩すことなく3歩のリズムで最後まで走り越すことができた．

図7-8 【エピソード4】

7.3.4 学びの考察

表7-1・7-2は，各エピソードの小型ハードル走における学びのプロセスを時系列で表記したものである．いずれのエピソードの場合も，「課題未達成の子ども」の「困り感」を中心におきながら，他者との協同的学びが展開

表 7-1　小型ハードル走における学びのプロセス①

■第 2 時「3 歩でリズムよく走り越せるインターバルを見つけよう」

個人活動(5.5m)	ペア活動	全体の場
コウヘイ→○ タクミ→×	コウヘイ＊タクミ→×(7 回) タクミ＊別の友だち→×	コウヘイ＊タクミ→× ⬇ 「あー，合わんかったぁ」 「タクミが 2 個目から置いてかれとった」 「最後が合わんかった」 「2 個目までは合っとんのやけど，タクミが 2 個目跳んでからスピードが遅くなってた」 「2 個目の後，スピード落とさんようにしたらいいんや」(リョウタ) ⬇ コウヘイ＊タクミ→○

■第 3 時「インターバルが長くなっても 3 歩でリズムよく走り越せるかな」

個人活動(5.5m)	ペア活動	全体の場	ペア活動
ヒカル→○ ミキ→×	ヒカル＊ミキ→×(何度も) 授業者＊ミキ→○ 授業者＊ヒカル→× ヒカル＊ミキ→×	「スピードが落ちると歩数が増えてしまう」 (ヒカルとミキをはじめとする他の子どもたち) スピードを意識してやってみるように（授業者）	ヒカル＊ミキ→×(3 回ほど) ⬇ 授業者＊モモ→○ それを見ていたヒカルとミキ ⬇ ヒカル＊ミキ→○

表 7-2　小型ハードル走における学びのプロセス②

■第 4 時「段ボールが高くなっても 3 歩でリズムよく走り越せるかな」

個人活動	全体の場	ペア活動
アヤナ→5m 段ボール縦置き○ ⬇ アヤナ→5m 段ボール横置き× ⬇ アヤナ→4.5m 段ボール縦置き×	「高くなってどうだった」(授業者) ⬇ 「高くなって上に跳んでしまうようになった．そのせいで 3 歩で行けやんくなった」 「上へ跳ぶと着地でバランスを崩してしまった」 ⬇ 「じゃあどうしたらいいのかな」(授業者) ⬇	アヤナ＊4 人→× ⬇ アヤナ＊モエカ→○ アヤナ＊ミズホ→×(最も一緒に活動) ⬇ ［全体の場］での話し合い ⬇ ［個人活動］アヤナ→○

	「スレスレで跳ばなあかん」 「上じゃなくて低めに前に行かなあかん」 （アヤナはみんなの話を真剣に聞いていた）	

■第5時「段ボールが高くなっても3歩でリズムよく走り越せるかな」

個人活動	グループ活動	個人活動
ナミ→4.5m 段ボール縦置き○	「ナミはどうしたら3歩で行けるようになるかな」（授業者）	ナミ→1回目×
⬇	⬇	⬇
ナミ→5m 縦置き×	「上にピョンってなっとるからちゃう」（トモ） 「ナミは空中を歩いとるみたいに跳んどる」（サキ）	ナミ→2回目×
	⬇	⬇
	ナミ再走×	「ナミ，今くらいの所で踏み切ったらいいから，思い切り走ってみな．大丈夫やから」（授業者）
	⬇	⬇
	「膝がこうやってなっとる．そんでタタンってなる」（ミズホ） 「着地で歩数が増える」（ミズホ） 「だから足で蹴飛ばしてしまうんや」（サキ） ⬇ 解決策を問う（授業者） ⬇ 「遠くから踏み切ったらいいんちゃう」（サキ） ⬇ ナミに伝えるよう促す（授業者） ⬇ ナミは友だちのアドバイスを聞く	ナミ→3回目○

されていることがわかる．

【エピソード1】では，課題未達成のタクミと課題達成のコウヘイをペアで活動させることと，タクミたちの「困り感」を全体の場で共有することを通して，タクミを引き上げている．【エピソード2】も同様に，ミキたちの「困り感」を授業者とのペア活動や全体の場における共有，さらには，授業者とモモの運動を観察させることにより，ミキを引き上げている．一方，【エピソード3】のアヤナは安定した走りのモエカとのペア活動も行っているが，安定感に欠けるミズホと最も長く活動を一緒に行うことにより，その後の個人活動で課題を達成している．

こうした「課題未達成の子ども」と「課題達成の子ども」による異質な関係によるペア活動は，前者の引き上げばかりではなく，後者にとっても恩恵を得るものとなっている．実際に，【エピソード1】の一人だと走り越すことができるコウヘイもタクミと一緒になると「タクミさんと全然合わんかった」という言葉や何度も一緒に走っている姿からは，3歩でリズムよく走り越すためのポイントをつかみ切れていない様子がうかがえる．つまり，タクミの「困り感」はコウヘイにも通ずるものであり，やがてはそのポイントが「2個目の後，スピード落とさんようにしたらいいんや」というリョウタの言葉から，「走っているスピードを落とさない」ことを自分のものにしている．

以上のことから，異質な他者関係による「困り感」を中心においたペア活動は，互恵的な学びを生起させるものと考えられる．

続いて，どのエピソードの場合も，授業者による直接的な技術指導によって，子どもたちがハードル走の技能を獲得していくという学習スタイルではなく，物理的条件（間隔長，箱の置き方など）と人的条件（一人かペアか）を変化させた課題の設定によって，子どもたちの技能をたちあげていることが特徴的である．単元を通して貫き通している課題は，「共有の学び」にあたる課題①の「3歩でリズムよく走り越せるかな」ということである．この課題は単元を通して変えられることはないが，いったんこの課題が達成されると条件が難しい課題によって，子どもたちを「困らせる」ものとなっている．【エピソード3】では，5m のコース段ボール横置きの場で，課題達成していたアヤナだが，段ボールの高さが高くなった途端に走り越すことができなくなり，4.5m コースの段ボール縦置きの場で課題に挑戦することになる．また，【エピソード4】のナミの場合も，4.5m コースの縦置きの場から 5m コースの縦置きの場へとインターバルを長くした途端に走り越せなくなりその場で挑戦することになる．こうした課題（制約）は場の変化とリンクしており，ハードル走における技能と連動している．例えば，【エピソード2】

ではインターバルが長くなるという制約により「走っているスピードを落とさない技能」を，【エピソード３】では段ボールが高くなるという制約により「低く走り越す技能」を，【エピソード４】でも同様に，段ボールが高くなるという制約により「走りながら遠くから踏み切る技能」をたちあげている．

また，こうした技能のたち現れる前には，気づきが生じていることがわかる．【エピソード１】ではリョウタの「２個目の後，スピードを落とさんようにしたらいいんや」という言葉の直後にタクミたちは課題達成を遂げている．【エピソード２】では授業者と一緒に走ったことがきっかけとなり，授業者とモモのスピードに乗った走りを見ることで体験のイメージを強化し，ヒカルとミキは課題を達成している．【エピソード３】においてアヤナは六人の友達とのペア活動後の個人活動において課題を達成し，【エピソード４】では授業者の「ナミ，今くらいの所で踏み切ったらいいから，思い切り走ってみな．大丈夫やから」という声かけの直後にナミは課題を達成している．このような気づきは，それまでの運動を壊す大きなゆらぎとなり，新しい運動を一気に構築することにつながっているものと考えられる．

図7-9は，「運動技能の発達ダイナミクスの概念図」（山本，2008）とヴィゴツキーの「発達の最近接領域」を援用しながら，「小型ハードル走における学びのプロセス」（表7-1）を再解釈したものである．

山本（2008）は，運動技能の発達過程において，ある期間は一定の１つの運動パターンが安定であるが，それが徐々に不安定となり，突然新しい安定した運動パターンに切り替わるという考えを示している．これは図7-9のように，「①は個々の要素がある配置を持っている状態にある．②は①の配置に別の要素が付け加わり，元の配置が崩れた状態にある．③は付け加わった要素がまた別の配置を持った状態にある．④は③の配置に別の要素が加わり，元の配置が崩れた状態にある．⑤は付け加わった要素がまた別の配置を持った状態にある」というものであり，本実践事例でも確認されたことである．

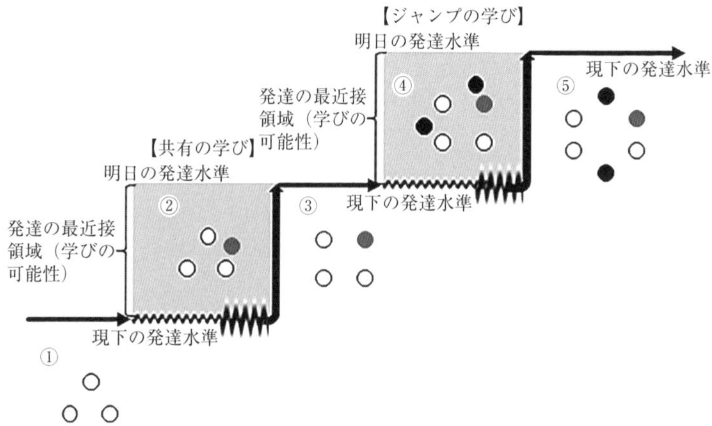

図 7-9　協同的学びにおける発達過程

このように，通常私たちが口にする「運動ができる」という状態は，③や⑤の要素間が結合し，運動の協応構造が突然ある配置になって，全体として安定した運動パターンに切り替わった瞬間と解釈することができよう．こうした山本の考え方は，Waddington, C.H.（1957）やテーレンら：岡本訳（1993）が示した発達ダイナミクスの概念に依拠しており，微視的な要素間の相互作用によって，巨視的なふるまいに秩序が形成されるという自己組織化現象と結びつけたものである．

一方，「協同的学び（collaborative learning）」とは，ヴィゴツキーの「発達の最近接領域」の理論を背景にもつものである．「発達の最近接領域」とは，一般的に「自主的に解答する問題によって決定される現下の発達水準と，子どもが非自主的に共同のなかで問題を解く場合に到達する水準とのあいだの相違が，子どもの発達の最近接領域を決定する」ものであり，ヴィゴツキーは「教育学は，子どもの発達の昨日にではなく，明日に目を向けなければならない」（ヴィゴツキー：柴田訳，2001）と主張した．この「発達の最近接領域」の考え方は，「教授・学習は発達の『尻にくっついて行く』のではなく，

『発達に先回りする』べきものであり，適切な教育課題は発達の最近接領域において与えられなければならないという考えをもたらし」（ヴィゴツキー：土井・神谷訳，2003），図 7-9 の②と④に位置づくものである．

両者の考え方の共通項は，子どもの成熟した現下の発達水準だけではなく，成熟しつつある明日の発達水準を考慮しなければならないという点にあり，それは子どものできること（図 7-9 における①と③）から，できないこと（図 7-9 における②と④）への移行の可能性，すなわち「学びの可能性」としてのゆらぎを教授・学習過程に設定することの重要性を説いている．これは，本実践における安定している状態に運動の中心的なおもしろさを基軸とした難易度の高い条件を付加した課題を提示することで不安定な環境をつくり出したことと一致する．同時に，「学びの可能性」としてのゆらぎを支える授業者の援助も大切になってくる．具体的な支援として本実践では，課題の到達度が異なる者同士のペア活動や，子どもの「困り感」を中心とした授業展開が，互恵的な学びを生起させるものとなった．

以上のことから，課題を達成できている状態に，条件を難しくした更なる課題の提示は，これまでの安定した場から不安定な場に子どもたちを導くことになるが，仲間や教師の援助を受けながらハードル走における技能を形成していくことが明らかにされた．また，技能の生成の直前には大きなゆらぎが認められ，こうした大きなゆらぎこそが，学びを大きく飛躍させる要因になるものと考察された．

7.3.5 結語

本研究では，体育授業の文化的実践にかかわり，その視点と学びのデザインの手順について提示している考え（岡野，2008；岡野ら，2011；岡野・山本，2012）に依拠しながら，小学校３学年を対象とした小型ハードル走の授業を構想・実践・検討することにより，体育の協同的学びのプロセスの解明を目指した．

体育の協同的学びにおける発達過程は，安定している状態に運動の中心的なおもしろさを基軸とした難易度の高い条件を付加した課題を提示することで不安定な環境がつくりだされ，学び手はその中で異質な他者（仲間）や教師からの援助を受けながら試行錯誤を繰り返し，やがては大きなゆらぎをきっかけにそれまでの運動を壊し，新しい運動を構築するというプロセスをたどることが明らかにされた．

7.4 真正な学び（authentic learning）におけるわざの形成過程 ―短距離走・リレー（2×15m リレー）の実践から―

7.4.1 緒言

最近の学校教育現場では，「学び合い」と称する授業が増加の一途をたどっているように感じられる．しかし，こうした授業には「話し合い」は見られるが「聴き合い」は存在せず，「教え合い」は見られるものの「学び合い」が存在しないことが多い．そもそも，「聴き合う」関係を基盤とする「学び合い」の学習論は，ジョンソンきょうだいの理論やスレイビンの方式に代表される「協力的学び（cooperative learning）」とは異なり，ヴィゴツキーの「発達の最近接領域」の理論とデューイのコミュニケーションの理論に基づく「協同的学び（collaborative learning）」である（佐藤，2012，pp. 31-32）．両者の違いは，協同的学びにおいては，協力的学びのように協力的関係よりも，むしろ文化的実践（文化的内容の認識活動）に重点がおかれ，意味と関係の構築としての学びの社会的実践が重要とされる（佐藤，2012，pp. 31-32）．すなわち，教科の本質に沿った「真正な学び（authentic learning）」の追求と対象世界との対話が要請されている点が，協同的学びの特徴であるといえよう．

体育の協同的学びにおける真正な学びや対象世界との対話についての先行研究は，岡野ら（2011），加納・岡野（2011），矢戸・岡野（2012），柳瀬ら

(2012)，柳瀬（2012)，加納・岡野（2013)，狭間・原（2013）などの実践研究があげられる．その研究内容の多くは，運動の中で見られる子どもの身体的な変容や気づきが起きた場面を事例として取り上げたエピソード記述（鯨岡，2005）を用いた手法が中心である．この方法は観察者や授業者が出来事に関与している中で間主観的に把握した部分や，自分の思い，場の雰囲気を盛り込むことで，その場のアクチュアルな様相を提示することが特徴としてあげられる．その一方で，行動観察のようにそこで起きている事象を克明にとらえ，客観的事実に基づいた考察が行われないという側面も持ちあわせている．リレーの分析に関する量的アプローチによる先行研究は，トップアスリートを対象にしたものに限定されており，その数も少ない（松尾ら，1994；深代ら，1998；杉田ら，2007；広川ら，2009；広川ら，2012)．

そこで本研究では，質的側面と量的側面の両方からの「運動の記述」を試みることで，真正な学びにおけるわざの形成過程について解明することを目的とする．

本研究では，次の３つの手順を踏まえながら研究を進めていくものとする．

第１に，佐藤（1995）が提唱する学びの対話的実践の「三位一体論」と岡野（2011）が提示する体育における「学び」の三位一体，岡野・山本（2012）が提出した「体育における対話的学び」のデザインの視点とその手順に基づきながら，小学校６学年の短距離走・リレー（2×15m リレー）の学びをデザインすると同時に，そのデザインに基づいて実践した授業概要を記載する．また，形成的授業評価（高橋ら，1994；高橋ら，2003）を用いて全体の授業を診断する．これは４次元９項目からなる質問票[4)]を毎授業の直後に子どもに回答させるものである．各質問項目に対し，「はい＝３点，どちらでもない＝２点，いいえ＝１点」の３点満点で回答・点数化し，形成的評価基準（高橋ら，2003)[5)] に照らし合わせて５段階評定で授業を診断するものである．

第２に，運動の記述の方法として２つの手法を用いる．

１つは，質的側面からの接近方法としてのエピソード記述（鯨岡，2005）

である．対象授業について「授業実践（参与観察）―記録―記述―考察」の順で検討を行う．記録方法は，短距離走・リレーの運動過程の様子や子どもたちの会話，授業者と子どものやりとりなどを中心に，デジタルビデオカメラで撮影する．記述方法は，ビデオカメラによる記録を用いながら，エピソードとして記述する．エピソードは，短距離走・リレーにおける学びの生起の場面を中心に，授業者（ただし，事例 4 はリレーの見本を見せた学生）が記述する．その際，授業者の表記は「私」とし，子どもの名前はすべて仮名でカタカナ表記とする．また，子どもや授業者の発言は鉤括弧で表記する．考察方法は，学びが生起するに至った状況と文脈について着目しながら考察を行う．

もう 1 つは，量的側面からの接近方法としての DLT（direct linear transformation）法（Adbel-Aziz & Karara, 1971；池上，1983）である．デジタルビデオカメラによって校舎 3 階より撮影（図 7-10）した映像をパーソナルコンピュータに取り込み，動作分析ソフト（DKH 社製，Frame DiasⅡ）を用いて，エピソードで取り上げた子どものコース上の位置（頭部）を1/30秒毎にデジダイズし，二次元 DLT 法により実座標へと変換し，スピード曲線として記述し，タイム，バトンパス時の走速度，スピード保持率に着目しながら考察を行う．

第 3 に，エピソード記述と DLT 法から得られたデータと考察に基づきながら，特に文化的な価値に迫る真正な学びにおいて，どのようにわざの形成がなされていくかについて解明する．

7.4.2　学びのデザインと授業概要及び形成的授業評価

学びのデザイン

本実践では，リレーの中心的なおもしろさを「前走者の速さをつなぐ」と設定し，2×15m リレーの教材を開発した．そして，学びの内容を「渡し走者（第 1 走者）の終末局面と受け走者（第 2 走者）の準備局面が融合し，速さをつなぐためのわざの形成」と設定した．また，子どもたちには，「合計タイムをどれだけ縮めることができるかな（課題①：共有の学び）」と「基準タイムをどれだけ縮めることができるかな（課題②：ジャンプの学び）」の２つの課題を提示した．合計タイムとはペアそれぞれの15m 走タイムの総和したタイムであり，基準タイムとは課題①における最高タイムのことである．

授業概要

○日　　時：2012年10月24日〜11月14日（全４時間）
○場　　所：三重県津市立Ｂ小学校運動場
○授 業 者：三重県津市立Ｂ小学校６学年担任
○学 習 者：三重県津市立Ｂ小学校６学年児童39名
○運　　動：陸上運動／短距離走・リレー（2×15m リレー）
○場の設定：単元を通した場は，図7-10の通りである．30m のコースを５本設定し，各コースの幅は2m である．スタート地点より，12.5m 地点から17.5m 地点の5m 区間をテークオーバーゾーンと位置づけた．

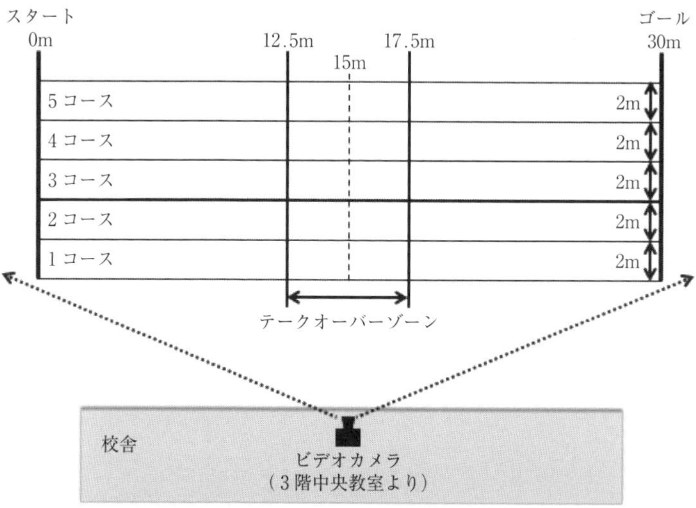

図7-10　場の設定

○単元概要：第１時（10月24日）は，単元のテーマ及びタイムの計り方やコースの使い方などを説明した後，15m 走の計測を行った．その後，あらかじめカップリングしておいた異性ペアで課題①に取り組ませた．本時で課題を達成することができたのは，全20ペア中11ペアであった．第２時（10月31日）は，第１時の異性ペアで課題②に取り組ませた．なお，課題①を達成していないペアは，そのまま課題①に取り組ませた．本時では，全20ペアが課題を達成することができた．第３時（11月６日）は，あらかじめカップリングしておいた同性ペアで課題①に取り組ませた．また，本時ではタイムを計測する機会は，活動開始時の２回と活動終了時の２回という条件を加えた．本時では，全20ペア中，欠席者３名と見学者１名がいるペアを除く全ペアが課題を達成することができた．第４時（11月14日）は，第３時の同性ペアで課題②に取り組ませた．第３時の授業にて，子どもたちに飽和状態が見られたため，本時では活動開始前に大学生がリレーの見本を見せたり，活動中は各コースに大学生が入り，一緒に走ったり，アドバイスを行ったりした．本時で課題を達成することができたのは，全20ペア中15ペアであった．

形成的授業評価

表7-3は，形成的授業評価のスコアであり，図7-11はその推移を示したものである．表7-3における各次元及び総合の上段に示した数値はクラスの平均値（３点満点）であり，下段に示した括弧内の数値は評定（５段階評価）である．

授業の全体的な傾向を「総合」のスコア推移からみると，第２時以降は診断基準の評定で５点満点を示していることから，大変評価が高かった授業であると考えられる．また，４次元中３次元（「成果」「学び方」「協力」）について，第２時以降の診断基準の評定で５点満点を示していることから，子どもたちに極めて高く受けいれられた授業であったと推察できる．

表7-3 形成的授業評価スコア

	第1時	第2時	第3時	第4時
成果	2.33 (3)	2.70 (5)	2.73 (5)	2.83 (5)
意欲・関心	2.90 (4)	2.96 (4)	2.97 (4)	3.00 (5)
学び方	2.70 (4)	2.83 (5)	2.92 (5)	2.93 (5)
協力	2.80 (4)	2.95 (5)	2.97 (5)	2.96 (5)
総合	2.64 (4)	2.84 (5)	2.88 (5)	2.92 (5)

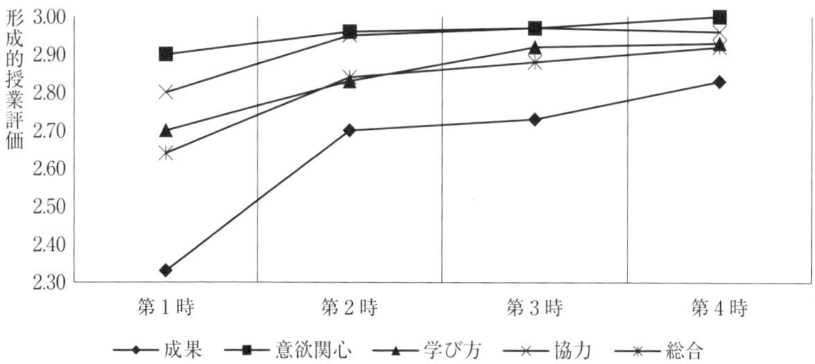

図7-11 形成的授業評価スコア推移

7.4.3 学びの実際と考察―エピソード記述による質的アプローチ―

本授業は子どもによる形成的授業評価で高く受け入れられた実践であるということを前提に，個別具体的な事例を4件取り上げながら，その内実に迫っていくこととする．

【エピソード1】（図7-12）は第2時で合計タイムをきることができなかったペアが，他のペアの試走を手がかりとしながら，第3時に合計タイムの短縮を果たすことができた事例である．【エピソード2】（図7-13）は第2時で基準タイムをきることができないでいたペアが，全体の場で取り上げられ，仲間のアドバイスを受けながらタイムの短縮を遂げた場面を描いたものである．【エピソード3】（図7-14）は第4時で基準タイムをきることができなかったペアが，教師のアドバイスを受けながらタイムの短縮を遂げた事例である．【エピソード4】（図7-15）は第4時で子どもたちに見本を見せることになった大学生（陸上競技部所属）の練習場面を取り上げた．

図7-16・17・18・19は，それぞれの4つの事例のスピード曲線を描いたものである．破線と点線はタイムが伸びる前の試走（pre）を，太線と実線はタイムが伸びた後の試走（post）を表したものである．そして，バトンパス開始時地点を◆で，バトンパス終了時地点を●で表示し，その区間を直線で表示した．

事例1　「一人一人が本気で走る」から「二人で止まらずに走る」へ

第2時の後半の場面である．アキオとサキの記録表を見ると，合計タイムより遅かったので，「遅くなってるやん」と話しかけた．すると，サキは「そう，遅くなっちゃったん」とこたえた．アキオとサキに理由を聞いてもはっきりしなかったので，同じグループのリコとジュンペイに見てもらうことにした．

アキオとサキの走りを見ると，アキオが全力で走ってくるのに対し，サキはバトンを完全に止まったまま受け取ってから走り出していた．そのため，せっかくアキオが全力で走ってきても，テークオーバーゾーンでその勢いをつなぐことができず，タイムも縮まっていなかった【図7-16破線・点線部分】．すると，アキオが少し苛立ち，「絶対真剣に走ってないやろ，サキ」と詰め寄った．私はアキオが話しているのをさえぎるように「ジュンペイが見とってくれたよ」といい，アキオとサキにジュンペイの話を聞かせた．すると，ジュンペイは「バトン渡すときにさ，こんなふうになんかさ，サキがドタドタ歩いとる感じがするよ．僕は…」と動作を交えながらサキに向かって話した．サキはまた苦笑いしながら聞いていた．するとアキオがそんなサキの態度にさらにイライラして，「本気で走ってないやろ．足痛くても，我慢して本気で走ってよ」と少し強い口調でサキにいった．

私はそのとき，合計タイムを縮めているリコとジュンペイのペアの走りを見せれば，アキオとサキも何か気づくだろうと考え，リコとジュンペイに走ってもらうことにした．アキオはテークオーバーゾーンの近くへ行き，サキはゴール付近で記録用紙を持ちながら，ジュンペイとリコが走ってくるのを見た．ジュンペイとリコが走り終えると，二人のタイムは0.07秒速くなっていた．アキオが「やっとわかった」とにこにこしながらゴール付近へ走ってきた．私が「アキオ，何がわかったん？いうて」と聞き返すと，アキオは嬉しそうに「バトンするときに，なんちゅうの．その走る人，第１走者が，第１の人が，走るときに，バトン渡すときに，『走れ』っていうたから，出たんやと思う」とこたえた．そして，サキは「リコがむっちゃ走っとった．ギリギリまで」とこたえた．この日は時間がなかったので，これで終わることにした．アキオは「え〜っ，もう？」と残念そうに大きな声で叫んだ．

次の時間（第３時），私はアキオとサキがどうしているか気になっていたので，様子を見に行った．すると，二人のタイムがかなり縮まっていたので，「なんでなん？」と聞くと，どうして自分たちのタイムが縮まったのかがはっきりとわからないという様子だった．私も二人の何が変わったのかを見たかったので，二人にもう一度走ってもらうことにした．

アキオとサキのリレーを見ると，アキオがスタートをきった直後にサキも同時にゆっくりと走り出し，テークオーバーゾーンのギリギリで走りながらバトンをもらうことができていた【図7-16太線・実線部分】．今までサキは止まったままバトンをもらっていたので，それに比べるとずいぶん助走がつき，第１走者と第２走者がすっと入れ替わり，流れるようにバトンパスができていた．走り終えた後に，私が「今のどうやった？」と聞くと，アキオが「バトンの持つところをちょっと工夫した．先を長くした」と嬉しそうにいった．サキも同時に「私も先を持って…」とこたえた．私は「それをすると何で速くなるん？」と聞き返したが，まだ言葉に表すのは難しそうだった．私は同じグループのリコとジュンペイに実際にバトンを持たせて，二人の距離をできるだけ離し，「ギリギリ離れとった方がいいということ？」とアキオとサキに確認した．すると四人は「そういうこと」といいたそうにうなずいた．

図7-12　【エピソード１】

【エピソード１】におけるアキオとサキは，二人の合計タイムより記録表のタイムが遅くなっていた．タイムが縮まらないことに対して，アキオはサキの走る意欲が問題であると指摘をしている．アキオとサキの走り方を見ていたジュンペイが，テークオーバーゾーンでのサキの動き方について話をしているにも関わらず，本気で走ることを強く要求していることからも，サキに原因があると感じていることがわかる．

この認識をもっている二人が，合計タイムを縮めているジュンペイとリコの走りを見たときに，「バトンをするとき」「バトン渡すときに『走れ』っていうたから」と，個人の走りよりもテークオーバーゾーンでの言動に注目を向けるようになっている．そして次の時間には，二人のタイムが縮まっていく．二人は，タイムが縮まったわけをはっきりとは言語化できていないが，今まで止まったままバトンをもらっていたサキが，ずいぶんと助走がつくようなバトンの受け方に変化している．

アキオとサキの姿は，タイムを縮めるための意識や動きが，本気で走ることだけではなくテークオーバーゾーンの使い方へと向かっていることがわかる．この変化は，与えられた15mを「一人一人が目的地までより速く走る」短距離走の技能から，30mをひとまとまりととらえ「第1走者のスピードを止めずに第2走者へつなぐ」というリレーならではの技能がたち現れたからであると推察される．

事例2　「受け取ってから前を向いて走る」から「前を向き走りながら受け取る」へ

第2時の終盤に，まだタイムが縮まらないアキとフミオのペアを取り上げ，全体で課題を共有させようとした場面である．

アキとフミオのリレーを見ると，バトンパスも上手で特に問題はないように感じたが，基準タイムより縮まっていなかった【図7-17破線・点線部分】．フミオ自身も何が原因でタイムが縮まらないのか，困惑しているようだった．私は周りの子に，「どうしたらええの？」と聞くと，アキが即座に「知らん…」とつぶやいた．アキも自分がどうすればいいのかわからず投げやりになっていた．そんなアキの気を取り戻すためにも，私は周りの子どもたちに「いやいや，見とる人に聞いとるんやで．やっとる人はわからへんのやで．（アキに向かって）そやで知らんのやろ？　困るんやろ？ 見とった人がいうたらなあかんやん」といった．すると，コウスケが「なんか，フミオがバトンもらったときにちょっと違う方向に走り出しているん…」といい，「１歩目出した次にまた正しいとこに直してるん」といった．コウスケのいっている意味がわかりにくかったので，私はコウスケに「うん．ちょっとやってみて．どこへ走り出すん？ フミオ君は？」というと，コウスケはすぐにテークオーバーゾーンへ行き，「えっ，なんか，このあたり（バトンパスの一番手前のあたり）で受け取ったら，なんかこっちの方へ（ゴールに向かって右側へ）一歩踏み出してるん」とやって見せた．それを見て，マサオが「だから，外側でもらったら方がいい」といい，それに続いてユウガが「バトンもらいに後ろ向いてるから，方向わからんのちゃう？」といった．すると，フミオが「そうそうそうそう，それ」と納得したようにいった．ユウガはさらに，「後ろを見とって，バトンもらうことに専念してるから，前をパッと見たときに，あれ，別の場所に進んでるってことになって，でも，まぁ，止まれやんから１歩踏み出してから軌道修正を…」といった．「ほな，どうしたらええん？ それ，直すには」と私がもう一度ユウガに聞くと，ユウガは「ずっと，後ろを向いとくんじゃなくて，もらう寸前で前を向いて，方向があってるか確認してからバトンをもらった方がいいと思う」といった．それを聞いたフミオは，安心した様子で「わかりました」といった．

フミオが準備をしているときに，マコトが「フミオはあっちの方に行った方がいい」といった．そして，ヒロキも「フミオはここから助走つけてもらったほうがいいやん」とフミオに教えた．フミオはテークオーバーゾーンの一番手前でかまえた．しかし，その後，２回目，３回目と走ったが，基準タイムを超えることはできなかった．そのたびに色々なアドバイスを友達からもらうのだが，フミオはなかなかスタートをきるタイミングがつかめないでいた．そして，いよいよラストの４回目．フミオはアキが走り出しテークオーバーゾーンに近づくまで後ろを向いたままかまえた．そして，アキがテークオーバーゾーンに近づくとゆっくりとスタートをきり，バトンをもらう瞬間に，パッっと向きを変え，ギリギリのところでバトンをもらった．そのとき，何人かの子どもと私は思わず「よっしゃっ」と叫んだ．フミオはそのまま全力でゴールに走りきった【図7-17太線・実線部分】．みんながかたずを飲んで見守る中，私が「いくつやったん？」とタイムを聞くと，「５秒95」と計測していた子がこたえた．その瞬間，全員が「オーッ」と歓声をあげ，温かい拍手が起こった．

図7-13 【エピソード２】

【エピソード２】のアキとフミオのペアは，自分たちではバトンパスが上手にいっていると感じているにも関わらず，タイムが縮まらないことに困惑をしている．

この二人の困り感を全体で共有する中で，コウスケは，フミオがバトンを受け取ってからゴールに向かうときの１歩目に注目し，１歩目が右側に踏み出していることがタイムロスを生んでいると指摘している．走る方向がずれていることに対して，マサオは，フミオがバトンを受け取るときに，第１走者のアキの方を見ていることが原因ではないかと考えている．マサオの言葉にフミオも納得していることから，フミオはマサオの言葉によって，バトンをしっかりと受け取ってから走ろうとしているために，走る方向がずれてしまう自分に気づくことができたと考えられる．

さらに，続くユウガの「ずっと後ろを向いとくんじゃなくて，もらう寸前で前を向いて」というアドバイスにもフミオは肯定的にこたえていることから，これまでバトンをもらうことに専念していたフミオの認識に変化を与えていると見ることができる．その後の活動に移って４回目のとき，フミオはアキからバトンをもらう瞬間にパッと向きを変え，ギリギリのところでバトンをもらい，ゴールまで直線的に走ることができたことによって，基準タイムよりもタイムを縮めることに成功している．

フミオの動きは，「バトンしっかりと受け取ってから前を向いて走る」ことから，「受け取る前に前を向き，走りながらバトンを受け取る」に変化したといえるだろう．換言すると，「バトンを受け取る」と「走る」という２つの別の動きを分断して１つずつ行うのではなく，「バトンを受け取りながら走る」という２つの動きに融合局面をつくり出し，動きをつなぐことができるようになったことが，スムーズなバトンパスを生み出したと考えられる．

事例3 「自分たちの感覚をもとにつなぐ」から「明確なポイントをもとにつなぐ」へ

第4時の場面である．もう少しで基準タイムを更新しそうだった【図7-18の破線・点線部分】ミコとサキコは第1走者がどこまできたら，第2走者が走り出せばよいのかがわからず，つまずいていた．私は第2走者が走り出すタイミングをつかませるため，「それって，はっきりとわかる方法ないの？　このタイミングで走り出したらいいっていう」とミコに投げかけた．すると，サキコが「サキコが白い線踏んだら…」とテークオーバーゾーンの一番スタートよりの線まで来たら走り出すということをいった．それを聞いたミコが「えっ，遅すぎやん」と驚いたようにいった．私も「遅すぎるやろ」とサキコにいうと，サキコは「遅すぎる？」と照れながらいった．ミコが「リードの線の同じくらいの間隔の…」といったので，私は「あー，テークオーバーゾーンぐらいってことよね」と確かめた．ミコは「同じぐらい．その辺…」とこたえた．私はミコに「もっとはっきりさせた方がええね．もっとここっていうところ」と投げかけた．そして，二人に「それやってみ．どこまで来たら．もう，計らんでええんやろ．練習してみ」と，何か工夫をするだろうと期待しながらその場を離れた．

私はしばらくして，ミコとサキコの様子を見に行った．すると，グループの四人がテークオーバーゾーンの所で何かをしようとしていたので，私はミコとサキコに「場所決めたん？」と聞いた．ミコは「めっちゃ出たんさな…．もっと近くでもいいんかな」などとサキコと話しながら，スタート側に走っていき，足で線を引いていた．ミコが先に引いた線の所とテークオーバーゾーンまでの半分ぐらいの所に線を引こうとしたので，それを見たユウジが「やり過ぎやろそれは」といった．それを見て，私はミコに「どれぐらい出たん」と聞くと，ミコはテークオーバーゾーンから1.5mほど離れたところで，バトンを受け取ったということがわかった．そして，ミコが「なんか，あそこの線（最初に自分たちが引いた線）は最初，あんまりここの幅（テークオーバーゾーンの幅）では速くって，（テークオーバーゾーンで）すっごい走ってなくって，（テークオーバーゾーンを）越えてから走っとって，向こうから勢いつけたほうがいいっていわれて，勢いをつけたら，なんか…」と，自分のいいたいことがまとまらない様子だった．そこで，私が「あぁ，出てしまうんやね？」と聞き返すと，二人ともウンウンとうなずいていた．私は「ほんなら，もうちょっと手前にした方がええよね．あの線より」というと二人はもう少しテークオーバーゾーンの方に線を引いた．それを見て，私は「うん，そこら辺」と確認し，ミコとサキコを走らせることにした.

私はミコに（サキコがそこまで来たら）「全開で走るんやで」といった. 二人は「わかった」という感じでそれぞれの場所に移動した. サキコがスタートの合図と同時に走り出し, ミコはサキコが線の所まで来るのをじっと見つめていた. そして, サキコが線の少し手前まで来た瞬間, ミコはサッとゴールの方に振り向き全開で走り出した. ミコは少しサキコの方を振り向いたが, テークオーバーゾーンのギリギリでバトンをもらい, ゴールまで駆けぬけた【図 7-18太線・実線部分】. 期待してタイムを見せてもらうと, 今まででー番いいタイムだった. 私は思わず「オーッ, ナイスナイスナイス. 今のがもう全開につながったっていう感じやね」と声をかけた. サキコとミコも嬉しそうに自分たちのタイムを確認した.

図 7-14 【エピソード 3】

【エピソード３】のミコとサキコは, 第２走者であるミコが走り出すタイミングをつかめずにいた. 教師とのやりとりの中でも,「リードの線の同じくらいの間隔」「その辺…」と, 自分たちの感覚を頼りにしながら, 第２走者がスタートするタイミングについて話をしている. 感覚を頼りにしていることが二人の課題ととらえた教師から, スタートするポイントをはっきりさせることを提案されると, 二人の活動の様子に変化が現れる.

ミコとサキコは, 走る前に第２走者が走り出すポイントとなる線を引き, 線に合わせて走り出したときの結果を振り返り, 次に走るときには線の場所を修正しながら進めていくようになっている. バトンがミコに渡らずに, テークオーバーゾーンを出てしまうこともあったが, その失敗をもとに, 線を引く場所を変え, サキコが線の所まで来るのをミコがじっと見つめて, サキコが線を通過する直前にスタートをきると, テークオーバーゾーンのギリギリのところでバトンパスを行うことができている.

ミコとサキコの活動の仕方は,「自分たちの感覚」を頼りにしていたため, 失敗の原因を振り返ることが困難であったといえよう. そこから, 線を引くという「明確なポイント」をもとにして, 反省しながら活動できるようになったことが, テークオーバーゾーンのギリギリでのバトンパスにつながったのであろう.

事例4 「確実にバトンを渡す」から「結果としてバトンがつながる」へ

第4時で子どもたちの前で見本を見せるにあたり，第1走者の私（ユカ），第2走者のショウでバトンパスの練習を行った．ショウはテークオーバーゾーンの手前に立ち，私が大体のところまで走ってきたらじりじりとリードしてスタートし，私の方に体を向けながらバトンをもらう練習を行った．すると，ショウが私からバトンを受け取るころにはテークオーバーゾーンをオーバーしてしまった．もう一度同じように行ったときも，私がショウに合わせるような，スピードをつなぐバトンパスとはかけ離れたパスとなってしまった．ここで，最高スピードでは5mのテークオーバーゾーン内でバトンを渡すことができないという「困り感」が私たちに生まれた．そこで，私たちはテークオーバーゾーンを広げて（テークオーバーゾーンを10mにして）バトンパスを行ってみた．すると，5mで行ったときにはテークオーバーゾーン内で渡せなかったバトンを渡すことができた．このときは二人とも，スピードを緩めることなくスムーズにバトンを渡すことができた．

そこで私たちは，子どもたちに見本を見せる際にテークオーバーゾーンを10mにして行うことを先生（大学教員）に提案した．しかし，子どもたちが使っているテークオーバーゾーンを使っての見本でなくては意味がないことを指摘され，5mのテークオーバーゾーンを使って，いかにバトンを渡すかということを考え始めた．まず初めに私たちが考えたことは，第1走者が流し程度の速度で走り，確実に5mのテークオーバーゾーン内でバトンを第2走者に渡そうということだった．第1走者が第2走者に合わせてバトンを渡すと，なんとか5mの間でバトンを渡すことができた．しかし，数本やってみてこれではスピードを全くつなげていないということに気がつき，どうしたらよいかをもう一度考え直そうとしたが，その日はもう日が暮れてしまっていたため，次の日にもう一度練習を行うことにした．

そして翌日早朝，私がテークオーバーゾーンよりも3mほど手前の位置に木の枝を置き，「ここまで私が走ってきたら思いっきり走り出してみて」とショウにいった．そして，私が置いた木の枝のあたりでショウが思い切って走り出してみると，私がバトンを渡す前にショウがテークオーバーゾーンをオーバーしてしまった．二人はリレー経験者であったが，この方法で練習を行ってみても，やはりスピードが出過ぎると5mのゾーンではパスが難しいのではと感じた．しかし，木の枝でダッシュする練習のときに，前日まで行っていたどちらかがスピードを合わせてスタートするバトンパスとは全く違う感覚を感じ，そこからは両者が速度を緩めることなく全力で走って渡せるポイントを探すことにした．そのポイントに第1走者がきたら第2走者がダッシュでスタートするという練習である．そして，何度もポイント探しの練習を行い，最終的にテークオーバーゾーンから1.5〜2m 手前のあたりのところが二人ともがスピードを落とさずにパスできるポイントであることがわかった．そこで，私がショウに「この枝のところまできたらバトンのことは何も考えやんで（考えないで）いいから，とりあえず飛び出して，声かかったら手出して」といった．この言葉かけで，第2走者のショウは私が枝まで走ってきたら，前をみてダッシュで走り出し，私は渡せそうなところで「はい」と声をかけ，バトンを渡すことができた．しかし，もう一度やってみると失敗をしてしまい，ショウがテークオーバーゾーンから出てしまった．そこで私が「加速とか考えやんと，この枝に私が来た瞬間がスタートのサインやと思って」といった．ショウはその意識をもってもう一度行った．するとバトンを上手く渡すことができた．

そして，見本を見せる本番直前に，その日の朝，見つけた二人が全力で走ることのできるポイントに小さく印をつけた．本番ではその印のところでショウがスタートし，私もショウもスピードを緩めることなくバトンパスをすることができた【図7-19】．

図7-15 【エピソード4】

ユカとショウは，陸上競技の中でリレーを経験している二人である．しかし，テークオーバーゾーンが5m という場で取り組む中で，2つの課題にぶつかっている．1つは，「テークオーバーゾーンをオーバーしてしまう」ことである．ショウが，大体のポイントで「じりじりと」スタートし，ユカの方に体を向けながら走っているにもかかわらず，テークオーバーゾーン内でバトンをつなぐことができていない．この課題は第1走者であるユカが流し程度で走り，そのスピードに合わせてショウも走るという確実に「バトンをつなげよう」とする走り方を行うことによって解消されている．

しかし，第1走者が流し程度で走る方法は，二人のもう1つの課題をさらに大きくすることとなる．それは，リレーの中心的なおもしろさと直結する

「最高スピードでバトンを渡す」ことである．二人は，リレーの経験者であり，スピードをつないだままバトンをつなぐことの大切さやおもしろさを知っているため，確実にバトンパスができても，スピードがつなげていないことに納得がいかず，もう一度バトンパスの方法を考えることとなる．

そこで考えたのが，走り出す明確なポイント（木の枝）を目印にして，第２走者が走り出すという方法である．この方法は，これまで意識の中心にあった「確実に渡す」ことからの変化をねらって生まれたと考えられる．試行をするたびに，ユカから「思いっきり走り出す」，「バトンのことは考えやんでいいから，とりあえず飛び出して」，「枝に私が来た瞬間がスタートのサイン」とショウへ投げかけられているように，スタートの瞬間や走るスピードに関することが意識の中心となっている．言い換えると，二人がスピードを緩めないことを二人の約束事にして走っており，その中で，結果としてテークオーバーゾーン内でバトンパスを行うことができるポイントを探っているといえるだろう．

二人は，自分たちの課題に対し，「確実にバトンを渡すこと」を目指して試行を始めた．そこから，二人ともがスピードを緩めないというリレーの中心的なおもしろさに直結する動きを二人の約束事にし，5m 内で「結果としてバトンがつながる」ポイントを探すように変化していったことで，運動の質が高まったと見ることができるのではないだろうか．

7.4.4 学びの実際と考察―DLT 法による量的アプローチ―

表7-4は，2×15mリレーのタイムの分析結果である．４つの事例について，タイム（sec），バトンパス開始時走速度（m/sec），バトンパス終了時走速度（m/sec），速度保持率の観点から結果を示し，事例１・２・３はこれにタイムが伸びる前の試走（pre）と伸びた後の試走（post）の結果も表示した．バトンパス開始時走速度とは，第１走者が第２走者にバトンを渡し始めた地点の速度であり，バトンパス終了時走速度とは，第２走者が第１走者からバ

トンを受け終わった地点の速度である．また，速度保持率とは，バトンパス終了時走速度をバトンパス開始時走速度で割ったものであり，1に近いほど速度を保持していることを表わしたものである．これにしたがえば，事例1は0.58から0.68へと0.1ポイントの伸びが見られ，同様に事例2は0.74から0.77へと0.03ポイント，事例3は0.63から0.90へと0.27ポイントの伸びが認められる．なかでも事例3の0.90ポイントは，事例4の大学生の0.87ポイントを，0.03ポイント上回る結果を示している．

事例1・2・3といずれもタイムの伸びが見られるが，大幅にタイムが短縮した事例は事例1と事例3である．事例1では6.98秒から6.20秒へと0.78秒の伸びを示し，事例3では6.81秒から6.04秒へと0.77秒の伸びを示している．3つの事例に共通していえることは，バトンパス終了時走速度と速度保持率の伸びが見られるということである．なかでも特にタイムの大幅な短縮が見られた事例1と事例3では，バトンパス終了時走速度と速度保持率の2つに大幅な伸びが認められることが特徴としてあげられる．このことより，減速の少ないバトンパスができるリレーを目指すためには，受け走者のバトンパス終了時の走速度を上昇させるための手立てが必要であると考えられる．

スピード曲線にかかわり，杉田ら（2007）は，渡し走者と受け走者のバト

表7-4　2×15mリレーの分析結果

	事例1		事例2		事例3		事例4
	pre	post	pre	post	pre	post	
タイム（sec）	6.98 0.78	6.2 ↑	6.14 0.09	6.05 ↑	6.81 0.77	6.04 ↑	5.13
バトンパス開始時走速度（m/sec）ⓐ	5.28 0.93	6.21 ↑	5.11 0.02	5.09 ↓	5.27 0.47	4.8 ↓	6.03
バトンパス終了時走速度（m/sec）ⓑ	3.09 1.16	4.25 ↑	3.8 0.12	3.92 ↑	3.34 1.00	4.34 ↑	5.25
速度保持率（ⓑ／ⓐ）	0.58 0.10	0.68 ↑	0.74 0.03	0.77 ↑	0.63 0.27	0.9 ↑	0.87

ンパス時のスピードパターン（図7-20）のような分析データは視覚的にすぐ確認することが可能なので大変有効であるとし，3パターンのモデルを提示している．1つ目は理想的なバトンパスであり，テークオーバーゾーンの中央付近でバトンパスが行われ，第1走者の走速度と第2走者の速度が落ち込まないモデル図である．2つ目は流れたバトンパスであり，テークオーバー

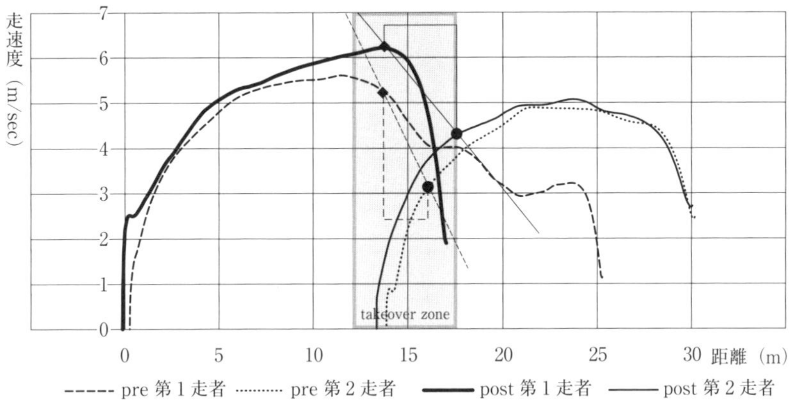

図7-16　事例1のスピード曲線

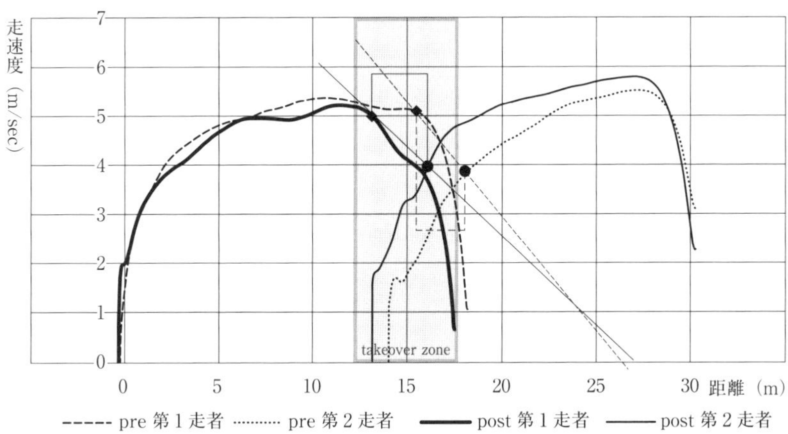

図7-17　事例2のスピード曲線

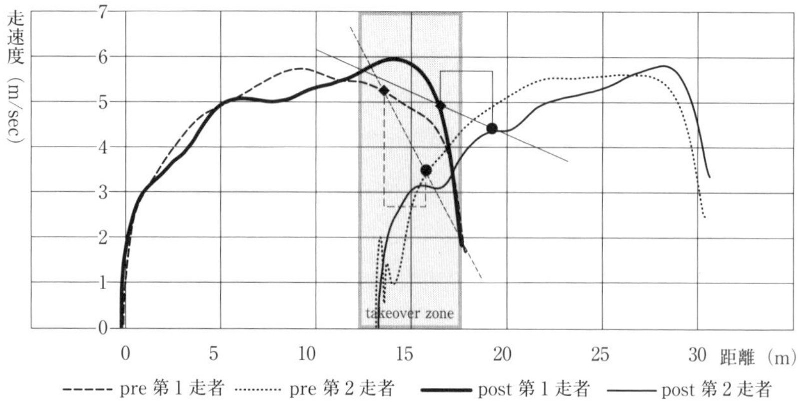

図 7-18　事例 3 のスピード曲線

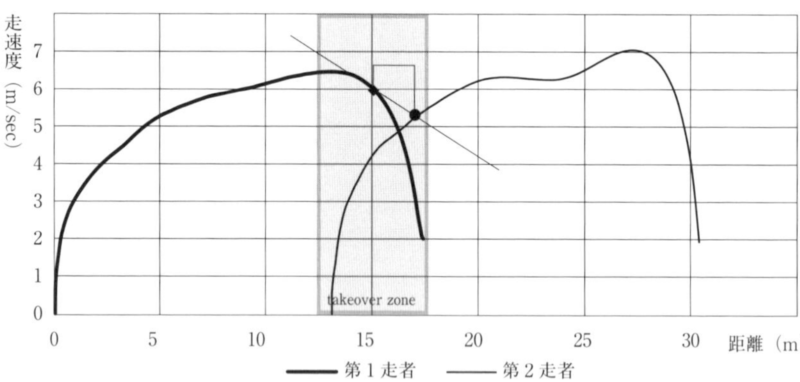

図 7-19　事例 4 のスピード曲線

ゾーンの終盤付近でバトンパスが行われ，第 1 走者の走速度と第 2 走者の速度が共に落ち込むモデル図である．3 つ目は詰まったバトンパスであり，テークオーバーゾーンの前半付近でバトンパスが行われ，第 1 走者の走速度が落ち込むが第 2 走者の速度は落ち込まないモデル図である．

この 3 つのモデル図にしたがえば，どの事例も理想的なバトンパスが行われていないことがわかる．しかしながら，バトンパス開始時地点を◆で，バ

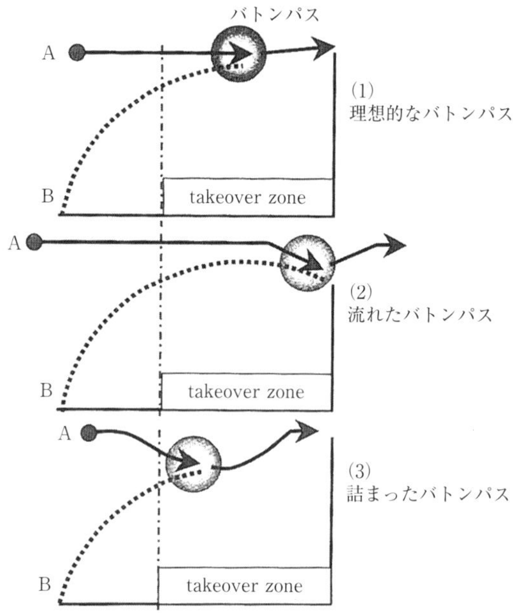

図7-20 渡し走者と受け走者のバトンパス時のスピードパターン（杉田ら，2007）

トンパス終了時地点を●で表示し，その区間を直線で表示した傾きに着目してみると，タイムが伸びる前の試走（pre）に比べ，タイムが伸びた後の試走（post）の傾きが緩やかになっていることが認められることから，理想的なバトンパスに近づいているものと考えられる．

次に，バトンの受け渡し区間について，タイムが伸びる前の試走（pre）とタイムが伸びた後の試走（post）の変化に着目してみると，事例1では中盤付近で行われていたものが，中盤から終盤までの区間でバトンパスが行われている．事例2では，終盤で行われていたバトンパスが前半で行われており，事例3ではそれとは反対に，中盤付近で行われていたバトンパスが終盤付近へと移行している．ちなみに，事例4の大学生のバトンパスは終盤付近で行われている．タイムを大幅に伸ばした事例1と事例3に，大学生の事例

4を加えた特徴として，終盤にバトンパスが行われていることがあげられる．これは5mという限られたテークオーバーゾーンを，前半は第2走者の加速区間として，後半はバトンパス区間として，有効に活用されていたものと推察できる．

7.4.5　学びの総合的考察

表7-5は，2012年現在の4×100mリレーの世界記録とアジア記録，及び四人の走者の100m記録を示したものである．4×100mリレーの世界記録を持つジャマイカの四人の選手の100mの合計タイムは38.93秒で，4×100mリレーのタイムは36.84秒である．一方，アジア記録を持つ日本の四人の選手の100mの合計タイムは40.34秒で，4×100mリレーのタイムは38.03秒である．日本チームはジャマイカチームに比べ，100mの合計タイムで1.41秒の開きがあるが，4×100mリレーのタイムではその差を1.19秒までに縮めていることがわかる．これは短距離走ではその差を縮めることができないタイムを，リレーによって0.22秒短縮させていると見ることができるであろう．このことからも，リレーの中心的なおもしろさとは，テークオーバーゾーンを有効活用した利得時間を生成する点にあり，利得時間を生み出すためのわ

表7-5　4×100mリレーの世界記録とアジア記録

	第1走者	第2走者	第3走者	第4走者	100mの合計タイム	400mのリレータイム	タイム差
世界記録（ジャマイカ）	ネスタ・カーター	マイケル・フレイター	ヨハン・ブレーク	ウサイン・ボルト			
2012.8.11	9.78	9.88	9.69	9.58	38.93	36.84	2.09
アジア記録（日本）	塚原直貴	末續慎吾	髙平慎士	朝原宣治			
2007.9.1	10.09	10.03	10.2	10.02	40.34	38.03	2.31
日本とジャマイカの差	0.31	0.15	0.51	0.44	1.41	1.19	0.22

ざの形成を学びの内容とすることが，真正な学びの探究といえよう．

まずは，各事例ごとに4項目について，分析評価を示すと表7-6のようになる．評価は4段階で行い，◎は顕著に向上したもの，○は向上したもの，△はあまり向上が見られなかったもの，▲は下降したものとした．事例1・2・3の3つとも，タイムと速度保持率が向上しているが，顕著に向上したしたものは事例3である．ただし，事例3は「テークオーバーゾーンのぎりぎりでバトンをもらい」と【エピソード3】にはあるが，事例3のスピード曲線（図7-18）によればゾーンオーバーが見られる．

タイムと速度保持率の向上の要因について，スピード曲線から見ていくと，事例1は第1走者のバトンパス開始後の減速により第2走者の加速を活かしたこと，事例2はバトンパスの方法の変化による第2走者の加速によるもの，事例3はテークオーバーゾーンの使い方の変化（前半を第2走者の加速区間として使う）によってバトンパス終了時走速度の向上によるものと考えられる．

次に，エピソード記述に基づきながら，真正な学び（authentic learning）において，どのように利得時間を生み出すためのわざが形成されていったかについて見ていきたい．

表7-6 2×15m リレーの分析評価

	事例1			事例2			事例3			事例4
	pre		post	pre		post	pre		post	
タイム（sec）	6.98		6.20	6.14		6.05	6.81		6.04	5.13
	0.78	↑	◎	0.09	↑	○	0.77	↑	◎	
バトンパス開始時走速度（m/sec） ⓐ	5.28		6.21	5.11		5.09	5.27		4.80	6.03
	0.93	↑	○	0.02	↓	▲	0.47	↓	▲	
バトンパス終了時走速度（m/sec） ⓑ	3.09		4.25	3.80		3.92	3.34		4.34	5.25
	1.16	↑	○	0.12	↑	△	1	↑	○	
速度保持率（ⓑ／ⓐ）	0.58		0.68	0.74		0.77	0.63		0.90	0.87
	0.10	↑	△	0.03	↑	△	0.27	↑	◎	

高等学校学習指導要領解説保健体育編（文部科学省，2009）の「陸上運動・陸上競技の動き例」の「リレー」について，小学校5・6年では「減速の少ないバトンパスができるリレー」，中学校1・2年では「渡す合図と，スタートのタイミングを合わせたバトンパスができるリレー」，中学校3年・高校入学年次では「スピードが十分高まったところでバトンパスができるリレー」，高校その次の年次以降では「受け手と渡し手の距離を長くしてバトンパスができるリレー」と示されている．

この例示によれば，本実践は小学校6学年を対象にしたものであるため，「減速の少ないバトンパスができるリレー」を行うことができればよいことになる．ところが，本研究で取り上げたエピソードからは，その教育内容を超えたところでリレーの学びが行われている様子が描き出されている．

サキコが線の少し手前まで来た瞬間，ミコはサッとゴールの方に振り向き全開で走り出した．ミコは少しサキコの方を振り向いたが，テークオーバーゾーンのギリギリでバトンをもらい，ゴールまで駆けぬけた．【エピソード3】

木の枝でダッシュする練習のときに，前日まで行っていたどちらかがスピードを合わせてスタートするバトンパスとは全く違う感覚を感じ，そこからは両者が速度を緩めることなく全力で走って渡せるポイントを探すことにした．【エピソード4】

【エピソード3】も【エピソード4】も，第1走者のスピードに合わせて助走を始めるのではなく，二人の間で取り決められたポイントに第1走者が到達した時点で第2走者がスタートダッシュすることになっている．このことはスピード曲線にも記述されており，事例3の図7-18，事例4の図7-19のいずれも，バトンの受け渡し区間がテークオーバーゾーンの後半付近へと移動している．ここからテークオーバーゾーンの前半がバトンを落とさないように受け渡しを行う区間としてではなく，第2走者の加速区間として活用されていることがうかがえる．この動きの特徴は，中学校3年・高校入学年次で例示されている「スピードが十分高まったところでバトンパスができるリレー」に相当するものと思われる．ただし，事例3はこのことを過剰に意識しすぎたためか，ゾーンオーバーを生じてしまっている．小学校6年の教育内容を超えているということ自体は評価し，つまりはバトンパスのとらえ方自体は向上したが，テークオーバーゾーンとの調整は課題として残っていると考えられる．

私は同じグループのリコとジュンペイに実際にバトンを持たせて，二人の距離をできるだけ離し，「ギリギリ離れとった方がいいということ？」とアキオとサキに確認した．すると四人は「そういうこと」といいたそうにうなずいた．【エピソード1】

「ほな，どうしたらええん？それ，直すには」と私がもう一度ユウガに聞くと，ユウガは「ずっと，後ろを向いとくんじゃなくて，もらう寸前で前を向いて，方向があってるか確認してからバトンをもらった方がいいと思う」といった．それを聞いたフミオは，安心した様子で「わかりました」といった．【エピソード2】

【エピソード1】の「二人の距離をできるだけ離す」という視点は，高校その次の年次以降で例示されている「受け手と渡し手の距離を長くしてバトンパスができるリレー」にそのまま該当する．このことを示しているのが，事例1の図7-16のスピード曲線である．タイムの伸びが見られる前はテークオーバーゾーンの中央付近でバトンの受け渡しが行われているが，タイムの伸びが見られた試走では同様に中盤付近からバトンの受け渡しが始まっているが，テークオーバーゾーン最終地点の17.5m地点でバトンが渡されている．このことからも受け手と渡し手の距離の保障は，両者の走速度の維持や加速につながっているものと考えられる．

同様に【エピソード2】では，後ろを向いてバトンを受け取ってから前を向いて走っていたフミオが，「もらう寸前で前を向く」というアドバイスをユウガからもらっている．これを実施することにより，図7-17のpost第2

走者の速度が大きく伸びていることがわかる．このことはフミオがバトンを受け取ってから前を向いて走り始めていたため，受け手と渡し手の距離が詰まったバトンパスが行われていたものと考えられる．しかし，フミオがバトンをもらう寸前で前を向いて走り始めたことにより，結果として二人の受け渡し区間が広がったものと思われる．この出来事も【エピソード1】と同様に，高校その次の年次以降の例示として掲げられている「受け手と渡し手の距離を長くしてバトンパスができるリレー」に相当するものと思われる．

以上のように，【エピソード3】で形成されていたわざは，中学校3年・高校入学年次で例示されている「スピードが十分高まったところでバトンパスができるリレー」に相当するものであり，【エピソード1】と【エピソード2】で形成されていたわざは，高校その次の年次以降の例示として掲げられている「受け手と渡し手の距離を長くしてバトンパスができるリレー」に相当するものであった．この事実は，学び手である子どもたちに直接，この動きを伝達・指導をしてきたわけではなく，リレーの中心的なおもしろさを「前走者の速さをつなぐこと」と明確に設定し，2つの課題設定を行うという環境のデザインによってもたらされたものである．そして，子どもたちは，仲間や教師と対話をしながら課題を探究するプロセスにおいて，その学年の教育内容を超え，中学校3年以降の動きに取り組んでいった．

このことから，わざの形成のためには，その学年の教育内容の範囲内に留めることなく，その学年を超えた範囲を対象とすることにより，高い質の学びが担保されることといえるであろう．すなわち，「前走者の速さをつなぐ」というリレーの中心的なおもしろさに迫るためには，当該学年の教育内容を基盤としながら，その範囲は当該学年を超えるところに設定し，その領域（範囲）の中に学びをデザインすることが重要となる．

7.4.6 結語

本研究では，質的側面と量的側面の両方からの「運動の記述」を試みることで,「運動の中心的なおもしろさ（文化的な価値）の中心」に迫る「真正な学び（authentic learning）」が生成する過程について解明することを目的であった. 岡野・山本（2012）が提出した「体育における対話的学び」のデザインの視点とその手順に基づきながら, 小学校６学年の短距離走・リレー（2×15m リレー）の学びをデザイン・実践したところ, 子どもたちから形成的授業評価において極めて高い評価を得ることができた. その内実を探るために, ４つの事例を取り上げ, 質的側面からはエピソード記述, 量的側面からは DLT 法による分析をした結果,「前走者の速さをつなぐ」というリレーの中心的なおもしろさに迫るためには, 当該学年の教育内容を基盤としながら, その範囲は当該学年を超えるところに設定し, その領域（範囲）の中に学びをデザインすることが重要となることが明らかにされた.

7.5 まとめ

本章では, 第１に「体育における対話的学び」のデザインの手順を提示すること, 第２に小型ハードル走の実践を通して協同的学び（collaborative learning）における発達過程を明らかにすること, 第３に短距離走・リレー（2×15m リレー）の実践を通して真正な学び（authentic learning）におけるわざの形成過程を解明することが目的であった.

第１の「体育における対話的学び」のデザインの意味するところは, 学習者の可能性を拓く「環境のデザイン」のことであり, その手順は, まず, 状況づくりとして「運動の中心的なおもしろさ（文化的な価値）」を設定し, 次に, 内容づくりとして学習者自身の「わざ（身体技法）」を設定し, 最後に, 課題づくりとして「共有の課題」と「ジャンプの課題」を設定することと提示した.

第２の協同的学び（collaborative learning）における発達過程では, 安定している状態に運動の中心的なおもしろさを基軸とした難易度の高い条件を付加した課題を提示することで不安定な環境がつくりだされ，学び手はその中で異質な他者（仲間）や教師からの援助を受けながら試行錯誤を繰り返し，やがては大きなゆらぎをきっかけにそれまでの運動を壊し，新しい運動を構築するというプロセスをたどることが明らかにされた．

第3の真正な学び（authentic learning）におけるわざの形成過程では，運動の中心的なおもしろさに迫るためには，該当学年の教育内容を基盤としながらも，その範囲は該当学年を超えるところに設定し，その領域（範囲）の中に学びをデザインすることが重要となることが明らかにされた．

注

1）ブラジルの教育学者パウロ・フレイレ（1979）が知識を一方的に伝達し記憶させる教育を，知識をいつか役立つものとして貨幣のように蓄積する「預金行為としての教育」と呼び，批判した学習概念である．

2）「学習」を所与の知識や技能の個人的獲得のための個人の内的プロセスとして見るのではなく，他者とのかかわりのある多様な活動を通して意味を構成していく社会的行為と見立てる学習観（広石，2005）である．

3）本研究では，生田（1987）の述べる「わざ」と同義として用いる．生田は，「『わざ』という概念は単に身体技術あるいはそれを個人の能力として立体化した身体技能としての『技』に狭く限定しているわけではなく，そうした『技』を基本として成り立っているまとまりのある身体活動において目指すべき『対象』全体を指している．こうした『わざ』が一義的な技術あるいは技能として捉えられるのを避けるために，あえて『技』ではなく『わざ』という表記を用いる」と述べている．

4）次頁上段の表が，実際の授業で用いた形成的授業評価質問票である．

月　日　名前＿＿＿＿＿＿＿＿＿＿＿＿＿＿

☆今日の授業について、当てはまるものに○をつけましょう。

1. 心に残ることや、感動することがありましたか。（はい・どちらでもない・いいえ）

2. できなかったこと（運動や作戦）ができるようになりましたか。（はい・どちらでもない・いいえ）

3. 「あ！わかった」「あ！そうか」と思ったことがありましたか。（はい・どちらでもない・いいえ）

4. 全力で運動することができましたか。（はい・どちらでもない・いいえ）

5. 楽しかったですか。（はい・どちらでもない・いいえ）

6. 自分から進んで学習することができましたか。（はい・どちらでもない・いいえ）

7. 自分のめあてに向かって何回も練習できましたか。（はい・どちらでもない・いいえ）

8. 友だちと協力して学習できましたか。（はい・どちらでもない・いいえ）

9. 友だちとお互いに教え合ったり、助け合ったりしましたか。（はい・どちらでもない・いいえ）

５）下表が，高橋ら（2003）が作成した形成的授業評価の診断基準である．

次元	項目＼評定	5	4	3	2	1
成果	1．感動の体験	3.00～2.62	2.61～2.29	2.28～1.90	1.89～1.57	1.56～1.00
	2．技能の伸び	3.00～2.82	2.81～2.54	2.53～2.21	2.20～1.93	1.92～1.00
	3．新しい発見	3.00～2.85	2.84～2.59	2.58～2.28	2.27～2.02	2.01～1.00
	次元の評価	3.00～2.70	2.69～2.45	2.44～2.15	2.14～1.91	1.90～1.00
意欲・関心	4．精一杯の運動	3.00	2.99～2.80	2.79～2.56	2.55～2.37	2.36～1.00
	5．楽しさの体験	3.00	2.99～2.85	2.84～2.60	2.59～2.39	2.38～1.00
	次元の評価	3.00	2.99～2.81	2.80～2.59	2.58～2.41	2.40～1.00
学び方	6．自主的学習	3.00～2.77	2.76～2.52	2.51～2.23	2.22～1.99	1.98～1.00
	7．めあてをもった学習	3.00～2.94	2.93～2.65	2.64～2.31	2.30～2.03	2.02～1.00
	次元の評価	3.00～2.81	2.80～2.57	2.56～2.29	2.28～2.05	2.04～1.00
協力	8．なかよく学習	3.00～2.92	2.91～2.71	2.70～2.46	2.45～2.25	2.24～1.00
	9．協力的学習	3.00～2.83	2.82～2.55	2.54～2.24	2.23～1.97	1.96～1.00
	次元の評価	3.00～2.85	2.84～2.62	2.61～2.36	2.35～2.13	2.12～1.00
	総合評価（総平均）	3.00～2.77	2.76～2.58	2.57～2.34	2.33～2.15	2.14～1.00

引用・参考文献

Adbel-Aziz, Y. I., & Karara, H.M. (1971) Direct linear transformation from comparator coordinates into object space coordinates in close-range photogrammetry. *Proceedings ASP/UI Symposium on Close-Range Photogrammetry*, 1-18. Falls Church, VA.

青木　眞（1995）体育の単元計画づくり．宇土正彦監修；阪田尚彦・高橋健夫・細江文利編集　学校体育授業事典．大修館書店：東京，pp. 147-149.

深代千之・杉田正明・若山章信・杉浦雄策・小林寛道・石井好二郎・阿部匡樹・花岡大（1998）日本代表 4×100m リレーのバイオメカニクス的分析．平成10年度日本オリンピック委員会医・科学研究報告 No. II 競技種目別競技力向上に関する研究第22報．財団法人日本オリンピック委員会選手強化本部：181-183.

狭間俊吾・原　通範（2013）教師も子どももともに「わかって」「できる」体育授業のあり方－5年生のシンクロマットの実践から－．和歌山大学教育学部紀要教育科学，63：83-92.

広石英記（2005）ワークショップの学び論－社会構成主義からみた参加型学習の持つ意義－．日本教育方法学研究，31：1-11.

広川龍太郎・松尾彰文・杉田正明（2009）男子ナショナルチーム・4×100m リレーのバイオメカニクスサポート報告．陸上競技研究紀要，5：67-70.

広川龍太郎・松尾彰文・柳谷登志雄・持田　尚・森丘保典・松林武生・貴嶋孝太・山本真帆・高橋恭平・渡辺佳佑・綿谷貴志・杉田正明・苅部俊二（2012）男子ナショナルチーム・4×100m リレーのバイオメカニクスサポート報告（第2報）．陸上競技研究紀要，8：35-38.

池上康男（1983）写真撮影による運動の3次元的解析法．Japanese Journal of Sports Science, 2(3)：163-170.

生田久美子（1987）コレクション認知科学 6　「わざ」から知る．東京大学出版会：東京，p. 8.

James J. Gibson：古崎　敬・古崎愛子・辻　敬一郎・村瀬　旻共訳（1985）ギブソン生態学的視覚論－ヒトの知覚世界を探る－．サイエンス社：東京．

加納岳拓・岡野　昇（2011）「学び」を深めるペアサッカーの実践．体育科教育，59(11)：44-48.

加納岳拓・岡野　昇（2013）跳び箱運動における協同的学びに関する実践的研究．三重大学教育学部研究紀要教育科学，64：287-296.

鯨岡　峻（2005）エピソード記述入門－実践と質的研究のために－．東京大学出版会：東京.
マイネル：金子明友訳（1981）マイネル・スポーツ運動学．大修館書店：東京.
松尾彰文・杉浦雄策・阿江通良・小林寛道（1994）日本代表4×100mリレーのバイオメカニクス的分析．平成6年度日本オリンピック委員会医・科学研究報告No.Ⅱ競技種目別競技力向上に関する研究第18報．財団法人日本オリンピック委員会選手強化本部：241-244.
文部科学省（2009）陸上運動・陸上競技の動き例．高等学校学習指導要領解説 保健体育編 体育編．東山書房：東京，p.48.
岡野 昇（2008）関係論的アプローチによる体育授業の構築に向けた単元構成試案．日本学校教育学会創立20周年記念論文集：195-209.
岡野 昇（2011）体育における「学び」の探求の移り変わり．体育科教育，59(8)：14-17.
岡野 昇・谷 理恵・伊藤茂子・佐藤 学（2011）体育における「学び」の三位一体．体育科教育，59(6)：32-36.
岡野 昇・山本裕二（2012）関係論的アプローチによる体育の授業デザイン．学校教育研究，27：80-92.
岡尾恵市（1987）リレー競技．ハードル競走．日本体育協会監修；岸野雄三編集代表．最新スポーツ大事典．大修館書店：東京.
パウロ・フレイレ：小沢有作・楠原 彰・柿沼秀雄・伊藤 周訳（1979）被抑圧者の教育学．亜紀書房：東京.
佐藤 学（1995）学びの対話的実践へ．佐伯 胖・藤田英典・佐藤 学編 学びへの誘い．東京大学出版会：東京，pp.72-81.
佐藤 学（2000）「学び」から逃走する子どもたち．岩波ブックレット．岩波書店：東京，pp.56-57.
佐藤 学（2006）学校の挑戦．小学館：東京，p.38.
佐藤 学（2009）ラウンドテーブル5 学びにおける協同（collaboration）の意義―「学びの共同体」の場合―．日本教育学会第68回大会：432.
佐藤 学（2012）学校を改革する―学びの共同体の構想と実践．岩波ブックレット．岩波書店：東京.
杉田正明・広川龍太郎・松尾彰文・川本和久・高野 進・阿江通良（2007）4×100m，4×400mリレーについて―日本チームの挑戦―．陸上競技学会誌，6：21-26.
高橋健夫・長谷川悦示・刈谷三郎（1994）体育授業の「形成的評価法」作成の試み：子どもの授業評価の構造に着目して．体育学研究，39：29-37.

高橋健夫・長谷川悦示・浦井孝雄（2003）体育授業を形成的に評価する．高橋健夫編著　体育授業を観察評価する－授業改善のためのオーセンティック・アセスメント．明和出版：東京，pp. 12-15.

テーレン・ウーリッチ・ジェンセン：岡本　勉訳（1993）移動運動の発達的起源．マージョリー・H・ウーラコット，アン・シャムウェイークック編集；矢部京之助監訳．姿勢と歩行の発達－生涯にわたる変化の過程－．大修館書店：東京，pp. 25-45.

ヴィゴツキー：柴田義松訳（2001）新訳版・思考と言語．新読書社：東京，pp. 302-303.

ヴィゴツキー：土井捷三・神谷栄司訳（2003）「発達の最近接領域」の理論－教授・学習過程における子どもの発達．三学出版：滋賀，p. 1.

Waddington, C.H.（1957）*The strategy of the genes*, George Allen & Unwin.

山本裕二（2003）「練習内容」という制約による動作の違い．バイオメカニクス研究，7(4)：313-318.

Yamamoto, Yuji.（2004）An alternative approach to the acquisition of a complex motor skill: Multiple movement training on tennis strokes. *International Journal of Sport and Health Science* 2: 169-179.

山本裕二（2005）複雑系としての身体運動．東京大学出版会：東京．

山本裕二（2008）子どもの適性に合ったスポーツ環境を見つける．児童心理，62(14)：51-56.

柳瀬慶子・岡野　昇・伊藤暢浩・矢戸幹也・加納岳拓・内田めぐみ（2012）表現運動における協同的な学びに関する研究．三重大学教育実践総合センター紀要，32：51-56.

柳瀬慶子（2012）「走の運動遊び」における協同的な学びに関する実践的研究．高田短期大学紀要，30：159-167.

矢戸幹也・岡野　昇（2012）体育における協同的な学びに関する実践的研究－小学校５年生の短距離走・リレーを対象にして－．三重大学教育学部研究紀要教育科学，63：231-237.

第8章　総　　括

8.1　本論文の要約

体育学習を必ずしも肯定的に受け止めているとは言い難い学び手に対し，対症療法的な方法論で解決に迫るのではなく，私たち人間が拠り所としている思考の枠組み（パラダイム）に着目しながら体育学習の問題を取り上げ，その根源的なレベルから体育学習の再検討を試みることが本論文の主題であった．そのパラダイムとは，「実体主義／実体論的な認識様式（Piagetなど）」から「関係主義／関係論的な認識様式（Vygotsky, Lave & Wengerなど）」への転換であり，本論文では後者に軸足をおいた関係論的な体育学習の探究と定めた．このような関係論的な体育学習の研究動向は，1990年代から，いわゆる「楽しい体育」論者らによって理論的・認識論的パラダイムの転換を射程に入れつつ，「プレイ（遊び）」や「学習（学び）」の概念自体の問い直しに迫ることで「楽しい体育」論の脱構築として始まったが，理論的な単元構成や具体的な学びのデザインの手順については提出されていないことから，これらの示唆を得ることを本論文の目的とした．

第1章では，体育学習に寄せられる問題に対し，方法論レベルにとどまらずパラダイムレベルからの検討を進めていくために，本論文の題目として掲げた「関係論的アプローチ」の定義を行った．哲学，社会学，教育学の立場から整理を行った結果，パラダイムには，第一次的にモノ（客観）が既に在り，それらが二次的に関係し，世界が構成されると考える「実体主義／実体論的な認識様式」と，世界は一次的に主観の関係の中からつくりだされた共同主観的（間主観的）に構成されるととらえる「関係主義／関係論的な認識様式」の２つがあり，関係論的アプローチとは後者のパラダイムに立脚するものであると述べた．しかし，このような関係論的アプローチによる学習への取り組みは，学校教育現場においても出現し始めているものの，認識論的には学習論と発達観のねじれが見られ，実質的な学習の転換に至っていないという問題が公立小学校の校内研究主題の調査から明らかにされた．

第２章では，学校教育における関係論的アプローチの研究動向を，その背景にある文化・歴史学派（ヴィゴツキー学派）の社会的構成主義を概観しながら検討し，日本における学び論の展開過程を概観した．そのうえで，国内外の体育学習における関係論的アプローチの研究動向を概観し，特に青木眞の「関係論」，松田恵示の「かかわり論」，細江文利の「関わり合い学習」を検討した．その結果，「楽しい体育」論者である三者が，理論的・認識論的パラダイムの転換を射程に入れながら，また，「プレイ（遊び）」や「学習」概念自体の問い直しに迫りながら，「楽しい体育」を脱構築し，関係論的パラダイムに立脚した体育学習を目指していることが確認された．しかしながら，理論的な単元構成や具体的な学びのデザインの手順については提出されていないことから，本論文の目的として，「学習者（子ども）の意味志向」に着目した「学習内容」の解明（研究課題１）と「学びとプレイ（遊び）の意味世界」の再解釈（研究課題２）を行い，関係論的な体育学習の単元構成試案（研究課題３）と単元構成原理（研究課題４），及び「体育における対話的学び」のデザインと実践の提出（研究課題５）の５つを研究課題として設定した．

まず，第３章（研究課題１）では，小学校の教育実践と体育授業実践を通して，「学習者（子ども）の意味志向」に着目した「学習内容」の解明を行った．「学習内容」の概念を明らかにするために，「学習者（子ども）の意味志向」に着目し，学習者（子ども）の意味規準から「学習内容」を導き出すことに試み，その中でも「共感志向による意味」について重視することを提起した．また，「学習者（子ども）の意味生成」に着目した「学習内容」とは，先験的に知識や技術などを実体化する従来の「学ぶべきモノ」という見方ではなく，状況と文脈に応じて常に変化していくという関係的な見方をし，他者（人）や学習財（モノ・コト・自然など）とのかかわりのある多様な活動を通して意味を生成していく社会的行為，すなわち「学んでいるコト」ととらえる必要があると論じた．

次に，第4章（研究課題2）では，大学教育実践（「小学校専門体育」）を通して，学びとプレイ（遊び）の意味世界の再解釈を行った．学びの意味世界は，主一客分化に関する軸と主体的関与軸の2軸から成り立つ，〈まじわり（参入）〉―〈なぞり（模倣）〉―〈かたどり（構成）〉―〈かたり（表現）〉の4つの意味が相互作用し円環することで，学びの世界が構成されると論じた．また，プレイ（遊び）の意味世界は，同様の主一客分化と主体的関与の2軸から成り立つ，〈ひたり（眩暈）〉―〈なりきり（模擬）〉―〈こころみ（競争）〉―〈まかせ（運）〉の4つの企投的意味が相互作用し円環することで，プレイ（遊び）の世界が構成されると論じた．

第5章（研究課題3）では，小学校体育科授業実践（マット遊び）を通して，「意味世界の再構成としての学習」という体育学習を理解する際の単元構成試案を提出した．関係論的な体育学習の単元構成は，①単元の内容構成は，「文化の中心的な活動」から構成し，具体的には「取り上げようとする運動の中心的なおもしろさ」を明確にすること，②単元の展開構成は，「文化の周辺的な活動」から構成し，具体的には4つの意味（〈まじわり・ひたり〉・〈なぞり・なりきり〉・〈かたどり・こころみ〉・〈かたり・まかせ〉）をたちあげるための工夫を行うこと，③学習過程は，「意志一脱・意志」と「分化一未分化」の2軸が交差し，「運動の中心的なおもしろさ」をとりまく4つの意味世界を一回りすることからなる「円環モデル」を指標することと論じた.

第6章（研究課題4）では，小学校体育科授業実践（跳び箱運動）を通して，「意味世界の再構成としての学習」という体育学習を理解する際の単元構成原理を提出した．単元構成原理にかかわり，単元の内容構成は「プレイ（遊び）」概念と結びつき，現在の体育学習は原因・目的因探しとしての遊びの問い方や主体の能動的活動としての遊びの構造把握の仕方から構成されるのに対し，関係論的な体育学習では遊び（プレイ）について存在論的に問い，存在様態・状況としてその構造が把握されると論じた．また，単元の展開構成は「学習」概念と結びつき，現在の体育学習は個人の内的プロセスにおける「獲得」としての学習概念であることから，主体と客体の二項対立関係からくる因果律や個体・主観主義的な原理から単元構成が進められるのに対し，関係論的な体育学習では，社会的・文化的プロセスへ「参加」することで知識や意味を構成していく営みを学習（学び）とみなしていることから，間主観的パラダイムに立脚した関係・状況主義的な原理に基づくべきであることを論じた.

最後に，第7章（研究課題5）では，研究課題1から研究課題4までの体育における単元構成に関する基礎的考察を踏まえ，具体的な体育授業デザインの手順について明らかにした．これは体育学習を「意味世界の再構成としての学びの活動」として再認識した後，いかにして学びの実践につないでいくかという試みとして位置づくものである．そこで，学び論者の佐藤学が提示する「対話的学びの三位一体論」に基づきながら，「体育における対話的学び」の以下の3つの次元について解明し，それを踏まえた学びのデザインの手順を提出した．それは第1に「主題づくり（何か・概念)」として「運動の中心的なおもしろさ」を設定すること，第2に「内容づくり（何を・目的)」として「わざ（身体技法)」を設定すること，第3に「課題づくり（どのように・方法)」として「共有の学び」と「ジャンプの学び」を設定することであると述べた．

また，2本の小学校体育授業実践（小型ハードル走，短距離走・リレー）を通して，「協同的学び（collaborative learning）における発達過程」と「真正な学び（authentic learning）におけるわざの形成過程」について明らかにした．前者では，安定している状態に運動の中心的なおもしろさを基軸とした難易度の高い条件を付加した課題を提示することで不安定な環境がつくりだされ，学び手はその中で異質な他者（仲間）や教師からの援助を受けながら試行錯誤を繰り返し，やがては大きなゆらぎをきっかけにそれまでの運動を壊し，新しい運動を構築するというプロセスをたどることが明らかにされた．後者では，運動の中心的なおもしろさに迫るためには，該当学年の教育内容を基盤としながらも，その範囲は該当学年を超えるところに設定し，その領域（範囲）の中に学びをデザインすることが重要となることが明らかにされた．

以上の5つの研究課題成果を総括すると，体育における単元構成は「意味世界の再構成としての学びの活動」として再認識することができ，その学びの実践は3つの次元を一体のものとしてデザインすることで，「運動の中心的なおもしろさ」に迫る真正な学びが生成する過程が確認できた．総じて，関係論的な体育学習において，運動の指導や学習場面で重要なことは，学習者を変えることではなく，学習者と相互作用する環境を変えることによって，学習者の可能性を引き出すことであると考える．

8.2　今後の課題

今後の研究の継続と発展を図るためには，次の点が基本的な課題としてあげられる．

○関係論的なパラダイムに立脚する関係論的な体育学習の単元構成として，学習内容の構成原理は「運動の中心的なおもしろさ」として位置づけることを提示したが，その考察対象は器械運動領域と陸上運動領域に限られている．各種の運動領域や運動種目，運動遊びにおいても考察対象を広げながら，「運動の中心的なおもしろさ」の体系化を図る必要がある．

○関係論的なパラダイムに立脚する関係論的な体育学習の単元構成として，学習過程の構成原理は「円環モデル」として位置づけることを提示したが，その考察対象が器械運動領域に限られている．したがって，各種の運動領域や運動種目，運動遊びにおける実践検討を踏まえながら，モデルの運用の仕方を吟味していく必要がある．

○「対話的学びの三位一体論」に基づきながら，「体育における対話的学び」の３つの次元について解明し，それを踏まえた学びのデザインの手順について提出することにより，一定の授業づくりの見通しをもつことができるようになった．今後は，特に，「共有の学び」と「ジャンプの学び」における具体的な課題づくりを積み重ねていくことが重要となる．

付　記

本論文に関する主要学術論文は以下の通りである．

第１章

岡野　昇（2004）関係論的アプローチによる体育授業の構築に向けた基礎的考察．学校教育研究，19：119-133.

第２章

岡野　昇・福島一章（2011）関係論的アプローチによる体育授業の４半世紀．日本学校教育学会編著，21世紀型学校教育への提言－民主的学校と省察的教師：169-182.

第３章

岡野　昇（2000）「共感志向による意味」を重視した学習の在り方．カリキュラム研究，9：121-130.

第４章

岡野　昇（2003）「かかわり合い」の成り立ちを基軸とした授業構想の視座．学校教育研究，18：90-102.

岡野　昇（2003）「かかわり合い」の成り立ちを重視した大学教育実践－教員養成学部における「小学校専門体育」の実践から－．日本教師教育学会年報，12：126-138.

第５章

岡野　昇・山本俊彦・青木　眞（2004）「かかわり論」を基軸とした体育学習に関する実践的考察．教科教育学研究，22：41-53.

岡野　昇・青木　眞・山本俊彦・細江文利（2008）体育授業の単元構成に関する関係論的研究．日本教育大学協会研究年報，26：45-57.

第６章

岡野　昇（2008）関係論的アプローチによる体育授業の構築に向けた単元構成試案．日本学校教育学会創立20周年記念論文集：195-209.

第７章

岡野　昇・山本裕二（2012）関係論的アプローチによる体育の授業デザイン．学校教育研究，27：80-92.

岡野　昇・内田めぐみ・山本裕二・加納岳拓（2013）体育の協同的学びにおける運動技能の発達過程．スポーツ健康科学研究，35：89-97.

なお，本書の一部内容が，「体育における『学びの共同体』の実践と探究」（岡野　昇・佐藤　学編著，2015年，大修館書店）に掲載されている．該当箇所は以下の通りである．

第２章　先行研究の検討と本研究の目的
- 2.1　学校教育における関係論的アプローチによる研究動向
- 2.2　体育学習における関係論的アプローチによる研究動向
- 2.3　本研究の目的

第７章「体育における対話的学び」のデザインと実践（研究課題５）
- 7.1　はじめに
- 7.2「体育における対話的学び」のデザインの手順
- 7.3　協同的学び（collaborative learning）における発達過程－小型ハードル走の実践から－
- 7.4　真正な学び（authentic learning）におけるわざの形成過程－短距離走・リレー（2×15m）の実践から－

あとがき

本書は，2013年度に名古屋大学大学院教育発達科学研究科で博士（心理学）号を取得した学位論文を書籍として刊行したものである．その研究内容は，世界は間主観的に構成されるとする関係論的アプローチに基づき，体育学習の学習内容と単元構成原理を理論的に明らかにするとともに，具体的な学びのデザインを提案し，検証することを通して，体育学習の再検討を行ったものである．

学位取得を目標に掲げてから18年の歳月を費やした．この間，何度も心が折れそうになりながらも博士論文としてまとめることができたのは，多くの方々の支えがあったからである．

名古屋大学大学院教育発達科学研究科山本裕二教授（現在は名古屋大学総合保健体育科学センター長を兼任）には，当時論文博士の道を断たれ，路頭に彷徨っている私を救っていただき，指導教員として懇切丁寧にご教授いただいた．先生は超ご多忙の身でありながら，私の愚問にいつも的確なご示唆を与えていただき，また，浅才な私の身を案じ何度も三重まで足を運んでいただきご指導を賜った．先生の鮮やかな切り口，卓越した俯瞰力と構成力，他者に対する寛容さに触れ，老化しそうな私の心に静かな喝が入った．先生との出会いとこれまでのご指導に心より感謝申し上げたい．

名古屋大学大学院教育発達科学研究科（現在は愛知学院大学心身科学部健康科学科教授）西田保教授，名古屋大学大学院教育発達科学研究科竹之内隆志教授には，入学試験の口述試験のときから，論文の根幹にかかわるご質問やご助言をいただいた．また，本論文の校閲と審査の労をお取りいただき，貴重なご指導を賜った．感謝の意を表したい．

本論文の大半は，現在所属する三重大学教育学部保健体育講座における研究であり，すべての先生方に支えていただいた．博士課程進学に際し，快く送り出していただいた諸先生方には，心より感謝申し上げたい．なかでも，山本俊彦教授（現在は三重大学理事・副学長）には，これまで教科教育学分野の上司として，数多くのご指導をいただいた．本論文は，山本俊彦先生の時代をリードする着想と授業実践を，形としてまとめあげようとした試みでもある．あらためて感謝申し上げたい．

また，25年間にわたって適切なご指導と温かいお言葉をかけ続けてくださった恩師の青木眞先生（上越教育大学名誉教授），論文博士取得に向けて最期までご指導を賜った故　細江文利先生（東京学芸大学名誉教授），学位取得に向けて親身になってお力添えをいただいた佐藤学先生（東京大学名誉教授）と松田恵示先生（東京学芸大学副学長・教授）には，この場を借りて厚くお礼を申し上げたい．

本論文に込めた思いは，関係論的パラダイムに立脚することであったが，もう１つのこだわりは実践的アプローチであった．小学校教諭として最後の職場であった金沢市立不動寺小学校を離れるとき，袋井真之校長先生をはじめ，諸先生方から「あなたは現場の代表であることを忘れるな」とのお言葉をいただいた．子どもたちや保護者からも，同様の声をかけていただいた．それ以来20年間，学校教育現場に学び，大学授業から学ぶというスタンスを貫き通してきたつもりである．共に実践をし，共に歩んできた多くの学校教育現場の先生方と子どもたち，また，共に議論し，共に学んできた研究室ゼミ生と学生の皆さんに心より感謝とお礼を申し上げたい．

最後に，そんなに根を詰めるなといつも私の身を心配してくれた能登の父母，初出論文のほとんどを作成させていただく環境を毎夏・毎冬与えてくれた伊豆の父母，執筆したすべての論文に目を通し，やや手厳しいコメントをくれた妻，それから妻と一緒に家庭を守ってくれた二人の子どもたちに，感謝の気持ちを捧げたい．

これまで支えていただいた方々のためにも，謙虚に学び続ける営みを継続していきたい．

なお，本書は，独立行政法人日本学術振興会平成30年度科学研究費助成事業（科学研究費補助金）（研究成果公開促進費）（課題番号　18HP5225）を受けて発行されたものである．関係各位に厚く感謝申し上げたい．

2018年10月

岡野　昇

【著者略歴】
岡野　昇（おかの　のぼる）
石川県出身
名古屋大学大学院教育発達科学研究科修了
博士（心理学）
石川県公立小学校教諭、三重大学教育学部講師、准教授を経て、
現在　三重大学教育学部教授
専門分野　体育科教育学、学校教育学

関係論的アプローチによる体育学習の再検討
2018年12月5日　初版第1刷発行

著者　岡野　昇
発行者　風間敬子
発行所　株式会社 風間書房
〒101-0051　東京都千代田区神田神保町 1-34
電話 03(3291)5729　FAX 03(3291)5757
振替 00110-5-1853

印刷　太平印刷社　　製本　高地製本所

NDC 分類：140

ISBN978-4-7599-2250-9　Printed in Japan